中世ヨーロッパの歴史

堀越孝一

講談社学術文庫

目次

中世ヨーロッパの歴史

はじめに

ひとつの切れ目

歴史の時間を季節になぞらえる。これはなかなか魅力的で、わたしたちの想像力に訴えるものをもっている。とりわけ春のイメージで歴史的単位時間の起点を飾るというのは魅力的だ。この小著でも、あえてこの誘惑に身をまかせ、「甦《よみがえ》る春」という章をつくる予定である。十世紀から十一世紀、ヨーロッパ社会がその骨格を形成してゆくころのことである。

フランク王国が解体し、ノルマンの禍がたたく過程で地方権力が育ち、村と町がつくられてゆく。ノルマンもやがてこの創造の過程に参加するにいたる。領主領がかたまり、農業の水準があがり、キリスト教会が、長い沈滞から脱け出して、信仰共同体の誕生に酵母を投げこむ。村や町に石の教会堂が群立し、領主の城や町の塔門とともに、ヨーロッパ生活圏の拠点をつくる。

ここに感じとれる創成のムードは、たしかに春の譬《たとえ》にふさわしい。それでは、春を待つそれ以前は冬か。この問いは、重要なふくみをもっている。

「甦る春」の章に「冬の記憶」の中見出しを予定しているが、このばあいの「冬」は、九、十世紀の「ノルマンの禍」そのもののイメージを内包とする。おそらくこの時期の人々は、

掠奪のエウロペ（ポンペイの壁画より）

祖父や曾祖父の代にあったときくカール大帝のフランク帝国のことを、黄金伝説とうけとめたにちがいない。歴史はここで切断されたのであろうか。「フランクの平和」は、十一世紀以降に成立するヨーロッパ世界にとって異境なのであろうか。

落日の世界、ヨーロッパ

ヨーロッパという呼称は、セム語系のギリシア語エレボス（闇）からでたらしい。ギリシア人のみた落日の世界、すなわち西方である。ギリシア主神ゼウスが女神エウロペを掠奪したという神話も、この言葉の含意をふまえている。

ギリシア・ローマ世界にとって、ヨーロッパは西の異境の地だったのである。そこにはケルトとギリシア人が呼んだ民族が住んでいた。彼らはギリシア文化圏と接触し、ギリシア文明に学んだ。貨幣の使用がたとえばそうである。やがてローマ人が進出し、アルプスの北の土地を征服して、そこをガリアと呼び、住人をガリーと呼んだ。ここにはじめてケルト世界は歴史に登場するのである。すなわち、ヨーロッパの歴史はローマン・ガリアに始まったといってよいであろう。

闇の世界ヨーロッパは、このようにして、古典古代の地中海世界のなかにとりこまれるという形でまずあらわれた。紀元前一世紀のことである。しばらくは、政治社会経済文化の全局面において地中海的原理の優位がつづいたが、やがて、ラインの東から、新手の民族ゲルマンが、ヨーロッパ世界創造のドラマに参加するにいたる。

とりわけ北東ヨーロッパに展開したフランク族が、地中海的原理（たとえばキリスト教会）と妥協しつつ、しかも独自の国家体制をしだいに確立する。しかし、全体としてみれば、ヨーロッパは、いぜん、地中海古代文化の優位をくつがえすことができない。七世紀まではそういう状況であった。

内陸ヨーロッパ世界の形成

ところがフランク王国は、八世紀、セーヌ川以北の北ガリアに重心をおくカロリング朝の成立をみた。ちょうどこのころ、ヨーロッパは、イスラム教徒に地中海を封鎖された。フランク王国の政治と経済の重心が北ガリアに移ったのと、これは時間的に同調する。したがって、と、ベルギーの歴史家アンリ・ピレンヌの系譜にたつ歴史家は主張する、この時期に独特の内陸ヨーロッパ世界が形成されたのである。内陸ヨーロッパ世界が地中海古代の世界から脱けだし、自立してゆく過程が、すなわちフランク王国であった、と。

このみかたは、細部にわたってはともかく、大筋においては、現在、ほぼ共通の了解とな

ピレネー越えの道　バルセロナからトゥールーズに出る道の峠近くから南を遠望する

っているところである。ローマ的なるもの、ケルト的なるもの、その他「ローマン・ガリア」から持続する要素は多い。とりわけ「キリスト教」が歴史の持続に活力を与えた。けれども、こういった持続する諸要素が、あらたに付加される諸要素、ゲルマン的なるもの、東方的なるもの、ノルマン的なるもの、あるいはイスラム的なるもの等々と混和して、封鎖された内陸ヨーロッパにひとつの独特の文化圏を作ることをたくらんだ。

九、十世紀にはじまるヨーロッパ世界の四季が、そのたくらみの成果であり、それに先立つ「フランクの平和」は、未来から過去にさかのぼる視線でとらえれば、ヨーロッパ世界の範型であり、逆向きの視線には、「古代的なるもの」のヨーロッパ内陸における様式的あらわれである。

もうひとつの区切り

ここにヨーロッパ世界が成立し、その四季をたどる。だからといって、しかし、どこまでが春で、どこからが夏だと、ことさらにいいたてるつもりはない。

十一世紀以降のヨーロッパの歴史にもうひとつ区切りをおくとすれば、それは十四世紀中葉の「黒死病」の災禍であろう。これとても、しかし、この数年にわたるペストの流行と大量死をきっかけに世の中ががらりと変わったというていのものではない。十四世紀に入るころ、なにかヨーロッパ社会には変調が感じられる。「黒死病以後」と題する予定の章で、そのことは考えてみたいと思う。

いわば、十四世紀以降、ヨーロッパは秋の季節にはいる。このいいまわしは、オランダの歴史家ヨーハン・ホイジンガの『中世の秋』という書物を意識している。すでに内陸ヨーロッパはその世界をひろげ、ふたたび地中海をとりもどし、北洋に、エルベ以東に進出している。中世国家は着実にその基礎をかため、近代の議会制ないし絶対王政をめざす。およそ中世的なるもののすべてがあふれひろがって、飽和状態にある。熟した木の実は、しかし、いまにも落ちようとしてなかなかに落ちない。ヨーロッパ世界は停滞と失意の二世紀を迎える。それが十四、五世紀である。

ヨーロッパ、その空間

十二世紀のヨーロッパは、ピレネーの南にイスラム教徒と戦い、エルベ川の東にスラヴ人と争って、植民にのりだし、シチリアの両シチリア王国が北アフリカと交渉をもっていた。

創成期のヨーロッパ世界は、かくて、ユーラシア大陸のエルベ以西の土地と、それに附属する島嶼《とうしょ》と、かんたんにいってしまってもよい。それは、かつての西ローマ帝国から北アフリカとスペインの南部をひき、ライン以東とバルト海諸地方をくわえたものである。

北アフリカとスペイン南部は、七世紀のイスラムの進出によって失われた土地であり、バルト沿海は、九世紀以降、ノルマンの参加によってヨーロッパ世界に付加された部分である。十三世紀には、西部地中海の制海権はふたたびヨーロッパ側のものとなり、後期中世は、スペインを奪回する。

ライン以東はいつごろからヨーロッパ世界に入ったというべきなのであろうか。フランク王国の初期に、ヨーロッパに成立した政権が、はじめてラインを越えて東に進出した。その時点をとるべきであろうか。

このようにヨーロッパ世界は、それぞれの時代の地図を重ね合わせた重層の構造であって、強いていえば、その重なりの作る濃淡のみせる一段と濃い部分が、すなわちヨーロッパの原図だということにでもなろうか。

アルプスとピレネーの北、エルベとその支流ザーレの西、これがその原図であって、これにローマ・カトリック教圏という地図を重ねてかぶせるとき、ヨーロッパ世界のイメージが浮かびあがる。いずれにせよ、ヨーロッパ世界は歴史的形成物であって、その形成のモメントの主なるものとして、ローマ・カトリック教会があったからである。

コンピエーニュの森　森の南端のピエールフォン城から西に森の奥をのぞむ。広大な森は原生の名残りをとどめる

森と川の土地

びっしりと針を植えこんだ針台のようなもみの樹林に切れこむ入江の連鎖、スカンディナヴィアのフィヨルド地帯。ねっとりとした水塊を時折気まぐれに押し出して、せっかく堆積した泥土に育ちかけた草木を、ようやくへばりついたばかりの村を町を無情に洗い流す入り組んだ流路の集合、ライン河口の低地帯、ネーデルラント。かしわ、ぶな、かばの樹海が、ところどころに茨とえにしだの生い茂る原野や泥炭地の島を浮かべる、マース川とモーゼル川に縁どられた山地、アルデンヌ高原。

しかし、こういったアルデンヌとかモルヴァンとかヴォージュとか、あるいはブルターニュの山地帯、またオーヴェルニュ高地といったところにしかいまはみられない森林と原野の景観は、じつはかつてはヨーロッパ内陸全体のものであったのだ。いまは整然とした地条が幾何学模様を描きだすパリの南のボース平野にしても、かつてはぶな、かしわ、かば、栗あるいは赤松の入り混じる平野林におおわれていたのである。

ところどころに、その名残りの林が点景をつくる。ランブイエの森がたとえばそれであり、あるいはフォンテーヌブローの森の小高い展望台から眼下に見下ろす樹海は、恐怖の感情をさえもいだかせるすごみがある。かつては、これがさらにひろがり、ところどころに丸いしみのような畑地と集落の集塊が点在する。城が岩山の上にへばりつき、教会の塔が、かしわの大樹に負けぬよう、精一杯背のびする。

河川が樹海に押し入って、河床をひろげる。アルプスに発するライン川が、黒森とヴォージュ山地を左右に分け、アルデンヌ高原を迂回して河口に出る。ラインこそ、ヨーロッパを東西に分ける脊柱である。ラインの西の諸河川は、マース、ソンム、セーヌ、ロワールが大西洋に河口を開き、セーヌの支流イヨンヌ、マルヌもふくめて、モルヴァン、ヴォージュ両山塊をふくむ山地に源流を発する。

ヨーロッパ、南と北

マース、マルヌの源流から舟をかついでほんの少し南へ越せば、ソーヌ川が源流をつくる。ヴォージュ山地とジュラ山脈を左右に分けて南に流れるソーヌ川は、やがて、ジュネーヴ湖から流れ出てサヴォワの山地に渓谷を刻むローヌ川に合流し、地中海に河口を開く。ラインの東の諸河川は、みごとにそろって南から北に流れる。エムス、ウェーゼル、エルべとその支流ザーレ、オーデルとその支流ナイセ。広大なドイツ・ポーランド平原につきでた山地、トイトブルク森を刻んでウェーゼルが渓谷をつくる。ザーレがハルツ山地を東に捲《ま》いて、チューリンゲン森に源流を求める。

ラインの一大支流マイン川が、チューリンゲン森に発して西に流れ、ドナウ川が南辺に蛇行して、アルプスの壁を強調する。西にラインの支流ネッカーが黒森の陰に流れ、この三河にかこまれる台地が、高地ドイツのシュウァーベンである。ドナウの南、アルプス北麓の台地がバイエルンだ。

シュウァーベン、バイエルンが、北ドイツに向かうよりもむしろ、マイン、ネッカーの流れに沿ってライン流域と結ぶ通路をもっていること、ドナウ、ネッカーの源流を越えて、上シュウァーベン（スイス）に出る通路をもつこと。こういった立地の条件が、歴史の展開にどう作用してゆくか。

これはまた、ガリア・フランスについても同様で、中央山塊とモルヴァン山地がセーヌ、ロワールを北に流し、ソーヌを南に流す地形が、ローヌ渓谷とその河口地帯のプロヴァンスを、中央山塊の南の地中海岸、ラングドックを、北と分ける。この立地が、フランスにおける南北問題を作った。

ガリア・フランスの歴史は、アキテーヌ、すなわちロワール下流域からピレネー北麓にいたる広大な「水の土地」と北フランスとを結ぶ動線をひとつの軸とし、ローヌ渓谷を通路とする北フランスと地中海岸との交渉を、もうひとつの軸とする。

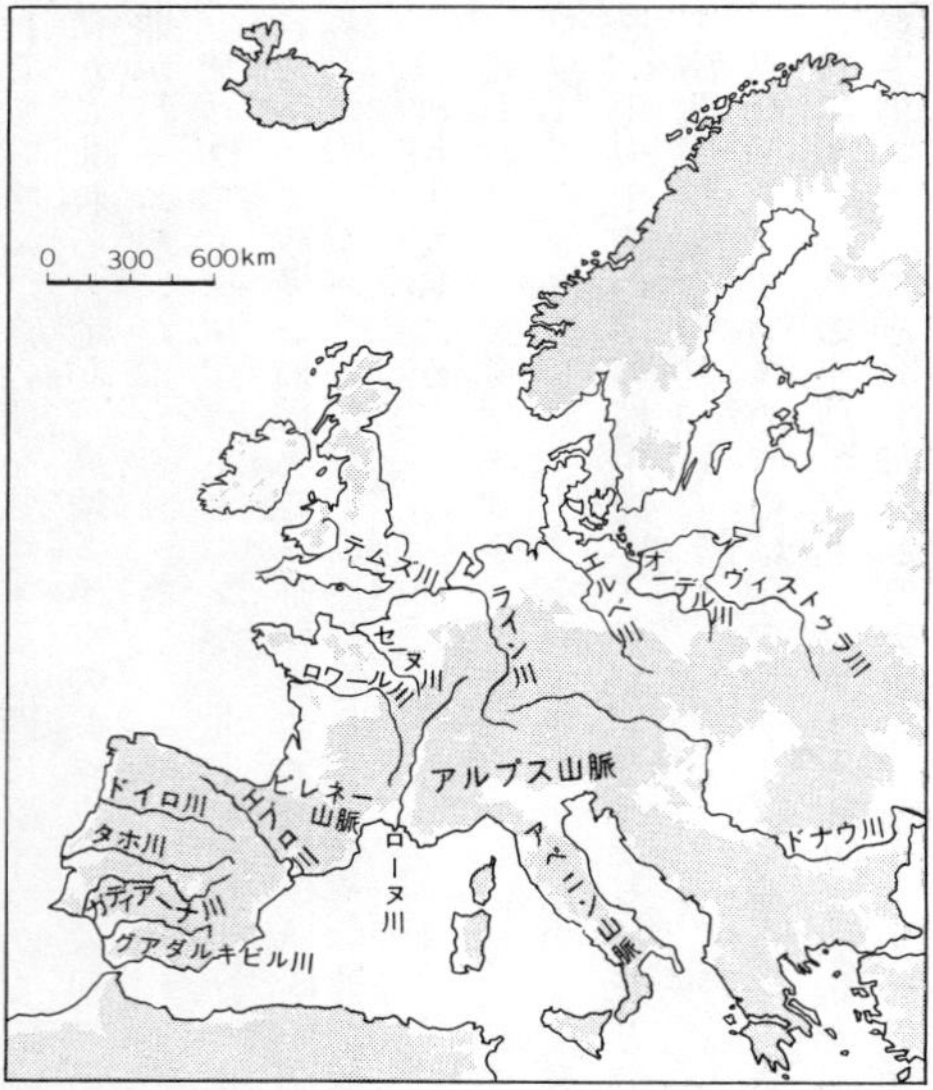

ヨーロッパの地形

アルスは自然に倣う

スペインもまた、注目すべき極性をもっている。広大なスペイン中央台地は、地中海岸に急に、大西洋岸にゆるやかに傾斜する。スペインは大西洋に向かうのである。そういう地形的偏性が、けっきょくはスペインの歴史に影響したと、はたしていえるのであろうか。

しかし、おそらく地形は歴史形成の絶対的要因ではない。むしろわたしたちの注視を誘うのは、アルプスの壁を乗り越えようとする商人たちや、高地ドイツに根拠地をもつドイツ王家のイタリア政策である。ピレネー山脈の峠道をたどるヨーロッパ人学徒であり、三絃のヴィオールを抱いたイスラムの抒情詩人である。河口の泥地に石の壁を建て、水路をめぐらして河水の制御をはかる低地帯の人たちであり、樹海を耕地に変えたボース平野の人たちである。松といちいがまばらに生えるヒースの岩山に羊を飼うウェールズや北部イングランドの人たちであり、地中海原産のぶどうを、北ガリアの丘陵にもちこんだガリア人たちである。

「アルスは自然に倣う」、創成期ヨーロッパの自然哲学のモットーがこれである。この言葉は、自然への屈従を意味しはしない。逆である。アルス、人間の諸芸と自然との対比がようやくできるようになった、そういう誇らかな想いの言葉と読みとらなければなるまい。アルスにおいて生きる自信をようやくにしてもちはじめた時代、それが創成期のヨーロッパであった。

ヨーロッパ世界をどうみるか

創成期のヨーロッパ世界と、いったいわたしたちはどんなかかわりをもつというのか。これは他者である。わたしたちの身内のはなしではない。つきあいだしたのも、せいぜい十六世紀、それもほんのしばらくのことで、わたしたちは親戚づきあいを断った。精力的なジェスイット会の修道士たちとオランダ商人が、しきりに挨拶をくりかえしていたが。ユーラシア大陸の西のはずれで、ひとつの文化圏が創成の時を迎え、成熟しつつあった。そう噂にきくていどのことであった。

他者であるということが、しかも徹底して他者であるということが、むしろわたしたちの理解欲を促す。理解とはあいての論理を認めることであり、あいてを他者として認知するこ

海辺の墓地—セト— 「風立ちぬ，いざ生きめやも」ポール・ヴァレリーが詩に詠った南仏地中海岸のセトの風光

とである。おそらく「ヨーロッパ中世史」を学ぶ研究者のほとんどは、そう考えているはずである。歴史のあらゆる対象について、おそらくそのことはいえる。わたしたち自身の世界についても、そういえる。むしろ、なおのことそういえる。他者として客体化しないで、どうして自分自身を語れよう。

ヨーロッパは、「中世ヨーロッパ」プラス「近代ヨーロッパ」ではない。ヨーロッパはひとつであって、十世紀をすぎたころ形成の緒につき、数次の転相を重ねて現在にいたる。そういうプロセスがヨーロッパだという認識が、最近、とみに声高にきこえる。『十二世紀ヨーロッパと近代社会の基礎』という本が共同執筆され、カール大帝のフランク王国がヨーロッパ共同体の祖型と意識される昨今なのである。その意味で、いわば「ルネサンス」を迎えているわけで、現在のヨーロッパ人は、ヨーロッパの形成について、しみじみと考えはじめている。

あえていうならば、ヨーロッパ人は、昨今ようやく自分たちの、つまりは近代のめつきで、「中世ヨーロッパ」を裁断することを止めたのである。ヨーロッパを丸ごと他者と措定し、自分たち自身の生にかかわる問題として、これを認識する作業に入ったのである。

いったいなぜ、いままでわたしたちは、この認識をわたしたちのものとすることができなかったのか。なぜわたしたちは、ヨーロッパの近代のめつきでヨーロッパをみていたのか。その辺のところの反省に、わたしたちはせまられている。わたしたちこそが、「中世ヨーロッパ」を、「近代ヨーロッパ」を、他者として認知するにふさわしい立場にいるはずである。わたしたちは近代ヨーロッパ人ではないのだから。

「中世ヨーロッパ」を、近代を準備するものとはみない。ヨーロッパというひとつの世界の形成の様態を、そのなかに入って認知する。その時代のヨーロッパ人にみえなかったことはみない。そういう立場がのぞましい。

第一章　掠奪のエウロペ

1　地中海世界の影に

ケルト人

紀元前一世紀、ローマ人がガリアにくるまでは、ここセーヌ中流の中州はパリッシー族の町であった。ローマ人はここをルテティアと呼んだ。左岸の丘にフォールム（広場）や公共浴場をつくり、水道を架設し、南のケナブム（オルレアン）に向かう道路を敷いた。やがて北東の方角からゲルマン人のフランク族が勢力をひろげ、このあたりを支配するようになった。ローマ人は南に去った。ルテティアの呼称はいつしか忘れられ、四世紀初頭、この町に向かう旅人は、パリと刻まれた道標を目にしたはずである。

パリッシーはケルト人のベルギー諸族の一員である。ケルト人は、古くカスピ海北岸の草原地帯に居住していたと思われるが、紀元前二〇〇〇年をすぎたころ合いに移動を開始し、西に向かった。ライン川を渡ったのは、紀元前五、六世紀のころと思われる。

北海の海岸沿いにかけあしでガリアをとおりぬけ、ブリテン諸島へ向かったのもいるし、ライン中流から上流を渡って、ゆっくりガリアにひろがったのもいた。ローマ人は彼らをガリーと呼んだが、それからガリアの地名が出た。フランス語読みでゴール。ライン以西の土地を指す。だいたい現在のフランス、ベルギー、ルクセンブルクにあたる。

紀元前三〇〇年ごろのマッシリア（マルセイユ）の探険家ピュテアスは、ジブラルタル海峡をまわって大西洋岸を北に進み、ブリテン諸島を確認し、さらにバルト海にはいって「チューレの国」にいたった。ノルウェーのことである。彼はブリテン島やブルターニュ半島に同じ言語を話す人々が生活していると報告している。ギリシア人は彼らをケルタエと呼んだ。

ケルタエ、つまりケルト人の展開は限界を知らなかった。ガリアの先住民リグリア人と同化しつつ、ガロンヌ川流域からピレネー山脈の方面にまで進出し、ピレネー南麓の先住民イベリア人を後退せしめ、アルプスを越えて北イタリアを占拠し、ドナウ流域平野からバルカン半島にまで伸びた。ここに彼らは地中海諸族のギリシア人やローマ人の文明圏と接触する。

ケルトの金貨　〔左〕男の横顔。パリッシー族。径20mm。〔右〕馬のイメージ。ベロヴァキ族（ボーヴェ地区）。径14mm

森と城塞都市

ガリアは森におおわれていた。ガリーは森のなかに住み、あるいはわずかにひらけた川の流域平野に、台地に畑をひろげていた。海岸の連中は海を相手に生きていた。なにしろガリア全土で一千万以上というのがまず妥当な推算なのだから、生活のしかたも千差万別、とうてい一律には論じられない。

四、五百の部族にわかれ、五、六十のゆるい国家的枠組みをつくっていた。ローマ人はこの「国家」をキヴィタスと呼んでいる。たとえば、パリの南にひろがるボース平野一帯はカルヌート族のキヴィタスであって、その中心がのちのシャルトルだ。アルウェニー族の国がオーヴェルニュだ。

このようにケルトの族名はフランスの地方名や都市名に残ったし、またのちのフランスの行政区画やキリスト教会の司教管区は、このキヴィタスを下敷にするものが多い。

パリの南東、モルヴァン山地の南にブーヴレー山というのがある。八〇〇メートルほどの山だが、頂上台地からぶなの木立越しにみるオータン方面への眺望はすばらしく、晴れた日には、遠くジュラ山脈、さらにはモン・ブランまでがみはるかせる。

ここにケルト遺跡がある。ロワール中流域のヌヴェール地方からソーヌ盆地のブルゴーニュまでを統制したエデュアン族の首都ビブラクトの跡である。周囲五キロを土手と木柵に囲まれたこの町は、軍勢の駐屯所であり、商人の交易所であり、手工業者の仕事場であり、いざというばあいの族民の避難所であった。これをローマ人はオピドゥム、城塞都市と呼んだ。

じっさい、ローマ人が本腰をいれてガリアに近づいてきた紀元前一世紀には、こういった城塞都市がローヌ川沿いに、オーヴェルニュ山地の谷と谷をつないで連珠砦をつくっていた。とりわけ注目されるのは、ここが金属、とくに鉄加工の基地になっていたことである。溶鉱所、鍛冶場、細工場の跡が大通り沿いに確認される。城壁の土には鉄の残滓《ざんし》が多量にふくまれている。尾錠《びじょう》、留金などの細工物はもちろん、彼らの鉄文化はかなり高度だ。

とりわけ、彼らが有輪の鉄製犂《からすき》を使用し、轅《ながえ》を工夫して、ヨーロッパ内陸の重い湿った沖積土を深耕する技術をすでにもっていたということはどうだろう。彼らの文化が沈黙してゆくとき、ヨーロッパは退行したということになろうではないか。

森のなかの小さな鉱床と豊富な燃料が、森の出入口に鉄の技術者たちをひきつけていた。彼らがオピドゥムに集まるとき、キヴィタスは成熟し、もうひとつの民族が彼らを狙う。

「オピドゥム」アンセリュヌ跡
ここはセトの西，地中海岸から少し入った南斜面の丘である

ローマン・ガリア

脅威は東からきた。彼らケルト人がやってきたのと同じ方角である。ゲルマン人である。いまのスイスのあたりに住みついたヘルヴェート族（スイスはみずからヘルヴェティアと称し、この記憶を大切にしている）がゲルマン人の圧力をうけて西に動いた。ゲルマン

のスエヴィ族の首長アリオヴィストのひきいる一隊が、エデュアン族の統制に叛逆したセーヌ上流のセクワーヌ族の依頼でガリアにはいり、荒らしまわった。この余波で、ヘルヴェート族が浮きあがったのである。

ガリア諸族は一致して外敵にあたるという構えにはなかった。いってみればガリアは「国家」ではなく「国際関係」であったのだ。一部の連中がローマ共和国に援助を求めた。共和制ローマは、つい先ごろ、マッシリアの軍事的保護者におさまっていた。紀元前五八年、ユリウス・カエサルは、ガリアの援助要請に応じ、アリオヴィストの軍勢を打ちまかしてラインの東に追いはらい、ヘルヴェート族の西進をとどめた。ローマはそのまま「アルプスの内側へ」引揚げただろうか。とんでもない。それからわずか八年間で全ガリアは征服された。

もっともローマ人のガリア支配を軍事的占領だとするのはあたらない。じっさいローマ軍団は、ライン沿岸をのぞけば、ルグドゥヌム（リヨン）にしか駐屯していなかった。キヴィタスはそのままにされた。いってみればケルト人のキヴィタス連合がローマの保護下にはいったという形である。いいかえればローマはガリアの安全保障機構であった。キヴィタス間の内紛に対する、東からの脅威に対する。

紀元一世紀の後半、ネロ帝ののち、ローマ帝政が一時動揺する。このとき、ライン河口のゲルマン人バターヴィ族（のちのオランダのあたりであって、バタヴィアの呼称はオランダ人の愛好するところである）の首長で、ローマ駐屯軍の一隊の隊長でありローマ市民権ももっていたクラウディウス・キヴィリス（これは当然ローマ名である）というのが、ローマ人の支配に叛旗をひるがえし、南のケルト部族トレヴィール族（中心の町がトリエル、フランス語でトレーヴ）を味方にひきいれた。同じゲルマンのフリーセン人も一緒に動いている。

キヴィタスの代表が、レム族の首都ランスに集まった。これはケルト人の歴史の上で画期的なことであった。この「国際会議」は親ローマ派の勝利に終わった。会議はトレヴィール族にローマへの恭順を強いた。皇帝ウェスパシアヌスの使者は宣明した、われわれローマ人はイタリア防衛のためにではなく、あらたなアリオヴィストがあなたがたの上に君臨せぬようライン川を監視してきた、その危険はまだ去らぬ、と。

トリエルの荘館　壁画を補正復元したもの（紀元100年ごろ）

ローマ都市

都市と道路とラテン語と、これがローマのガリアへの贈物である。ルグドゥヌム（リヨン）はローヌ川とソーヌ川の合流点にあらたに建設された町である。この有利な立地は、かつてケルト人の着眼するところとはなっていなかった。エデュアン族はすこし北のマーコンに、その南の部族はヴィエンヌに町をつくっていた。けっきょく自然条件は歴史形成のひとつの要因にすぎない。ローマ人がここを属州ルグドネンシスの首府に定め、ひいては全ガリアのローマとした。建設後一世紀に人口二〇万に達したという。

リヨンを中心とするルグドネンシスからヒスパニア（スペイン）にかけての地中海岸、そしてライン川流域にローマふうの石造建築、フォールム（広場）、闘技場が群立した。都市は、各キヴィタスにおかれた地方元老院議員、政務官の公私の居住地であり、土地所有者の邸宅街であり、地中海貿易を担う商人や手工業者の街区であり、ローマ人退職軍人や官吏の植民市であった。都市を介してキヴィタスを統制する、これがローマのやりかたであり、アウグストゥス帝の代に早くもはじめられたガリア土地台帳の作成は、ローマ人のみならずケルト人土地所有者の権利を確定し、彼らを都市に集住せしめる重大な効果をもたらした。彼らは地方の荘園（ヴィラ）を管理するかたわら、政務官のポストを狙い、元老院議員にのしあがることを夢みた。そうすれば「ローマ市民」になれる。

ローマ道

すべての道はローマへ。この格言は、ガリアでは、リヨンへと読みかえられる。イタリアとスペインを結ぶナルボネンシス道をのぞいて、ガリアのローマ道は、リヨンを出てアルプス山脈へ、大西洋岸へ、英仏海峡へ、ライン川へ向かう。岩石を敷きつめた上に砂利や煉瓦《れんが》の細片をふくむ粘土、あるいはモルタルの層をおく。この基礎の上に舗石をならべ砂利を敷き、両側を切石でかためる。幅五メートルものこの舗装道が、ローマのガリア統制の血脈である。

ローマ道とは、市場、役所、宿泊設備、備蓄倉庫などの一切をふくむ機構であり、概念である。ガリアにおけるローマ文明の全貌がそこにうかがえる。やがて東からの脅威がガリアを横に切断するとき、ローマ道は寸断される。いつの日に道はよみがえるのか。

ラテン語

都市、荘園、街道筋にラテン語が普及した。なんといっても支配者の言語であり、上位の文明語である。外地からきた植民者や奴隷とつきあうとき、共通の標準語、ラテン語のほかに便利な道具があったろうか。主人の言葉を身につけないですむ傭人がいたろうか。ケルト語は元来文字をもたなかった。このこともまたケルト語の消滅に力を貸した。だが、荘園の農業労働者がラテン語をはなすようになったからといって、村の農民までがケルト語を忘れたと、はたしていえようか。四世紀のキリスト教会の聖ヒエロニムスは、各地のケルト方言を比較している。ブルターニュやアイルランドは、その後、ゲルマンやノルマンの侵入の波をかぶってまでも、ケルト語の基本を失うことがなかった。

けっきょく、言語の交流の法則は、このばあいでも貫徹されたのである。ケルト語圏は空間的にも、社会の諸階層という次元においても、しだいにせばまった。だが、優位の言語ラテン語も、しだいにケルト語的偏向を、文の形式においても語彙《ごい》においても、受けいれていったのである。このガリア・ラテン語（ロマン語）こそが、フランス語の母胎となった。しかもこの言語の系譜論は、なお一筋なわではかたづかない。やがてゲルマン語の影響がはい

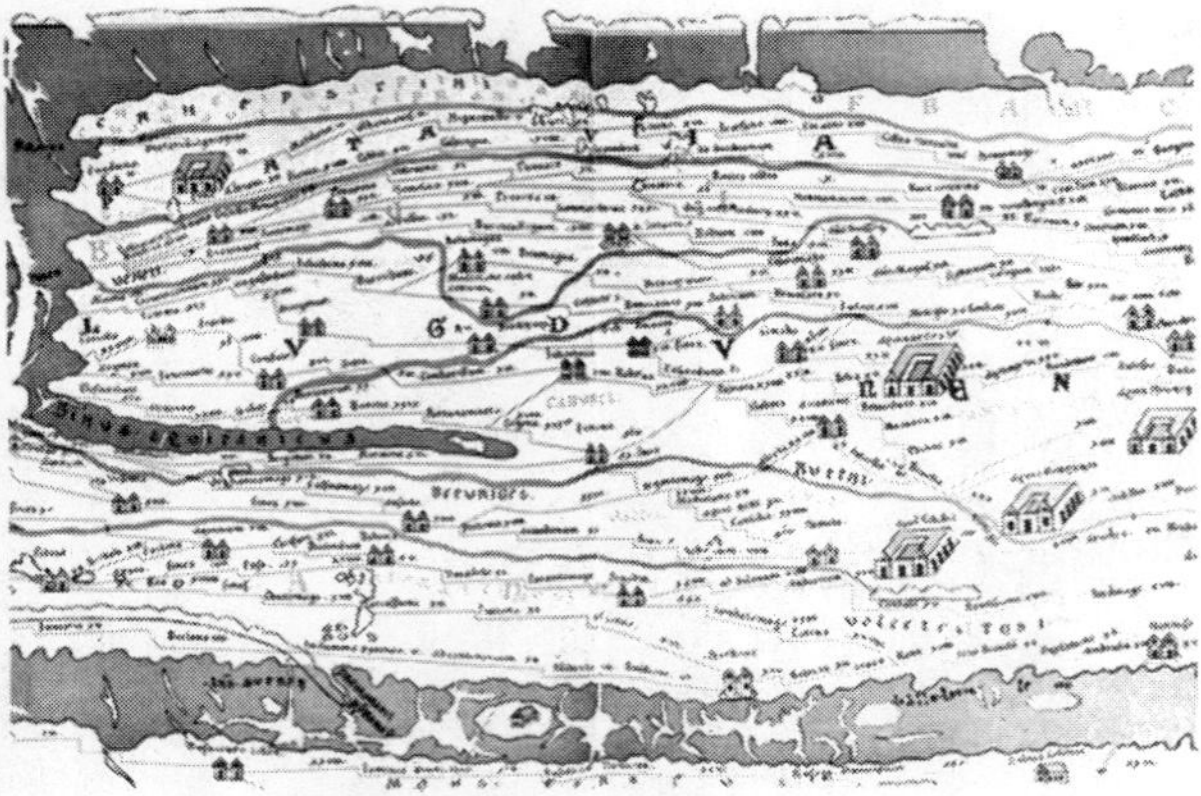

4世紀のガリアの道路図　左上隅にライン川の河口，左中段の入江ふうの切れ込みに注ぐのがロワール川。左下にTolosa（トゥールーズ）と読め，そこから東に道を辿ればNarbo Martius（ナルボンヌ）に出る

るとき、ロマン語がさらに分岐する。その過程を経て、はじめて正統のフランス語が、あたかも北フランスにおける王朝の確立を待っていたかのように、十一世紀以降、成立してくるのである。

ラテン語はロマン語に変形してガリアに根を張った、そう理解しなければなるまい。事情は神々の世界についても同じである。ケルト人の宗教はドルイド教であった。ドルイドとはケルト語で「至賢者」を意味する。彼ら選良集団の指導する呪術的自然宗教の体系である。ローマ文化の影響下にドルイド神官の権威は失われた。かわって、皇帝崇拝と、皇帝の月八月の祭式の体系が登場した。夏八月、各キヴィタスはリヨンに代表を送り、皇帝礼拝の儀式をすませたのち、ガリアの情勢について検討する。政治がローマ帝国の宗教と結びついたのである。

だが、ケルトの神々は、ローマの神々の姿形を借りて生きのびる。ケルトの雷神タラニスがユピテル（ジュピター）と同体になった。ルグドゥヌム（リヨン）は、ケルトの太陽神リュグに、台地をあらわす接尾辞のドゥヌムをつけた形である。ローマの神々によるケルトの神々の征服？　そういえるであろうか。

ぶどうとマロニエ

さくらんぼ、いちじく、マロニエ、キャベツ、そしてとりわけ、ぶどう。ローマ人がガリアにもちこんだ贈物である。ぶどうの栽培はマルセイユ近郊にはじまり（五五ページの「マグローヌ教会堂遠望」はぶどうをつみ取る作業の様子を映している。マグローヌはマルセイユのすぐ西である）、またたくまに、モーゼル川流域からパリ周辺の段丘にまで普及した。一世紀のすえには、皇帝の命令で、ガリア人はぶどうの木を植えることを禁止されたほどである。ぶどう酒の「通」は、南仏もののときくと、唇をちょっとゆがめて視線を伏せる。甘すぎるというのだ。たしかにどこではじまったかは問題ではない。要は人手による改良と政策的配慮なのだ。マロニエだって、いまのマロニエの代表は、十七世紀に移入されたインド原産の株である。しかし、だからといってばかにしてはいけない。もしもローマ人がぶどうをもちこまなかったならば、フランス人はビールをのむようになっていたかもしれないのだ。

2　ガリアの運命

混迷の三世紀

第三の掠奪者がやってきた。ゲルマン諸族である。

三世紀も後半にはいって早々、フランケンと呼ばれる武装集団がガリア北東部に侵入し、セーヌ上流からロワール中流、ブルターニュ方面からアキテーヌのボルドーへ、さらにピレネー山脈を越えてヒスパニアへと嵐のように吹きぬけた。同時に、アラマンニと呼ばれる一団がローヌ盆地にはいり、アルプス山脈を越えてロンバルディア一帯を荒らした。

このばあい、ガリアを守ったのは、ガリア人ポストゥムスであった。素姓は不明だが、生粋のローマ人ではなく、ライン流域のローマ軍団に推戴されて指導者の立場についた。ローマ中央政府からみれば僭主である。ガリアにもどってきたアラマンニもアルルの近くで粉砕された。

ポストゥムスの統治は十年ほど続いたが、公正穏健であったといわれる。公正さは、彼の時代にガリアで発行された貨幣の質が保証し、穏健とは、つまりはローマ帝政府にとってそうであった。彼は、ローマの統制下における分国の支配ということを考えただけであった。ローマ帝政府はそれを認めなかった。二七四年、アウレリアヌス帝がポストゥムスの後継者を倒した。ローマの直接統制がよみがえった。アウレリアヌスは世界再建者と呼ばれる。

世界？　あくまでもローマ世界の。

ところが、アウレリアヌスの死後、またもやフランケンとアラマンニがガリアに大挙侵入した。ガリアのほとんど全域にわたって破壊と掠奪のあとが残された。ボルドーのこの時代の建物の遺跡には火災のあとが観察される。考古学者は、秘密のかくし場所とおぼしきところに、貨幣や銀器の山を発見する。とりにもどるものがいなかったとは、なんと悲しい話ではないか。

災禍にあった都市は六〇を数えたという。これはガリアの都市とほぼ同数だ。ローマは平和の保障機構としての役割を放棄しはしない。プロブス帝が結着をつける。掠奪者の群れを追尾し、ラインを渡って異邦の首長たちと話をつける。だが、ライン上流とドナウ上流にはさまれた三角地帯、「十分の一税区」という妙な名前で呼ばれる地域をアラマンニにゆずらなければならなかった。

ボルドーのローマ遺跡　皇帝ガリエヌス（在位260〜268）の宮殿の廃墟

ゲルマン人

ローマはライン川沿いに要塞を築いて東の脅威

からガリアを守った。ナイメーヘン、ケルン、コブレンツ、マインツ、シュトラスブールなどがその後身である。さらに、コブレンツのあたりからドナウ川上流のレーゲンスブルクにかけて防衛線を設けた。これがリメスであって、正体は防塞をほどこした道路といってよかろう。リメスが完成したのは二世紀のなかごろだが、その内側はほとんど無人地帯であった。そこにガリア人が植民した。ローマは、植民者から収穫の一〇分の一を徴収し、防衛とひきかえにしたのである。「十分の一税区」という名称の由来である。

防衛は攻撃を予想する。これが常識である。だが、このばあいはどうだろう。もともとローマン・ガリアの成立以来一世紀間、ローマはラインの東の征服を狙ってきた。ローマン・ガリアと同様に、ローマン・ゲルマニアの形成をローマは策したのである。それが無理だとわかった。そこでラインに防衛線を布いた。事をはじめたのはローマ人だったのである。

ゲルマン人は、自然の草木を利用して牛や馬や羊を飼い、土地を耕やして大麦や燕麦を育て、草木を焼いて肥料にしていた。だから住むのに広い土地が必要で、定住とも移住ともつかぬ歴史を重ねてきた。もともとユトランド半島からスカンディナヴィア半島にかけて住んでいたらしい。そのままそこに残った連中が、のちに歴史に登場する。ノルマン人である。さしあたり、動いた連中のことが話題になる。

帝政ローマの成立前後、すでに彼らは、ライン川、ドナウ川、ヴィストゥラ川に囲まれる三角地帯に拡散していた。彼らには国という観念はない。彼らの集団は、ゆるやかな部族連合であり、部族のなかみを割ってみれば、血縁とか祭祀とかのきずなに結ばれた家族の、これまたゆるやかな連合である。

定住地での生活の形態を想像すれば、四、五戸からせいぜい一〇戸以内の家戸が畑のなかに散在している。これが村である。共同で耕作したらしい地条も、考古学者は確認している。もっとも、六、七世紀のころのウェストファーレンのあたりのことだが。

けれども、のちに成立する三圃制《さんぽせい》集村のように、村の全成員による土地の効率よい経営といった発想はまだない。それだけ、土地に対して無責任で、ばあいによっては一夜の決意で土地を捨てる。翌朝には、牛にひかせる荷車に家族と家財道具を積みこんで出発する。

ゲルマンの移動

喪のゲルマン女　ライン中流出土の石板浮彫り

そういうわけで、移動が彼らの常態であったわけではなく、いつでも移動できる、そういう体質の社会を作っていたということなのだ。都市とその統制下にあるキヴィタスというローマン・ガリアの社会は定着的な社会であった。それとは異質のゲルマン社会が、ラインとリメスとドナウの反対側の森と原野と渓谷にはろばろとひろがる。ローマン・ガリア人は彼らを蛮族とみた。

バターヴィ族のようにラインの左岸に移って、ローマの同盟部族になったのもいた。ローマの募兵係の宣伝にのせられて、ガリア軍団の傭兵になるのもいた。部族あげて補助隊として参加することもある。家族もろとも荘園の農民（コロヌス）になるのもいた。土地がゲルマン人を所有する。兵士のばあいにも、耕地を与えられ、妻子を養う農民兵のタイプがむしろ一般であった。軍隊、荘園というローマ的制度にひかれ、すすんで同化する。ライン流域のゲルマン人は、むしろ友好的であった。

友好的？　ローマ人に対してだろうか。いや、そうではない。ローマン・ガリア文明のうちの彼らの取り分に対してである。だからこそ、ゲルマン人兵士は、なかまのガリア人兵士とともに、ポストゥムスを支持し、彼を皇帝に推戴したのだ。ローマは遠かった。彼らのローマはトリエルであり、ケルンであった。

ローマン・ガリアの貯蔵する財宝、これを取り分とぴたりと照準を合わせた連中もいた。三世紀後半のフランケンとアラマンニがそうだった。四〇六年冬十二月、マインツのあたりで凍りついたライン川を渡ったヴァンダル、スエヴィ、アランの混成集団がそうだった。戦闘に暗夜を選び、黒い楯の陰気な軍勢と、かつてローマ人記録者タキトゥスによって記述されたヴァンダル族が、かつてローマン・ガリア成立時に名を売ったスエヴィの残党やアラン族もなかまにひきいれて、ゆるやかにガリアをかけぬける。ガリアはけいれんする。

防衛するガリア

三世紀後半の侵入は、四世紀のガリアに固くちぢかんだ相貌を与えた。打ちこわされ、火にあぶられた寺院や円形劇場の石材を使って、都市は城壁をめぐらせる。だから、いま城壁をこわしてみると、円柱の柱頭や絵模様帯（フリーズ）がでてくる。ルテティア（パリ）は、左岸の丘の優雅な街並みを捨てて、ふたたびセーヌの中州にもどり、城壁のなかに閉じこもった。ガリアの都市はすべて城塞化した。

ベルギカの北の都市バガクム（バヴェイ）の廃墟
1943年に発掘された部分。バヴェイは現在ベルギーとの国境に近いフランスの町である

荘園の所有者は都市を離れ、荘館を中心に領地をつくる。元老院議員身分の彼らの領地は、国家権力の介入をうけつけない。自由農民であったものが、保護を求めて荘園にはいる。彼らは不自由農民（コロヌス）となる。かつては荘園の労働力の大半を供給していた奴隷にも領主は土地を与える。けっきょくコロンと呼ばれる隷属農民が、四世紀のガリア農民の典型となる。

こうした身分的統合は、都市のばあいでも同様であった。財産のあるものは一括して登録される。彼らは貧民を養う義務がある。職業は固定される。同業組合はいまや構成員の逃亡監視機関であった。

ディオクレティアヌスとコンスタンティヌスの建て直した帝権が、膨大な役人団をガリア各地に配置して、ガリアの締めつけをはかる。ガリアは、ライン流域に集結せしめられた軍団の後衛と化す。この体制には無理がかかっている。不安な平和であり、崩壊の予感である。こうしてガリアは四〇六年の冬を迎えた。

スティリコのローマ帝国

ガリアの運命はローマ帝国の運命であった。不安の四世紀をすぎて、ローマ世界は崩壊の世紀を迎える。

すでに三七五年にドナウ下流域のローマ領内に移住していた西ゴート族は、王アラリックのもとにバルカン半島に進出する。三九五年、ローマは東西に分裂した。東ローマは、西ゴートをけしかけてバルカン西北部を占拠せしめる。アラリックは、イタリアのローマを占領せよと神命をうけたと確信する。西の皇帝ホノリウスの後見人、ヴァンダル人を父とするローマ人スティリコは、ドナウ中上流の南に侵寇をくりかえすヴァンダル族とアラン族に対する手当に追われている。四〇一年、アラリックは、イタリア半島の東のつけ根に到達する。ミラノの帝室は恐怖におそわれた。

スティリコの外交手腕がヴァンダル、アランに対して発揮される。ライン軍団をイタリア救援に呼び返す。アラリックはミラノを攻囲する。スティリコはこれを背面からついて、潰走せしめる。きびすを接して、東ゴート族の一集団が北イタリアを荒らしまわり、フィレンツェを包囲する。スティリコは、西ゴート、アラン、さらにはフン族の傭兵をかき集め、フィレンツェを解放する。「ゲタ（ゴート）戦争」はローマの勝利に終わった。

なんと、しかし、むなしい勝利であったことか。ローマは内側で戦っているのである。ガリアとの連絡はほとんど失われた。スティリコは、帝室を沼沢に囲まれたラヴェンナに移そうと考える。防衛に適しているからである。スティリコは東ローマとの協調を画策し、ゲルマン諸族との外交を展開する。ローマの危機を予感するからである。誇り高き永遠のローマには、それが気に喰わない。スティリコは蛮族に対して、盟約族に対して、ローマ軍団のゲルマン人傭兵に対して甘すぎる。

そして四〇六年の冬を迎えた。ヴァンダルがガリアで不安と恐怖の群舞を演じる。それに呼応するかのように、ブリタニア駐屯のローマ軍団が、彼らの皇帝を推戴した。後世、簒奪者と呼ばれるコンスタンティヌスである。彼は対岸のブーローニュに兵を出し、ガリア北部各地のローマ駐屯隊を集め、ライン川で足ぶみしているフランク、アラマン、ブルグンドの諸族と外交を展開する。

ガリアはまたも混乱におちいった。スティリコに責任はないだろうか。反感の高まるなかで、彼は遠大な計画をあたためている。アラリックの西ゴート族をガリア南部に定着せしめて盟約族とする。これが各方面の動揺を押さえるおもしとなる。西ゴートとスティリコの共謀という疑惑がローマ人のあいだにふくれあがる。四〇八年、ホノリウスはスティリコを殺害せしめた。

崩壊のローマ帝国

ステイリコとはどういう現象だったのであろうか。ローマと「蛮族」とのあいだの国際関係を構想する政策派のチャンピオンである。彼はおそらく、ローマ統治の回復の可能性をもはや信じてはいない。それどころか、いったい守るべき帝国があるのか、これが彼を苦しめるアポリア（難問）である。単純で強壮な頭のローマ至上主義者が彼のアポリアを解く。

ステイリコ以後、四七六年の「西ローマ帝国の滅亡」前後にいたるまでの歴史は、老いの我欲と新参者のけれんみのない好奇心の物語であり、プリミティヴ・ヨーロッパ成立の過程である。

西ゴートは、トゥールーズを中心に南ガリアからヒスパニアにかけて、支配の手をのばす。アルル、マルセイユ地区も西ゴートの統制に服し、イタリアと境界をつくる。東は、ローヌ・ソーヌ川の線でブルグンド王国と境を接する。ブルグンドは、ライン上流を渡って、ソーヌ盆地からスイス、サヴォワの地方に展開する。ライン上流域にはアラマン族（アラマンニ）が勢力を張り出し、それをブルグンド王国とはさみこんで、ライン中上流域から北東ガリアにかけて、ゲルマンの星、フランク族が着実な展開をみせる。ガリア北西部、パリ、オルレアン、ルーアンをふくむ地域には、ガリアのローマ軍団の栄光をとどめる「シアグリウスの国」がある。ブルターニュ半島には、アルモリカ人（ケルト系）の勢力圏がゲルマン化の波をはねかえす。

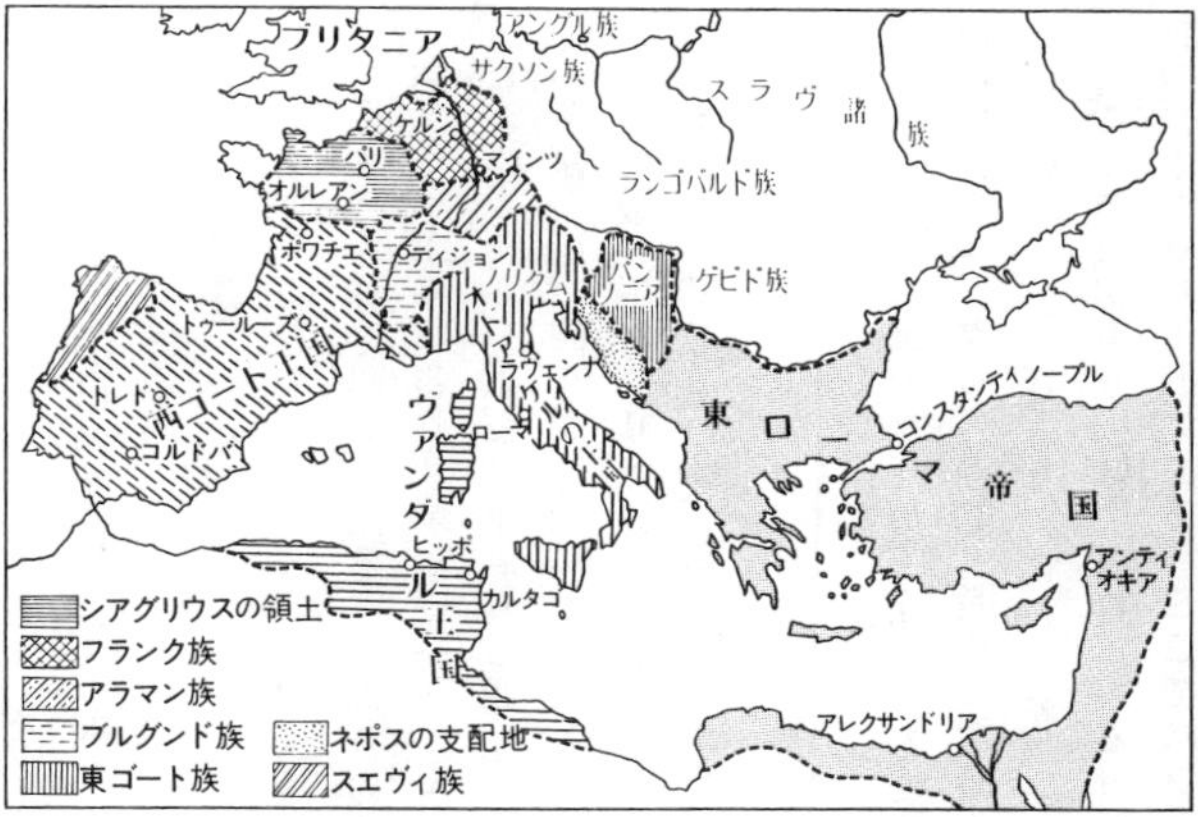

476年のヨーロッパ

以上が四七六年前後のガリアの形勢だが、西ローマ帝国全体をみれば、ヴァンダル族が北アフリカのローマ属州を占領している。しだいに地中海上に進出し、サルディニア、コルシカ、バレアレス諸島が彼らの支配下にはいる。バルカン半島の西北部、ドナウ上流の南（パンノニア）には、東ゴート族が出番を待っている。彼らは、やがて、東ローマ皇帝の委嘱をうけて、イタリア征服におもむくであろう。彼らの北にはランゴバルド族がひかえている。ユトランド半島のつけねのあたりには、アングル、サクソンの諸族がブリタニアへの渡海の機会をうかがっている。すでに彼らは海賊として出没し、ブリタニアのケルト人が、対岸のブルターニュ（アルモリカ半島）に難をのがれて移住する状況がみられる。

3　落日の西ローマ帝国

シグルズの歌

ライン川の南でシグルズは殺害された。樹の上の鴉が声高く叫んだ。「アトリがあんたたちの刃を赤く染めるだろう。偽りの誓いが戦にはやる者を滅ぼすだろう」。夜も更け、酒はたっぷりまわり、楽しい話がさんざはずんだ。ベッドへ行ったものはみな寝入った。だがグンナル一人だけ誰よりも遅くまで起きていた。足を動かさず、一言も喋らず、軍勢の殲滅《せんめつ》者は、彼らが帰途についたとき、鴉と鷲が樹の上でいったことを考えはじめた。ブズリの娘、王女ブリュンヒルドは、夜明け少し前に目を覚ました。「わたしに悲しみを口にするよう、あるいは、おさえるよう、すすめるにせよ、とどめるにせよ、不幸は起きてしまった」。

北欧叙事詩「エッダ」の一節である（谷口幸男氏訳）。九世紀初頭、ノルウェーでの作と推定される「シグルズの歌・断片」である。なにやら判じ物めいているとの印象をおもちのことと思う。アトリはフン族の王アッティラ、グンナルはブルグンド王、ブリュンヒルドは、ここではアトリの妹とされている。シグルズは、これが問題で、後世のドイツ中世叙事詩のジークフリードである。ここではフラクランド（フランク王国）の王シグムンドの子とされている。フランクの一族である。

このシグルズを殺したのはグンナルである。ブリュンヒルドはシグルズを愛し、憎しみ、死にいたらしめる。その道具に使ったグンナルに、彼女は予言する、アトリがグンナルとその一族、ニヴルンガル（ニーベルンゲン）族を滅ぼすであろう、と。だから、全体としてこれは、のちに「ニーベルンゲンの歌」として集大成されてゆく伝説群のひとつの北欧原版なのである。詩人がここにふまえている史実は、四三六年、西ローマの実力者アエティウスの依頼に応じ、アッティラ王のフン族がブルグンド族を討伐し、二万人を殺したといわれる事件である。

フランク人とキリストのイメージ　ボン近郊から出土した墓碑の表裏二面に刻まれた浮彫り（7世紀）

アエティウスとアッティラ

ゲルマン的ヨーロッパの記憶はフン族の強大に回帰する。そういってもよいくらいなのである。フン族はゲルマン系ではない。アジアの遊牧民族であって、もともとその西進がゲルマンの西ゴート族をドナウ川の南に、つまりローマ領内に押し出すことになったのであった。その後、彼らはコーカサスから現在のブダペストのあたりまでを支配し、カルパチア山麓のスラヴ人を統制し、ゲピド、東ゴートなどのゲルマン諸族を従属下においた。この同盟ないし服属政策がアッティラの権勢の正体であった。その点、じつは彼は同時代の西ローマのアエティウスと体質が似ているのである。

アエティウスはドナウ軍団の騎兵隊長の息子である。幼時、西ゴート、ついでフン族の人質としての生活を送ったことが、政治家としての彼の資質を決定したといわれる。彼はフン人騎兵隊をバックにラヴェンナ宮廷で頭角をあらわした。彼がコンスルとして西ローマの実権をにぎったころ、フン人の王にアッティラがたった。

アッティラは、じつのところ、一貫して東ローマ帝国を狙っている。アエティウスは、スティリコの後継者としてアッティラとの同盟政策を推し進める。ブルグンド族の討伐は、アッティラがアエティウスに兵を貸したという形なのである。アエティウスは、しかし、ブルグンド族を殲滅《せんめつ》しつくしたりはしない。将来の同盟政策にそなえて、残党をサヴォワに定着せしめる処置をとっている。

アエティウスはアラン族に対しても配慮する。その一支族をローヌ中流のヴァランスに、他の支族をロワール中流のオルレアンに定着せしめて盟約族とした。こういった配慮がやがてみごとに実を結ぶ。アッティラが東ローマ帝国からガリアに鋒先を転ずるとき、彼らはアエティウスに協力してガリアを守るであろう。アッティラは、西ローマ皇帝ウァレンティニアヌス三世の姉ホノリアから結婚の申出をうけ、彼女の身柄の引渡しと婚資として領土を要求した。これがアッティラの転進の動機だとする伝説がある。しかし、ことはそれほど単純ではなかったろう。この直前、アッティラのもとへ東ローマ皇帝の使節団が出むいている。これまたアッティラの同盟政策の展開であったとみられるのである。

アエティウスの根まわしがものをいった。四五一年、西ゴート、ブルグンド、アラン、サリ・フランク諸族の混成集団がローマ正規軍に協働し、北フランスのシャロン近くの「カタラウヌムの野」にアッティラ軍を迎え討った。東ゴート、リブアリ・フランク諸族を従えるフン人騎兵隊がガリアに突出し、ガリア連合軍がこれをブロックしたのである。アッティラは後退した。二年後、アッティラ急死ののち、フン国家は瓦解した。エッダは、アッティラの死を、グンナルの妹、グズルーンと結びつけている。事実、彼はゲルマン女を妻にしたが、その婚礼の夜、血を吐いて死んだと伝えられている。

西ローマ帝国の滅亡

西ローマ帝国とはいうものの、実情はラヴェンナの一政権というにすぎぬものであった。アエティウスの現実主義的な同盟政策がはたらいているあいだはまだしもであった。そのアエティウスが、四五四年、主人の皇帝ウァレンティニアヌスに暗殺され、ウァレンティニアヌスもまた、その翌年、帝位簒奪者ペトロニウスに手玉にとられて殺害され、ペトロニウスもまた、近衛の兵士に刺殺される。これ以後はもう坂道をころげ落ちるようなぐあいであった。

ペトロニウス殺害は、ヴァンダル王ガイゼリックのローマ侵寇の余波として生じた事件であったが、ガイゼリックの政権はコルシカ、サルディニアに伸びた。西ゴートはローマとの同盟政策を捨て、南ガリアに独自の動きを展開する。ラヴェンナ政権の実力者リキメルはスエヴィ族出身であり、リキメル失脚後は、その甥のブルグンド王子がラヴェンナを押さえた。ようするに西ローマの同盟政策はもはや失効し、北イタリアに関係するゲルマン諸族の、皇帝という大義名分争奪の争いである。

東ローマ皇帝は、ペトロニウス以来、西ローマ皇帝を認知していない。すべてこれは帝位簒奪者である。四七三年、東ローマ皇帝レオは、ネポス某を西の皇帝として送りこんだ。ところがネポスは、部下のオレステスの謀叛にあってバルカン半島に退去し、オレステスが自分の息子のロムルスを帝位につけた。だがオレステスは、ほぼ完全にゲルマン人で構成されるにいたっていたローマ軍団の叛乱にあって殺害された。ロムルスも殺され、ゲルマンの一小部族スキラエ出身のオドアケルが王にたてられた。オドアケルは皇帝位を東ローマ皇帝ゼノンに返却し、パトリキウスの称号授与を求めた。これが四七六年の事件である。

東ゴート王国

皇帝ゼノンは、しばらく適当にあしらっていたが、やがて東ゴート族の王テオドリックにイタリア征討を委任した。フン族の統制から自立したのち、東ローマ皇帝とかけひきを重ねてきた東ゴートは、王テオドリックが皇帝ゼノンからパトリキウス職をうけて以来、東ローマの忠実な盟約族となっていたのである。テオドリックは、困難な戦いのすえに、同盟族西ゴートの来援を得て、オドアケルをラヴェンナに追いつめて倒した。四九三年のことである。

テオドリックの支配の確立をもって、ようやく西方世界（かつての西ローマ帝国をこう呼ぶことにしよう）は重心点の固定を回復したかのようであった。テオドリックの政権がかつてのローマ政権にかわる独自な体制をつくったということではない。テオドリックは、あくまでイタリアにおける東ローマ皇帝のパトリキウス（訳せば「総督」）として統治したのであって、族民に対してのみ王であるにすぎなかった。ローマ人にとってローマは一体である。この感情がむしろ意識的に強調された。テオドリックの首席顧問カッシオドールスは、テオドリックをローマ人の擁護者と称揚し、ゴート族はローマの永遠の同盟者と歴史を歪曲した。

東ゴート王テオドリック
金のメダル浮彫り（6世紀初頭）

他方、元老院議員であり、コンスル職にあったボエティウスは、ローマ人の所有権を犯すものとテオドリックをきめつけ、死罪に処せられている。いずれのばあいにせよ、東ゴート族をもってローマ的理念への協力者とみているわけで、ようするにヘレニズム的発想であるとある歴史家は断じている。

判断の基準がつねに「ローマ」なのである。東ゴート

捕らわれのボエティウス　東ゴートの兵士にとりかこまれたイメージ。『哲学のなぐさめ』写本飾絵（11世紀）

だけではない。西ゴート、ヴァンダル、ブルグンドなど、大方のゲルマン諸族はこの基準をうけいれた。彼らの占拠する土地は、ローマ軍団の駐屯についての法規が適用され、ローマ人地主から原則として耕地三分の一の供出をうける。東ゴートにあっては、かくして生じたゲルマン人地主からも地租を徴収したのである。しかもゲルマンの部族民の数は、どの方面においても、人口の二パーセントを越えなかったと推算されるのだから、じっさいのはなし、ローマ人ないしローマン・ガリア人の既得の権利はほとんど侵害されることがなかったといってもよい。

宗教的対立があった。これまた、しかし、圧倒的に優勢なアタナシウス派キリスト教を奉じるローマ世界に、アリウス派キリスト教の洗礼をうけた少数のゲルマン人がはいりこんだという状況であって、北アフリカのローマ人キリスト教会を徹底的に弾圧しつくしたヴァンダル族を例外とすれば、むしろゲルマンの支配者層は、寛容政策を原則としたといってよい。

こういったゲルマン・ローマ世界共通の傾向を集大成したのがテオドリックの東ゴート王

国であった。ゲルマン・ローマ世界は、ここにひとつの中間報告を出したのである。この中間報告に対して冷厳な批判をもってのぞんだ一勢力、それが北方のフランク族であった。

4　ガリアの教会

カトリック教会とローマ人

ガリアの運命をさらにながめていこうには、このあたりで、キリスト教会のことを考えてみなければならない。ガリアに即していえば、キリスト教は、当初、ローマ帝国の宗教であった。

三二五年、ローマ皇帝コンスタンティヌスの主催したキリスト教会のニケア公会議は、いわゆるニケア信条を採択し、復活祭の祝日を定め、司教（教会の長）の選任、司教座組織、独身の義務などを決定した。ほぼ半世紀後の三八一年、テオドシウス帝はコンスタンティノープルに司教を召集し、ニケアでの決定を再確認せしめた。この前後、エルサレム司教、あるいはカルタゴのヒッポの司教アウグスティヌスが、ニケア・コンスタンティノープル信条に従う信仰と教会組織に「カトリック」の語を適用した。

「カトリック」とはもともとそういう意味である。のちの歴史は、これに「ローマ」の形容をつけくわえた。ヨーロッパは、ローマ・カトリック・キリスト教圏としてあらわれる。けれども、この時期における教義と組織についての常識の形成に、ローマ司教はほとんど関与

聖マルティヌス　バルセロナからトゥールーズに出るピレネーの峠道沿いのイックス教会堂の祭壇画（部分）

しなかった。イニシアティヴは東方の教会、とりわけコンスタンティノープルとエルサレムの教会がにぎった。西方でも、アルルやカルタゴの司教がリードした。けっきょく、制度としてのキリスト教は、まだ都市の宗教であって、都市の勢力が司教座の地位を保証したのである。五世紀の動乱の西方において、都市ローマがどのような状況であったか。それを考えれば、ローマ教会のおかれた状況も理解できよう。

さらに問題であったのは、ローマ皇帝がキリスト教会の事柄に主導権をとるという体制が常識となったことである。キリスト教が「国教」とされたことをキリスト教徒は祝った。その当然の帰結が、じつにこれであった。この皇帝法王主義こそ、中世ヨーロッパの形成に大きくあずかった重い理念であった。

帝国の宗教であったのだから、たとえば、三七一年ごろ、ガリアのロワール中流のトゥールの司教に選任されたマルティヌスが、その司教管区の村々をかけまわって、ケルトの神々の社を打ちこわし、神聖な岩や泉や樹木に十字の印を刻みつけるとき、彼はガリアのローマ軍団の力を借りることになんのためらいも覚えなかったのである。

ガリアにおいても、イタリアにおいても、ヒスパニア（スペイン）においても、各プロウィンキア（ローマの行政区画）の司教たちのあいだで互選される司教が、大司教として、それぞれの管区に関して絶対の権限をもった。各方面の首都の教会が大司教座として他の教会にぬきんでる。

これら大司教、司教の出自は、その大半が元老院議員身分のローマ人貴族であった。五世紀の行政的混乱が、彼らローマ人政治家をして、よりたしかな組織である教会の成員に転身せしめた。だからこそ、彼らガリアのローマ人貴族層は、ローマ理念とカトリック（もうこの言葉を使うことにしよう）理念とを重なり合うものとみる常識に生きていた。

最後のローマ人

オーヴェルニュのクレルモンの司教シドニウス・アポリナリスがその一例である。彼は、簒奪帝ペトロニウスの死後、西ゴート王テオドリック二世の支持で西ローマ帝位についたアウィトゥスの女婿《じょせい》であって、ラヴェンナの政権とトゥールーズの西ゴート王権の仲介者としてはたらいた。やがて、新王エウリックがローマとの同盟政策を捨て、ロワール流域ベリー地方、オーヴェルニュ地方に伸張を開始したのちも、シドニウスの立場は変わらない。

西ゴート王権をローマ的理念のなかにとりこむこと、これがシドニウスの、ひいては南ガリアの貴族・司教層のみずからひきうけた使命であった。シドニウスは、カッシオドールス、あるいはボエティウスのガリア版であった。「最後のローマ人」の呼称は、彼らのうち

マグローヌ教会堂遺跡　モンペリエの南の地中海岸の砂州の上のこの教会堂は，モンペリエに司教座がおかれるまで，この地方の司教座教会であった

だれに捧げられてもおかしくはない。

修道院

教区教会とともに、修道院もまた、この時期にその長い歴史を歩みだしている。修道（隠修）運動は、その発祥の地エジプトから、四世紀後半にイタリアに伝流した。トゥール司教マルティヌスも、もと隠修士であった。四〇〇年ごろ、現在のカンヌ沖合のふたつの小島、総称してレラン島に修道院が建てられた。五世紀の西方の修道運動をリードしたのがこの修道院である。この修道院から、南ガリアの教会の司教が多く出ている。

注目すべきことに、この時代には、まだ教会組織と修道院とのあいだには垣根がなかったのである。あえていうならば、都市のローマ人貴族が司教職を世襲的に独占する。そのコースにのっていないローマ人が、修道士としての経歴を経て、教会関係の栄職にあずかろうとする。レラン島の修道士から南ガリアの教会の司教になったもののほとんどは、北ガリアの政治的混乱を避けて南へ引揚げたものの、イタリアはもちろん、南ガリアの社会にも受けい

マグローヌ教会堂遺跡遠望　手前のぶどう畑では摘果の作業中

れられず、転身して修道生活に入ったローマ人であった。

アリウス派

ゲルマン人もキリスト教を奉じていたが、これは、ニケア公会議以後、コンスタンティノープル公会議で正統教義が確立されるまでの半世紀間に、ゴート族のあいだに宣教されたアリウス派のキリスト教であった。

アリウス派は、単一の神のみが永遠であり、創造主であって、キリストは被造物の第一者であると考える。神と子（キリスト）と聖霊の三位一体を説く正統派とは根本において仲が悪い。アリウス派の思想のほうがわかりやすいから単純な頭のゲルマン人のあいだに浸透したのだとする、これはフランスの歴史家の好む説明には、どことなく反ゲルマン気分がただよっている。アリウス派の宣教師ウルフィラによるゴート族布教という政策的契機が事態のなりゆきを決定したとする説明のほうが好ましい。

ともかく、ローマン・ガリアに侵入したゲルマン族のほとんどはアリウス派を奉じていた。しかし、このばあいでもまた、キリスト教はけっきょくは支配者層の宗教だったのである。ローマン・ガリアのローマ人貴族層とゲルマンの王族との対立における宗教的契機、問題はかくてここに帰着するのである。

第二章　フランクの平和

1　クローヴィスの王国

フランク族

大方のゲルマン諸族がそうであったように、フランク族もまた群小部族の集合体であった。だいたい三つにわかれ、サリ支族はマース川下流域、リブアリ支族はライン中流、そして残る群小部族、総称して上フランク族はマイン川流域に定着した。古ゲルマンの時代から五世紀までの期間に、フランク族をはじめゲルマン諸族が北ガリアに浸透した、その度合は、地方史研究の進んだ現在、従来の推定をくつがえすほど、じつは密度の高いものがあったのではないか。だいたい、その浸透の範囲は、ロワール河畔にまで及び、言語学的調査からも、とくにセーヌ・ロワール間においては、すでに三、四世紀に、ガリア・ラテン語（ロマン語）とゲルマン語との二重言語地帯が形成されていたことが認められる。

この一般的趨勢の最右翼をフランク族が担った。サリ族は、四世紀のなかばには、マース川下流の西からスヘルデ川下流にかけての地帯（トクサンドリア）にひろがり、五世紀のなかばには、トゥールネを中心としてスヘルデ川全流域に延びていた。リブアリ族と上フランク族、総称してライン・フランクの勢力圏は、ライン、モーゼル、マースにかこまれる地帯にひろがったと考えられる。

メロヴェックの家系

スヘルデ全流域にひろがったころ、サリ族は最高の首長にクロディオというのをいただいていた。これはもともと現在のブリュッセルに近いところの一パグス（あるいはガウ、各部族の勢力圏）の首長であった。この時期に、他の一群のパグスの首長にぬきんでる第一者の地位を獲得したものと思われる。トゥールネが首都とされた。クロディオを継いだのがメロヴェック。メロヴィングとは「メロヴェックの家系」という意味である。四五一年、アエティウスに協力して対アッティラ戦に兵力を提供したのが彼であった。

その子シルデリックの代、ローマのガリア長官アエギディウスがロワール川以北ににらみをきかせている。シルデリックはアエギディウスに協力し、ロワール流域に作戦を展開した西ゴート軍を撃退し、あるいはロワール中流のアンジェを占拠したサクソン族をやっつけている。シルデリックはトゥールネで貨幣を製造せしめ、それに「王シルデリック」の極印を打たせている。メロヴィング朝フランク王権の成立がここに確認される。

フランク・ゲルマニア

シルデリックの子がクローヴィス（在位四六五〜五一一）である。クローヴィスの代に、ヨーロッパ史はひとつの章の区切りのページをめくった。彼はアエギディウスの子シアグリウスを、その権力の拠点ソワソンから追い立てた。シアグリウスはトゥールーズの西ゴート王に援助を求めたが、エウリックはクローヴィスとの協調を重んじた。シアグリウスは斬首

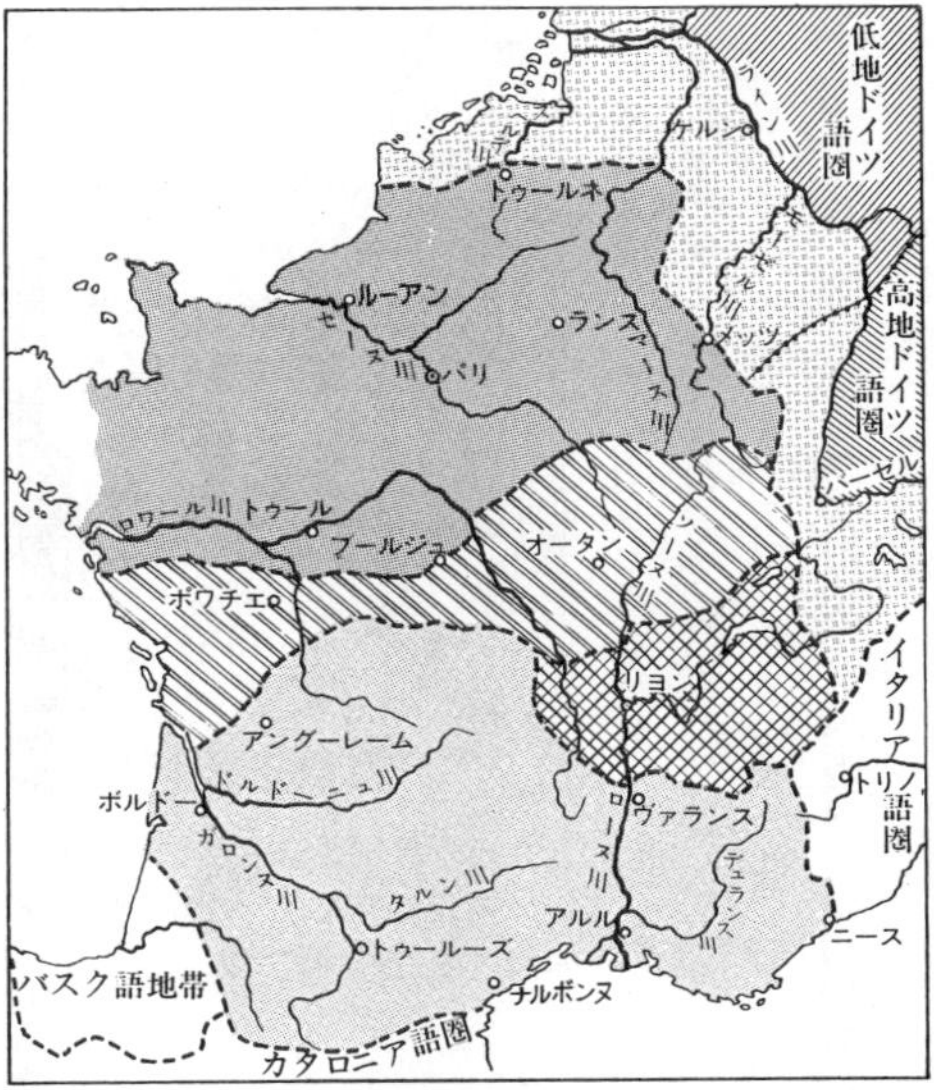

ヨーロッパ言語地図　濃い墨色の地域に10世紀以後の「オイル・ロマン語」が成長する。後の北フランス語である。薄墨色の地域に，同じく「オック・ロマン語」が熟成する。後の南フランス語である。中間の斜線帯と網目帯は，この地図が作成された時点での言語史上のある見方による区分であって，いずれにしても両言語の混成地域と説明される。ライン川の西と南の薄い点々模様帯は，ゲルマン人がライン川を越えて移住したことによってドイツ語圏に入った地域を示している

洗礼をうけるクローヴィス　10世紀の象牙板浮彫り。これが現存する最古の造形表現である

され、ガリアにおける最後のローマ人軍事政権が消えた。

四九六年にはアラマン族を征討し、クローヴィスの統制圏は、ライン中上流からドナウ上流、東はドナウの一支流レッヒ川の線にまで伸びた。かくてこの地にフランケンの呼称が生じた。このことの意味は重大である。ローマン・ガリアとゲルマン民族の歴史はじまって以来はじめて、西方の政権が東に展開したのである。ローマン・ゲルマニアの夢が、フランク・ゲルマニアの形で実現された。ヨーロッパの歴史的形相がようやく浮かびあがる。じっさい、このときまで、西方の歴史は、あくまでローマン・ガリア、ローマン・ヒスパニア、そしてイタリアの歴史でしかなかったのである。

クローヴィスのカトリック受洗

四九七年、クローヴィスは対西ゴート作戦を開始し、トゥールを押さえた。トゥール司教ペルペトゥスがクローヴィスを歓迎し、クローヴィスは彼にカトリック受洗を約束した。翌年、ランスにおいて約束が実行された。クローヴィスの思惑は明らかであった。トゥール司教、ひいては南ガリアの司教たちの目論見《もくろみ》も容易に推理できる。「カトリックの王」の名をもって西ゴートを征討する。ガリアに一元的統制を期待する。両者の思惑は一致していた。

西ゴート王アラリック二世は先手をとられた。彼もまたカトリック寛容令を発し、教会会議の開催を認めた。だが、クローヴィスも、南ガリアの司教貴族たちも、もはや西ゴート王権にはなにも期待しない。西ゴート王アラリック二世は、五〇七年、クローヴィスと戦って敗死し、西ゴート王国は南ガリアの領土を失い、ピレネーの南に勢力を限定された。翌五〇八年、勝利の帰還の途上、トゥールにおいて、クローヴィスは、東ローマ皇帝アナスタシウスからコンスルの称号をうけた。

「この日以来、あたかもコンスルあるいはアウグストゥスででもあるかのように称された」と、『フランク人の歴史』の著者、六世紀後半のトゥールのグレゴリウスは記述している。

コンスル補職

皇帝アナスタシウスは、東ゴートと西ゴートの連携をおそれていたのだから、西ゴートの脅威を消滅せしめたクローヴィスに感謝する理由は十分にあった。トゥール司教は、ローマン（ローマ的理念という意味で）・カトリック的意識において行動している。ある歴史家は、三世紀ほどのち、フランク王カールがローマ皇帝に戴冠した折の事情を考えあわせて、あまりにも正確な歴史の計画性に想いをいたしている。

カールに戴冠というアイデアを吹きこんだのは、まさしくトゥールの聖マルティヌス修道院長アルクインそのひとであったではないか！　トゥールの聖職者グループがヨーロッパ計画に関与している！　もしもそうであったならば、ローマン・ガリアのローマ人貴族層のイデオロギーの持続にこそ、創成期のヨーロッパは多くを負うていたことになる。

クローヴィスは、ローマン・ガリアの潜在的欲望、ローマ世界の復活を眼のあたりにしたいという欲望に応えた。東ローマ皇帝（これこそ地上に存在する唯一の皇帝である）のコンスル（代官）、あるいは可能態としての西の皇帝（アウグストゥス）と人の呼ぶがままにさせた。そういうことだったのではないか。

トゥールの聖職者たち

クローヴィスのコンスル補職とカールの皇帝戴冠とをトゥールの聖職者がつなげたかどうかはともかくとして、クローヴィスとトゥールとの関係は、別の角度からみて注目にあたいする。

先にいささかひきあいに出したトゥール司教マルティヌスは、じつのところ、同時代史料ではほとんど無視されている。ところが、クローヴィスとトゥールとの関係が生じるや、聖マルティヌス崇敬熱が急速にふくれあがり、聖マルティヌスを守護聖人とする修道院がガリアからライン東方、イタリア、イングランドと、全西方に建立されるにいたった。現在、フランスの教会堂で聖マルタン（マルティヌス）に献堂されているのは三六〇〇をかぞえるという。

クローヴィスとその妻クロデヒルデをはじめ、王族の聖マルティヌスへの敬虔は、同時代の教会関係の史料にあますところなく証言されている。カトリック受洗、コンスル補職のばあいと同じ状況が考えられよう。フランク王のカトリック受洗の効果を増幅することをトゥールの聖職者はねらった。カトリック帰依を王権強化の重要な柱とするためには、カトリック信仰を一般の部族民に浸透せしめ、また、メロヴィング王家の守護聖人としての聖マルティヌスの威光をガリア・ローマ人のあいだに認めさせなければならない。そういう政策的配慮がここにはたらいている。

クローヴィスの戴冠　16世紀の壁掛け刺繍画。後代のフランス人にとって，クローヴィスはフランスの最初の王であった

クローヴィスの王権

だがしかし、カトリック教会による聖別は、これはフランク王権にとってあくまでも付加価値であって、王権の基礎はゲルマン的伝統のうちにこそ求められる。パグスの首長連合の選王、それがメロヴェックの家系に収斂してゆくフランクの支配権力の原型で

ある。

古ゲルマン時代、数ヵ村の単位で成立したと思われる城塞の保有者にはじまるゲルマンの支配の体系は、氏族的ないし祭祀的紐帯につらぬかれている。移動、戦争、遠征といった、平時の部族生活の枠を破る非常のさいに、特定の指導者が部族民の自発的服従をひきだす。タキトゥスが指摘しているように、自発的な従士志願と物資提供がゲルマンの支配権力を作ったのである。この非常時の指導者が、首長、さらには第一の首長として、氏族的紐帯のなかにとりこまれてゆく。そこに、家柄のもつカリスマ的権威が成立する。クローヴィスの王権は、まさしくゲルマン伝統の権威に基づいていたのである。

しかしながら、この伝統の権威は、メロヴェックの家系のみの独占するところではなかった。ぎりぎりのところまで権威が煮つめられていって、もはや同等でしかありえない複数の権威、クローヴィスの対決すべき敵がいぜんとしてここにあった。ゲルマン諸族あるいはガリアのローマ人貴族、それ以上におそれるべきがフランク族内部の旧大貴族の家柄であった。

メロヴェックの家系の優位を確立するためにこそ、南ガリアのローマ人貴族、司教層と提携した。そう読みとることができる。カトリック受洗、コンスル補職は、すでに確立された王権が国際戦略を展開するためというよりは、メロヴェックの家系に、伝統を越える価値を加え、王権を確立せんがための政策であった。

2　地中海封鎖

クローヴィス以後

クローヴィスが五一一年にパリで死んだあと、王国はかんたんに分解した。息子たちの代に、東のウェーゼル川上流からエルベ川にかけて、ドナウ中流とその支流イン川流域のバイエルン、さらにはブルグンド王国もフランク王権の統制圏内に入った。そして半世紀ほどすると、王国は大きく三つにわかれ、メッツ（メス）を首都とするアウストラシア分国がシャンパーニュ、マースとモーゼルの流域、くわえてラインの東を支配し、パリに首都をおくネウストリアがスヘルデ川からロワール川にいたる北ガリアを、またオルレアンを首都とするブルグンディアがロワールとローヌの上流地帯に勢力圏を固定した。南ガリアはどうなったか。南ガリアのアキテーヌやプロヴァンスは、分国の諸王が共同管理する。

この形は興味ぶかい。フランク王国は、けっきょく北ガリアのゲルマン国家であった。南ガリアはいぜんとして付加物にすぎなかった。しかし、この付加物の経済的価値は大きかった。地中海貿易に直結する都市経済、これである。この都市民に対する貨幣の形での租税の徴収、それがメロヴィング王家の財政をうるおす。ローマン・ガリアの都市民は、交換経済と土地所有の二元性に生きている。これに対する地租税と取引税の賦課である。だからこそ、競合する三分国は、このローマ的領土を共同管理したのである。

歴代メロヴィング王の金銀貨極印　〔下左〕ネウストリア王クロタール２世の三分の一ソリドゥス金貨〔下中〕それを継いだダゴベルト１世のソリドゥス金貨

　これに対し、ロワール川以北、とりわけアウストラシアには、ローマ的経済の系譜は皆無に近く、フランク政権は農村を単位とする経済圏の補強ないし創設につとめなければならなかった。ケルト・ゲルマン的農村を整理統合し、あるいはあらたに開墾植民して、パグス（あるいはガウ）という行政単位がしだいに整備されてゆく。

　メロヴィング王権の強みも弱みも、けっきょくはこの国制の二元性に出る。王権は旧大豪族のカリスマ的権威を押さえつけ、官職にもとづく新貴族の体系をつくりだそうとしたが、これはつまりは豪族群に対するレッテル貼りというだけのことに終わった。旧豪族は、六世紀から七世紀にかけての内乱の時期に、各分国でいっせいに割拠する。

「ニーベルンゲンの歌」に伝説化された王妃ブリュンヒルドは、これら豪族の分立傾向を押さえて専制的王権の回復をはかったメロヴィング王家の記憶なのである。けっきょく、ネウストリアのクロタール二世が、メッツ司教アルヌルフと豪族ピピンの家系を中心とするアウストラシアの豪族群の支持をうけて三分国を統一し、王国経営の方向を決定した。つまりは、アウストラシアにとりわけ強い豪族の分立主義の勝利であり、ゲルマン的社会経済の選択である。フランク王国は、こののち南ガリア的原理（ローマ的体制）をすて、北ヨーロッパ的な政治・社会のありようをさがし求めてゆくことになる。

ユスティニアヌスの再征服

波高し、地中海、といった感じであった。フランクの王権が成立し、しだいに北ヨーロッパに収斂してゆく、その時代、六世紀から七世紀にかけて、地中海は大きくゆれ動く。五五五年、イタリアの東ゴート王国は東ローマ帝国に統合された。わずか半世紀のイタリア支配であった。東ローマ皇帝ユスティニアヌスの派遣した遠征軍は、すでにそれ以前、北アフリカのヴァンダル王国を滅ぼしていた。シチリア、サルディニアなどの島も、東ローマ軍の統制下にはいった。イベリア（スペイン）の地中海岸もまた制圧された。西地中海が、ふたたび「ローマの水」にもどった。ユスティニアヌスの再征服である。

東ローマ帝国は解体の危険をはらんでいた。キリスト教会の教義論争も関係して、つねに中央の統制にそむきがちなシリア、エジプトの動向が問題であったが、ユスティニアヌスは、皇后テオドラの内助を得て、この危機をのりきった。さらにコンスタンティノープルを機軸とする古代来の都市経済の振興をはかり、徹底的な集権策をとって帝国の体制を建て直

アギルルフ王の戴冠（590）　鍍金銅板打出し（７世紀初頭）

すことに成功した。ここにユスティニアヌスは視線を西に向けたのである。

ユスティニアヌスの再征服は、古代ふうのローマ帝国理念の華麗な表現であった。ユスティニアヌスは栄光に輝いた。だが、その輝きは、古代のイタリアを、都市ローマを焼く滅びの焔《ほのお》の反映であった。東ゴート戦役のあいだに、古代のローマは、いささかおおげさにいえば、無人の都と化した。イタリア全土で、人口の減少は一〇〇万を越えたという。

ランゴバルド王国

ユスティニアヌス没後三年、五六八年、ドナウ中流からランゴバルド族が北イタリアに移動した。彼らは、パヴィアを中心とするアペニン山脈以北に濃く定着した。彼らはローマ人との共存をのぞまず、土地を自由に収奪し、ローマ人を隷農として使役した。彼らの王は、東ローマ皇帝と対等であり、その代官ではなかった。

東ローマ皇帝は、なおラヴェンナに総督府をおき、ランゴバルド王と協定を結んで、ヴェネツィア、ラヴェンナ、ローマを南北に結ぶ帯状の地帯と、ナポリおよびジェノヴァに対する宗主権を確保したが、事実上、イタリアを失った。南イタリアには、ランゴバルド王家とは別系の二氏族が侯領を立てた。今日においてもイタリアの大きな政治問題となっている南北イタリアの対立は、その淵源をじつにここに発するのである。

イスラムの西進

イタリアの分離協定が結ばれた直後、東ローマ帝国では政権の交替があり、六一〇年、ヘラクリウス朝がはじまる。フランク王国において豪族の分立傾向が固定された、そのころである。東ローマは、東のペルシア帝国と北のアヴァール人の脅威にさらされた。ヘラクリウス帝は、小アジアにおいてペルシア軍と戦い、六二二年、イッソスの戦いにペルシア王コスロー二世を大敗せしめた。けっきょくペルシアの脅威は去り、帝国のオリエントの領土は保全された。

ところが、この六二二年という年は、イスラムの預言者マホメットの聖遷の年であった。ヘラクリウス帝の輝かしい勝利は、おそらく彼自身夢想だにしなかったにちがいないアラブ人の活動によって、まもなくなんの意味ももたなくなってしまうのである。

イスラムの進攻のまえに、七世紀中葉、東ローマ帝国はシリア、エジプト、さらには東部地中海の制海権を失った。六六一年に成立したサラセン帝国ウマイヤ朝は、首都をダマスクスにおき、小アジアへの進攻を開始した。六七〇年代には、コンスタンティノープルが海陸両面から攻囲された。

だが、けっきょく東ローマ帝国は、バルカン半島と小アジアを保全する。ヘラクリウス帝によって基礎のおかれた国制改革が実を結んだのである。かんたんにいえば、農兵としての性格をもつ自作農を小アジアとバルカン半島に育成する政策であり、都市経済の主要な拠点であったシリア、エジプトを失った事態に対応する政策展開であった。

西進したイスラム勢は、七世紀中葉、ヴァンダル王国の故土、チュニジアを制した。先住民の協力を得たイスラム勢は、カルタゴの南にカイルーワン市を建設し、これを基地としてさらに西に進む。東ローマの最後の拠点カルタゴは六九七年におち、だいたいこの世紀中に、イスラムの半月旗は北アフリカの大西洋岸に達した。

イスラムによる地中海制覇の体制が実現しかかっている。八世紀にはいれば、イベリアに半月旗がひるがえるであろう。イベリアの地中海岸、チュニジア、エジプトの海岸から乗り出すイスラムの軍船が、地中海の島々に剣とコラーンの支配を及ぼすであろう。地中海は、異質の文明によって封鎖されつつある。古代ローマ世界がここに終末を迎える。ヨーロッパにとって、七世紀はそういう現実であった。

ただし、クロノロジーには注意しなければならない。フランク王国の政治の力学が南から北に重心を移すのは七世紀初頭のことであったと考えられる。イスラムの地中海制圧はそのあとにくるのである。イスラムの海上封鎖によって、フランクの王権がやむをえず南ガリアから北ヨーロッパに重心を移したとするみかたはあまりに一方的すぎる。フランク王国の政策転換は、多分に自律的選択であり内在的要因による決定であったのではないか。

宮　宰

メッツ司教アルヌルフの家系とピピンの家系を中心とするアウストラシアの豪族層が、ライン川とセーヌ川のあいだの農村部に豪族支配の基礎をかためながら、ネウストリアのメロヴィング王家の動向をつねに監視する。七世紀後半のフランク王国はそういう状況であった。クロタール二世は各分国にマヨル・ドームスの職をおいた。

聖遺物箱　木箱銅板張文様打出し。いかにもゲルマン的感覚の一族の肖像といったところである。ロワール中流伝来のもの（7世紀）

これは王家の執事長といったほどの意味だが、これを宮宰《きゅうさい》と訳す。王国の内紛は、三分国それぞれの体質をうつす宮宰間の対立という様相をみせる。

ネウストリアの宮宰エブロインの集権的官僚国家建設の企てに対抗したアウストラシア宮宰ピピン二世の争いは、前者の敗北に終わった。ピピン二世は強引にネウストリアとブルグンディアの宮宰を兼ね、全王国の実権を掌握した。ピピン二世は、メッツ司教アルヌルフの息とピピンの娘とのあいだに生まれた子である。

なお半世紀あまりのあいだ、メロヴィング王権は存続する。伝統の権威の持続であって、その権威とは、たとえば「牡牛の曳く儀装車に乗って領内を巡幸する」即位の儀式に表象される。権力は、アウストラシアの宮宰の家系のものであったが、その権力をもってしても抹消しえない精神的力である。およそ権威は合理的批判をいれない部分をもっている。それをカリスマ的と形容する。だが、権力はその根源を合理的に問うことを認める。権力は、まず第一に物質的力である。

アウストラシアの豪族たち

一口に豪族支配といっても、その内容は多岐にわたる。七世紀から八世紀にかけて、パリ以東、ライン川流域にとくに顕著に認められるのは、村落の人口と戸数の増加であり、開墾村落の続出である。あるいは豪族の寄進する修道院・教会所領の増大である。「村」の形態が変化しつつあったのではないか。原初村落のように、農民個々別々の経営だけではなく、共同で耕作する土地ももうけられ、村の構成員全体による共同経営の思想が発芽しつつあったのではないか。

それに応じて、豪族の支配も、それまでのように世襲地の経営と村の自由農民に対する人格的支配との混合的性格のものではなくなり、ある一定領域の土地に対する支配権、土地領主権が生じはじめていたのではないか。

ごく特定の地域にかぎって、このような大胆な推測が可能であると思われる。そして、そのごく特定の地域こそ、アウストラシアの豪族たちが、とりわけピピンとアルヌルフの家系が権力の基盤をすえた土地であったのだ。この家系の所領は、マース川流域に、リエージュ周辺に、アルデンヌ高原に、シャンパーニュの丘陵に、パリの北の段丘に、モーゼル川の流域に展開していた。

彼らは、これらの大所領に関係する人間たちを、さらには、宮宰として任用の権限を行使する王家高級官僚（つまりは、もとをただせば彼らの同等者である）を、誠実契約という私的契約のきずなで縛った。これが封建契約の基本をなす「託身」の原型である。こうして彼らは、古い官職制度を活用しつつ、新しい支配の関係を創出していったのである。

3　王権とガリア教会

「法王」グレゴリウス

ローマの元老院議員貴族の家系の出である一修道士グレゴリウスが、五九〇年、ローマ司教に選任されたとき、イタリアの南北はランゴバルド族に占領され、ローマはラヴェンナとともに東ロー

ローマ法王グレゴリウス　グレゴリウス関係写稿断片の飾絵（10世紀）

マ皇帝の統制下におかれていた。ローマ司教の権威は、じつのところ、近隣の司教にさえも及んではいなかった。南ガリアの教会は、ローマ司教に従属しなければならない理由をなんらもち合わせず、フランクの教会はローマとは無縁の組織であった。

この困難な状況に直面して、ローマ司教グレゴリウスは、いたずらに東ローマ皇帝およびコンスタンティノープル総大主教（東方教会の長は「主教」と訳される）と事を構えることは避け（通説にいうローマ教会首位権の主張は、グレゴリウスのばあい根拠がない）、もっぱらローマ教会領の確立と整備、アリウス派のランゴバルド族に対する宣教につとめた。

たまたま、どういうきっかけからかはわかっていないのだが、グレゴリウスは「イングランドに宣教団を派遣した。もっとも、その団長アウグスティヌスは、「イングランド人の司教」なる名義を、アルル大司教から受けることになったのだが。後述のように、これがけっきょくフランク王国におけるアイルランド系教会勢力にかわって、アングロ・サクソンの修道士たちに宣教の舞台を与えるきっかけをつくることになる。

さらに、後述のベネディクト修道会の展開が、フランクのカロリング王権と結びついて優越し、ひいてはローマ教会とフランク王権との結合を保証することになる。このベネディクト修道会をグレゴリウスが保護したとされる。

そういったしだいで、従来、グレゴリウスの事績は高く評価され、グレゴリウス以後、ローマ司教に法王（パパ）の呼称が与えられる。また、大法王の尊号をグレゴリウスの名に冠する習慣がいつしか成立したのである。

けれども、当時のガリア・キリスト教会には、ローマ教会の動きだけをみていては理解しかねる動向があまたみうけられる。アイルランド系教会のもたらした影響波もそのひとつである。

リュクスイユ系修道院の群立

グレゴリウスがローマ司教に選任されたころ、ガリアでは、アイルランド人修道士コルンバヌスが、ブルゴーニュのヴォージュ山地のリュクスイユに修道院を建てた。

アイルランド教会は、五世紀の聖パトリックにはじまる。スコットランドのウィットホーン岬の修道院が、その拠点のひとつとなった。パトリックのころは、ガリアのトゥールのサン・マルタン修道院との関係が密であったが、しだいにガリア教会との接触を失い、むしろ東方教会、とくにエジプトや小アジアの修道院との交流がさかんになった。こうして独自に展開したアイルランド教会は、六世紀末、逆にガリアに宣教を開始するにいたったのである。

コルンバヌス以後、リュクスイユをいわば母とする子修道院が（まだ修道会の組織は存立しないが）各地に建立された。コルンバヌスの修道規定が七世紀のフランク王国の修道制を支配した。くわえて、ブルグンドやアウストラシアにおいてしだいに失脚してゆくローマ人貴族にかわってフランク人が教会勢力の中心になってゆく、その過程に活力を供した。

また、その収容人員数百の規模の修道院の建立は、各地に経済活動の大きなセンターがつ

アングロ・サクソン修道士　ウィリブロード系エヒテルナッハ修道院に伝わる聖書抄録写本飾絵（690年ごろ）

くられることを意味する。アイルランド修道制は、ケルト農民の生活に密着した宗教運動であった。アイルランド人修道院長の用いた鋤《すき》が聖遺物として保存されるムードであったのである。フランク人豪族が、その所領の生産性を高めるためにこれを利用しなかったということがあろうか。

もともとコルンバヌスは、メロヴィング王家の内紛にまきこまれ、アウストラシア分国王妃ブリュンヒルドに対抗するネウストリア分国王クロタール二世と、これを支持するメッツ司教アルヌルフをはじめとするアウストラシアの豪族たちに保護されたのであった。彼らの依頼をうけて、現在のスイスのあたりにいたアラマン族に宣教した。そのときの側近のひとり、ガルスの名が、ボーデン湖畔のザンクト・ガレン修道院に残った。

さらに彼は北イタリアに入ってポッビオ修道院を建てたが、以後ここは、ランゴバルド人宣教の基地となった。アリウス派のランゴバルド人をカトリックに改宗させる仕事は、ローマ司教によってというよりは、このポッビオの修道士たちによって推進されたのである。

ローマ教会系イングランド教会

ついでアングロ・サクソン修道士が登場する。

六世紀末にローマ法王（もうこの言葉を使うことにしよう）グレゴリウスがイングランドに派遣した修道士アウグスティヌスは、カンタベリーの町の東に修道院を建てた。ここにローマ教会系イングランド教会の布石がおかれた。五世紀にブリタニアに侵入したアングル族、サクソン族、ユート族は七つの王国を建てた。そのひとつ、ケントにまずカトリックの種がまかれたのである。さらに北のイーストアングリアへ、ヨーク以北のノーサンブリアへ、その種が運ばれた。だが、七世紀中葉には、アイルランド系教会勢力によって、押しもどされ、一時はイングランドは、ほとんどアイルランド色にぬりつぶされたのである。

ローマ教会はカンタベリー大司教座を拠点に抵抗する。復活祭の日取りをめぐる論争でローマ教会系暦法を認めさせる。聖職者の髪型について、アイルランド系の長髪方式を屈服せしめて、ローマ的方式を受けいれさせる。頭頂部を剃る様式だ。たとえばノーサンブリア王家には、両派の争いがあって、ヨークの西北のリポン修道院はローマ派の牙城である。かくて七世紀後半には、しだいにローマ派の反攻が効を奏してきた。アイルランド人修道士にかわるアングロ・サクソ

アイルランド修道士　フルダ修道院に伝わる聖書抄録写本飾絵（8世紀初頭）

イスラム騎兵　紙にペン画（10世紀）

ン人修道士のフランク王国伝道が活発化するにいたる。

アングロ・サクソン修道士のガリア宣教

このリポン修道院の院長であったウィリブロードが、六九〇年ごろフリースラントの宣教に出かけた。アイルランド教会もかつて手をつけはしたが、ついに果たしえなかったフリーセン族の教化をイングランド教会が手がけようというのである。

ウィリブロードは、ローマ法王に伝道の許可を求め、さらにフランクの宮宰ピピン二世の保護を得た。ピピン二世は、その直前、フリーセン族の王を倒して、フリースラントを王国内にとりこんだばかりであった。ウィリブロードはアントワープに拠点をおいて宣教を進めた。ピピンのフリースラント統制は、ローマ・カトリック宣教をひとつの武器としたのである。

フリースラントに植民したフランク人のことをウィリブロード・フランク人と呼ぶ。フリーセン族は抵抗した。宣教はあまり効果をあげなかった。しかし、ともかくウィリブロードは、ローマ法王によってフリースラント大司教に任ぜられ、ユトレヒトの前身、トレヒトに司教座をおいたのである。

つづいてボニファティウスが登場する。ウェセックスのサクソン人で、本名をウィンフリードという。ボニファティウスは法王にもらった名である。七一六年にフリースラントに渡って以来、彼はローマ法王グレゴリウス二世から伝道許可をとり、フランク宮宰カール・マルテルからは親任状をうけて、ライン東部、とくにヘッセンとチューリンゲン、さらにバイエルンの伝道にあたった。彼の活動を記念する修道院はフルダであり、彼はドイツ人の使徒と呼ばれる。

ウィリブロードもボニファティウスも、フランク王国の辺境、北東部のゲルマン人の教化にあたったのである。両人ともにローマ法王と密に接触をとっている。他方、王国の北東部

フランクのかぶと　エノーのトリヴィエールで出土（6世紀）

フランク騎兵隊　ザンクト・ガレンの詩篇集飾絵（9世紀末）

に勢力基盤を展開する宮宰の家系と結んでいる。かくて、ボニファティウスが、フランク王権とローマ法王権との結合に枢要の役割を果したことが推察されるのである。

カール・マルテル

ピピン二世のあと、カール・マルテルが全王国の宮宰職を掌握した。

この一族にはじめて登場するカールの名はゲルマン語系であり、もともと自由農民を意味する。また、マルテルの名は、カールの叔父の名に因《ちな》む命名であって、鉄槌《てっつい》を意味するあだなであるとする説は後代の思いつきにすぎない。ピピンの庶子であって、家督の相続には曲折がともなった。その一時期、王国の統制がゆるんだ。ネウストリアはあらたに宮宰を立て、アウストラシアの専横に叛旗をひるがえす。アキテーヌ、この西南ガリアの地には侯が立ち、フランク王に従属する立場にあったが、これがネウストリアに同調する。東北の辺境ではフリーセン族やザクセン族が動く。アラマン族、バイエルン族もフランクの統制から離叛する。

カール・マルテルの軍団は各地に転戦した。バイエルンは服従し、アラマン族は、それまでは従属部族国家であったのが解体されて、フランク王国に統合された。ザクセン族はフランクの権威を認めるよう強要された。フリーセン族は従属部族国として服属した。ネウストリアの宮宰は倒され、アキテーヌ侯ユードも、これはイスラムの侵入という大事件をきっかけとして、カール・マルテルに服従することになる。

トゥール・ポワチエの戦い

イベリア（スペイン）を制圧したアブドゥル・ラフマンのイスラム勢は、すでに七二〇年代、ピレネー山脈からガリアの地中海沿岸（ナルボンヌ、カルカソンヌをふくむ現在のラングドックの南部）に進出して、ベルベル人（北アフリカ先住民）の軍勢にそこを守らせていた。アキテーヌ侯ユードは、北にフランク王軍の圧迫を受け、南にベルベル人の脅威を感じていたのである。

ユードはベルベル人の首長と協定を結んだ。これがアブドゥル・ラフマンを刺激し、七三二年の侵入となったと考えられる。イスラム勢およそ六万がピレネー北端の峠を越えて、バイヨンヌ、ボルドーへ進む。ベルベル人首長は倒れ、ユードの軍勢もけちらされた。アキテーヌが劫掠された。

「焔と血の長い畝溝が」アキテーヌに刻まれたと年代記は記している。

トゥールのサン・マルタン修道院の豊かな財宝のうわさにひかれたともいう。アブドゥル・ラフマンは北上する。ユードはいまや確執を捨てて、王国の宮宰に援助を求める。カール・マルテルは全土に動員令を発する。イスラム勢より劣勢であったということはまずない。フランク勢はオルレアンでロワール川を渡り、ポワチエに向かう。ヴィエンヌ川とクラン川の合流点近く、両軍は七日のあいだ対峙《たいじ》する。年代記にいわせれば、「壁のごとく動かず」。ついにフランクの歩兵勢がサラセンの騎馬勢を潰走せしめた。アブドゥル・ラフマンは敗死した。

重装騎兵隊

フランクの歩兵勢と書いたが、フランクの軍団は、ローマふうの革と鉄の装具に槍剣の歩兵が主力であった。ただ、ローマの騎兵、あるいは西ゴート王軍の騎兵の遺制が南ガリアに残っていたし、またアウストラシアの豪族の家臣団が重装備で騎乗していたことはまずまちがいない。古ゲルマンの従士制の系譜をひく自由身分の戦士団が、カール・マルテルの戦力の中核であった。

この重装騎兵隊の維持には金がかかる。家臣団を給養するには限界がある。そこで彼らに土地を与え、みずから給養せしめる工夫が、このころから始まったのではないか。その土地をどこに求めるか。王領地、あるいはカール・マルテルの一族の世襲地を分与するだけでは足りない。そこでカール・マルテルは、教会・修道院の所有する土地を収公した。

収公しっぱなしでは教会をとりつぶすようなものである。けっきょく、この問題は、その後、王権が教会側の土地に対する権利を認め、土地を分与された家臣が教会に対して一定の賃租を支払うことを保証する。さらに教会に対する支払いとして十分の一税を設定するという形で落着した。

重要なことは、家臣の土地保有が王権の保証のもとに制度化されたという点である。家臣の土地保有は、のちの封建的土地保有の原型となる。これが王権の保証のもとに慣行化したということは、もともと封建制度は国家体制を否定するものではないことを意味する。逆にいえば、フランク王国は封建的関係をすでにふくむ国家であったということになる。このことのもつ意味については、なおのちにふれる機会があろう。

カール・マルテルの家系、カロリング王家のフランク王国の基礎は、ピピンとカール・マルテル二代のあいだに築かれた。カール・マルテルの後継者カールマンとピピン三世は、なおしばらくはメロヴィング王家の血筋を立てる。

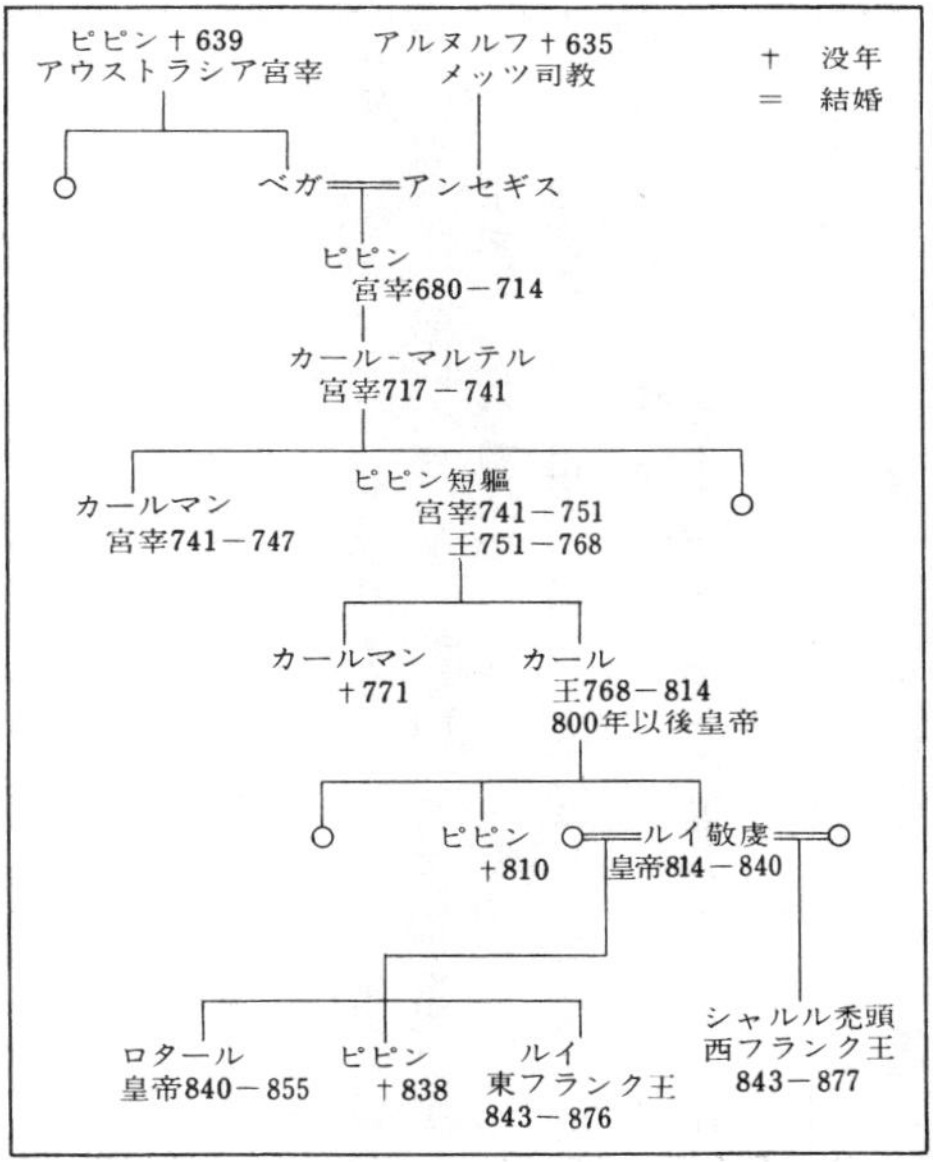

初期カロリング家系図

だが、やがてアウストラシア宮宰カールマンの引退後、ネウストリア宮宰ピピン三世が、王家交替のドラマの演出を決意したとき、これに反対する声はまったくあがらなかったのである。

ピピンの登位

カール・マルテルによる教会領の土地収公とい

うこともあって、フランク教会と王権との関係はますます密なものになった。だが、この辺の事情は錯綜していてわかりにくい。ボニファティウスとローマ法王との関係があり、ボニファティウスとアウストラシア宮宰カールマンとのつながりがある。さらに、これに対抗してピピン三世が、自分の腹心をメッツ司教に就任させて、独自の動きを展開していたらしい。

ともかくボニファティウスはローマ法王によって無任所の大司教に任じられている。その権限において、七四七年、彼は教会関係者だけの教会会議を開き、フランクの教会組織について、ローマ法王との関係について基本路線をとりきめている。ローマ法王を頂点とするカトリック教会の階層的組織のアイデアがはじめて提示された機会として、これは注目されるのである。

この七四七年に、カールマンが突如引退して修道院にはいっている。どうもピピン三世の謀略の匂いがする。中軸はすでに、ピピン三世とメッツ司教の線に移っていたらしい。そして、ピピン三世は登位を決意する。七五一年、ソワソンで開かれた諸侯会議は、メロヴィング家の王シルデリック三世の廃位を決議し、ピピンを国王に推戴した。

これ以前、ピピンはローマに使者を送り、法王ザカリアスの意見を求めていた。法王の返答が会議の席上披露され、これがカロリング家の権力を権威に昇華させる決め手になったとするみかたがある。法王の返答は、力あるものが王たるべしという趣旨のものであった。いいかえれば、カロリング家の王権はローマ法王の権威に裏付けられたというのである。

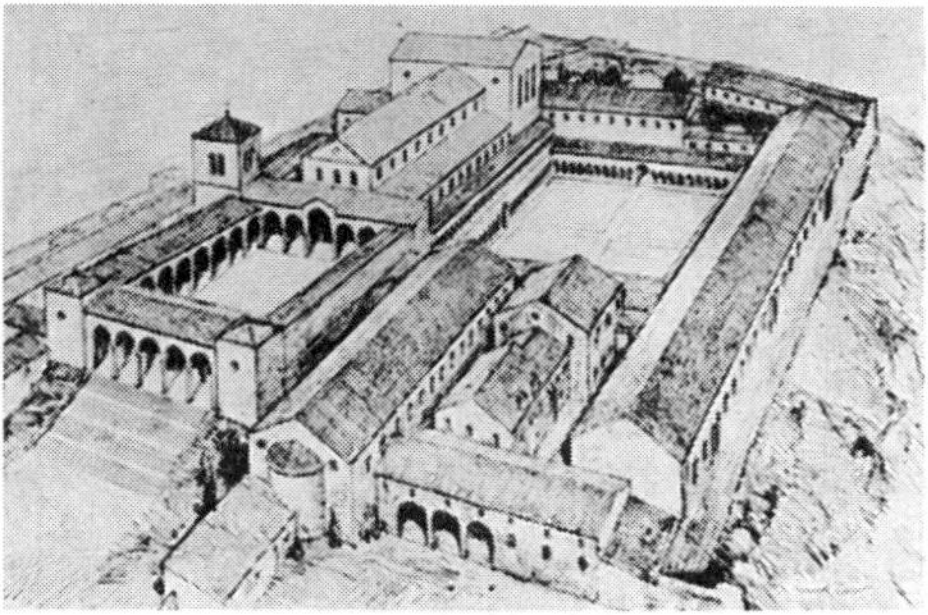
モンテ・カッシーノ修道院　11世紀の時点を想定したコナント教授による想像復元図

ボニファティウスは、翌年、ピピンに国王塗油の秘蹟を執行し、七五四年、アルプスを越えてポンティオンにピピンを訪ねた法王ステファヌス二世もまたピピンを聖別し、ついでにその二子カールマンとカールをも聖別した。ローマ法王の意図は明白であった。

ベネディクト戒律の採用

ところが、ピピンのほうは、むしろローマ法王ぬきのフランク教会を構想していたのではないかという疑いがある。メッツ司教の路線は、アングロ・サクソン修道士の修道規則を嫌ってベネディクト戒律を自主的に選択し、フランク教会とローマ法王との関係については明言を避けている。ボニファティウスが、ピピン聖別後、再度宣教師としてフリースラントにおもむき、その地で殉教したというのも暗示的である。

ベネディクト戒律は、六世紀前半、イタリアのモンテ・カッシーノ修道院のベネディクトが規定したとされる修道規律であるが、その後、これを採用する修道院はほとんどなく、まさしくこのとき、メッツ司教がフランク教会の修道規律としてその骨子を採用したことによって、後世のヨーロッパ修道制の基本律となってゆくのである。

ピピンの寄進

法王もピピンもともに主体的に動き、両者の関係はともかくも共鳴しあうものとなる。七五四年、ピピンはイタリアに遠征し、ランゴバルド王と戦って、ランゴバルド王アイストゥルフによって収奪された東ローマ帝国領をとりもどし、これをローマ法王に与えた。いわゆるピピンの寄進である。法王ステファヌスは、ピピンにパトリキウスの称号を与えた。ローマ的体系にフランク王権をとりこもうとする意図は明らかであった。これは、ピピンを継いだカールのローマ皇帝戴冠と同一線上に位置する現象である。

ヨーロッパの王権とローマ法王権の同盟？　もうそういう言葉づかいをしてもよいであろうか。

4　カールの王国

カールのイタリア政策

七六八年、ピピン三世のあとをカール（Karl　ドイツ語読み。ラテン語読みではカロルスCarolus。英語ではチャールズ、フランス語ではシャルルだが、ともに綴りはCharles。慣用にしたがってドイツ語読みにする。七四二あるいは七四三〜八一四）と、その弟のカールマンの二子が継いだ。三年後、カールマンが死に、カールの単独支配となった。カールマンの遺児の権利を支持してフランク王国の内政に介入したランゴバルド王デシデリウスに対する作戦が、カールの最初の仕事となった。

これはまた、父ピピンが、ローマ法王に約束したことを果たす機会ともなったのである。戦いは二年のあいだに決し、カールは「ランゴバルド人の王」の称号をとった。従属国家とし、その首長を兼ねたのである。ローマ法王に対しては、父ピピンの所領寄進を確認した。

なお、ゲルマン人の諸部族については、これまで「ランゴバルド族」というように表記してきたが、以後、ここに一例を示したように、文脈によっては「ランゴバルド人」というように表記する。

カールは父ピピンの遺志を継いで、ローマ教会の守護をひきうけた。フランク教会に対する守護権がここに最高度に補強される。けっきょく、カールの側としては、祭司国王の権威確立をめざしていたのではないか。ローマ法王としては、ローマ教会領の領主とキリスト教会の司教と、このふたつの次元における東ローマ皇帝の統制から脱出しようと考えていた。事実上、東ローマ皇帝の守護は及ばず、ランゴバルド王権の脅威にさらされていたのであってみれば、これは当然の希求であった。

ピピンとカール　左がカール。ピピンは王冠をつけているのでピピン３世とみられる。写実ではないのだから，子が父よりも年とっていてもおかしくはない

カールの戴冠

ここに、しかし、大きな問題が生じる。フランク国王の教会守護権とローマ法王の裁治権との、どちらが上位であるか。ローマの教会がキリストの第一使徒ペテロの座であり、全キリスト教会の首位に立つという思想が、司教レオのとき以来、ローマ教会に伝承されていたのであったから、これはなおさら重大な問題であった。

ローマ法王はピピン三世をパトリキウスに任じた。その子カールが、ここに八〇〇年のクリスマスの日に、ローマの聖ペテロ（サン・ピエトロ）教会堂において、法王レオ三世によってローマ皇帝（インペラトール）に加冠された。ローマ司教が皇帝の代官であるパトリキウスを任用するということは、ましてや皇帝をつくるということは、古代のローマ帝国においても、東ローマ帝国においても、先例のない行為である。それを法王はあえてした。法王側の強い意志がここに読みとれる。

カールの皇帝理念

シルウェステル伝説というのがあった。かつてローマ司教シルウェステルが、ローマ皇帝コンスタンティヌスから西方の聖俗両権を譲渡されたといういいつたえである。これは、のち、九世紀中葉に成文化されたとみられる「偽イシドールス教令集」の一文書として定式化された。この教令集なるものはまったくの偽文書であるが、ともかく、シルウェステル伝承の流行が九世紀中葉以前にさかのぼることはまちがいない。

これがローマ法王の戦略の根拠であった。法王は西方において皇帝である。法王優位のこの思想が、やがて十一世紀以降、重大な関心を呼ぶにいたる。カールの戴冠をめぐる議論は、十一世紀以降の法王権の動向をめぐる議論をまえにしての初戦の軽い打ち合いといった観がある。

カールは東ローマ皇帝的な皇帝理念をいだいていた。そう考えて不都合な点はない。八一三年、彼はその息子ルイを皇帝に指名している。皇帝は皇帝がつくる。それ以外には考えられない。法王レオ三世による不意打ち加冠を事実として容認しはしたが、その後、彼は東ローマ皇帝と交渉し、ヴェネツィアを東ローマにゆずることでもって折り合いをつけた。カールは西の皇帝と自己限定し、東西両皇帝の相互批准は、カールの没した直後に実現した。

すっきりはしない。しかし、法的手続きの問題を越えて、カールは皇帝であった。ランゴバルド王国を制圧した時点で、彼は失地を回復した西ローマ皇帝であった。ローマ教会に対する守護権を確保した時点で、彼は東ローマ皇帝と並び立った。彼の帝国は、東の帝国に対して同等の資格で、「キリスト教帝国」であった。

カールの王国

カールの王国

トゥールのサン・マルタン修道院長アルクィンは、カールの王国を「キリスト教帝国」と呼んだが、カール自身は、その帝国の皇帝であるよりも、「ガリア、ゲルマニア、イタリアおよびそれに隣接する諸州を支配するフランク人の王」としての自己を強く意識していたのではないか。こう呼んでいるのは、カール自身の命によって書かれた『カールの書』である。

フランク人の王カールは、まずランゴバルド人の王になった。ついで、彼は、その父と祖父が手がけた仕事を完成する。フランク王国を守護するために。ザクセン族に対する徹底的な武力制圧とキリスト教教化政策は、けっきよくザクセンの民衆の帰順をかちとることができず、フランク人の植民、ザクセン人の強制移住という手段にまで訴えなければならなかった。こうして、のちのウェストファーレンにあたる北東ドイツが王国に統合された。バイエルン侯国は廃止されて王国領に併合された。ザルツブルク大司教座を基地として、ドナウ流域に対する教化政策が推進された。アキテーヌ侯は服従し、ナルボンヌ地方が王国に統合された。ついで、ピレネー南麓にスペイン辺境領が設定された。

拡大する王国は、あらたな辺境問題を生みだす。ザクセン族平定は、ユトランド半島のデーン人、エルベ、ザール川以東のスラヴ諸族との、バイエルンの統合は、その東、ドナウ平野のアヴァール人との、スペイン辺境領の設定は、現地のバスク人、スペインのイスラム勢力との敵意ある接触を結果した。

カールは城塞列をおくかたわら、フランク王国人の植民、キリスト教会による宣教同化の政策を休むことなく推進しなければならなかった。フランク王国の防衛のために。だが、後世はキリスト教帝国の帝王とカールをみる。

キリスト教ヨーロッパ共同体

カール大帝（シャルルマーニュ）の事績を歌う叙事詩『ロランの歌』、これは十一世紀末、十字軍熱が高まったころに書かれたものだが、ここに登場するカールは、よわい二百歳を越す白髪銀髯《ぎんぜん》の老騎士だ。異教徒の王を討ちにピレネーを南に下る。その甥のロラン（カ

アーヘンの王宮の想像復元図　右に八角礼拝堂がみえる

アーヘンの宮廷礼拝堂内部　側面から玉座をみる

ールの側近の書記アインハルトの『カール大帝伝』によれば、ブルターニュ辺境長官ロランドゥス）の勇武がこの物語の骨子だが、その末尾にこう読める。

　王は円天井の部屋に眠った、
そこにサンガレルがあらわれていった、
カルルよ、帝国全土の軍勢を召集せよ、
大軍勢を催して、ビールの地に押し出せ、
ヴィヴェン王をインフから救出せよ、
異教徒どもが包囲している町だ、
キリスト教徒があんたを呼んで叫んでいる、
皇帝は出かけたくはなかった、
神よ、なんとまあつらい人生だ、
泣きながら、白い鬚をしごく、
トゥロルドゥスの語る物語、これでおわり。

　皇帝は出かけたくはなかった。なんとすなおにカールの労苦を想いしのんでいることか。後世はカールにキリスト教ヨーロッパ共同体の親を見出すのである。

カールの眠った円天井の部屋は、『ロランの歌』で「エ」と呼ばれている王宮の一室である。「エ」はアルデンヌ高原の北端に位置し、カールは八〇〇年に皇帝に戴冠したあと、ここを王宮として住んだ。いまはドイツの町アーヘンで、宮殿の建物は跡形もないが、石造りの礼拝堂がほとんどそのまま残っている。礼拝堂をフランス語で「ラ・シャペル」といい、これにちなんでフランス人はここを「エックス・ラ・シャペル」と呼んでいる。

アーヘンの市庁舎はこの宮殿のあとに建てられた。一九六五年、アーヘン市参事会に「ヨーロッパ評議会」がおかれ、「ヨーロッパ平和の礎石」が市庁舎の一隅に据えられた。国際平和につくしたものに与えられる「シャルルマーニュ賞」が設定された。

近代国家主義の時代を経て、ヨーロッパ大戦後、このような形でカールの帝国が想起されたということもまたおもしろい。ヨーロッパ共同体は、その原形をカールの帝国に求めようとする。これもひとつのルネサンスではある。

カロリング・ルネサンス

「ガリア、ゲルマニア、イタリア」のあわさるところ、アーヘン。ずんぐりとした猫背、顔の造作は大きく、ローマふうの長衣を嫌い、かわうそや黒てんの毛皮を着こみ、狩猟に熱をあげ、大食の神に奉仕する生粋のゲルマン男カール、このアウストラシアの百姓は、ここアーヘンの宮廷を、ラテン文化とキリスト教文化復興の作戦基地とした。

カロリング書体　アルクィンが修道院長のときのサン・マルタン修道院でつくられた，ローマの著述家ティトゥス・リウィウスの写本の一葉

アルクィン肖像　トゥールのマルムーティエ修道院でつくられた，アルクィン自身によって修正された聖書の写本飾絵

祭司国王としての教会守護が、教会制度の物質的保証にとどまらず、聖職者の徳育にまで及ぶ。ベネディクト戒律は、フランク国王の聖職者に対する訓戒であり、司教座教会と修道院に学校（スコラ）の設置が命ぜられる。アーヘンの宮廷学校に、イングランドのアルクィンをはじめ、学問と教育の指導者が集合を命ぜられる。

　彼らの考案した小文字書体は、中世ヨーロッパの文字形式の基本となるであろう。彼らのあいだに再生した古典ラテン語と収集された古典古代のテキストは、十二世紀ルネサンスのうけとる貴重な遺産となるであろう。アルクィンの定式化した論理学三科、自然学四科の学問体系は、十二世紀以降、大学における人文七科として大成されるであろう。

　教会の公的儀式次第である典礼書がアルクィンによって集成された。これはローマ司教グレゴリウスの時代に典範を求めたものであって、同時に聖歌集が編まれた。これは後世、グレゴリオ聖歌として知られる。キリスト教神学についても、また、このゲルマン男は一家言もっていた。「父と子と聖霊」の三位一体論の解釈をめぐり、東ローマ教会の決定に反論し、「聖霊は父および子から発する」との説を西方教会の根本教義としたのは、じつにアルクィンとカールの共謀であったのだ。

教会法（カノン法）と市民法についても、また、ゲルマンの部族法典との関係において、カロリング・ルネサンス人の関心をかきたてた。すでに北イタリアのボローニャの町で、ローマ法の学習がはじまっている。やがて、十一世紀以降、これが中世ヨーロッパの法体系に養分を供するであろう。

ひとつの文化運動は、のちの時代にひきわたす財産の目録作りであるまえに、うけとった財産の整理であり、集成である。アーヘン王宮の唯一の遺構である宮廷礼拝堂が、それを表現的に示す。これは、基本のプランをラテン十字（ローマ教会の十字架）にとっている。だが、内陣にあたる八角堂はビザンティン（東ローマ）ふうの円蓋《えんがい》をかぶり、明らかにこれはラヴェンナのサン・ヴィターレ教会堂の模倣である。吹きぬけの二階三階の周囲の遊歩廊は、色大理石のコリント式円柱に支えられたローマふうアーチに飾られている。一口にいえば、初期ビザンティン様式であって、独創の様式ではない。

他方、聖書、祈禱書類の飾画は、これはアイルランドのケルト様式の統制下にある。だが、聖遺物箱の飾り彫刻や留金のたぐいの細工物は、これはゆたかにゲルマン人の美感覚を表現している。

カロリング・ルネサンスは、カールのフランク王国が、カール以前の「ガリア、ゲルマニア、イタリア」の総合であることを示している。「前ヨーロッパ」がカールの「キリスト教帝国」に集成された。それが「ヨーロッパ」の内実をそなえるにいたるのはいつか。わたしたちは、いまこの問いを発しなければならない。

第三章　冬の時代

1　王国の解体

王国の分割

カールの王国は、その息子や孫たちによって分割された。カロリング家は、王国を自家の財産と心得たのである。

カールの後継者はルイ（これはフランス語読み。ドイツ名はルートヴィヒ。七七八～八四〇）敬虔《けいけん》王である。たまたま兄弟がみんな死んでしまったので、ひとりで王国を相続した。カールは、生前、兄弟間の分割相続という原則を打ち出していたのだが、これはむだな配慮に終わったのである。そのルイもまた、せっかく長子ロタールを共同皇帝に戴冠させたというのに、他方では、年下の息子たちに、バイエルン、アキテーヌといった小王国をわけ与えて、兄弟間の不和を誘いだしてしまった。

このルイの王国分割をとりきめた帝国整備令は、理論的にはロタールの帝権を最上位におき、弟王たちの完全な服従を要請していた。その意味では、カールの時代にははなはだあいまいであった帝国と王国との関係を、これがはじめてはっきりさせたといってよいのだが、しかし、現実はどうなったか。兄弟間に紛争が生じた。その紛争の終結条約が、八四三年のヴェルダン条約である。

八四三年の分割協定はおもしろい。長子ロタール（これはドイツ語読み。七九五〜八五五）は、フリースラントからローマ法王領にいたる王国の中央部分を占有した。東はラインとアルプス、西はスヘルデ、マース、ソーヌ、ローヌをつなぐ線を境界とする。このロタールの王国は、ふたつの重心点をもっている。すなわち、アーヘンとローマ。フランク王国とキリスト教帝国。ロタールの王国はこの関係をめぐるアポリアに、なんら解答を出していない。あいまいさの図示である。

住民の由来という単純な原理の上に立って、ローマン・ガリアの西を、アウストラシアの中核部分とゲルマン諸族の土地である東を、それぞれ分けとった弟たちの王国、西フランクと東フランク、フランスとドイツがやがてロタールの王国を分割した八七〇年のメルセン条約のほうがはるかにすっきりしている。このとき、イタリアがふたたびガリアとゲルマニアから分離された。ローマ法王権は、ふたたびかつての沈滞と無為におちこむのである。

司教たちの指導

ローマ法王権はフランク王権を協働者として選択し、キリスト教帝国をフランク王国の上位の構造にしようとはかった。ルイ敬虔王の代には、事実、それに成功したらしい徴候もみえたのである。レオ三世の後継法王、ステファヌス四世は、その就任にあたってフランク王の認証を必要としなかった。逆に、アーヘンに出かけてルイを戴冠した。ルイはすでに父王在世中に父皇帝によって加冠されていたというのに。

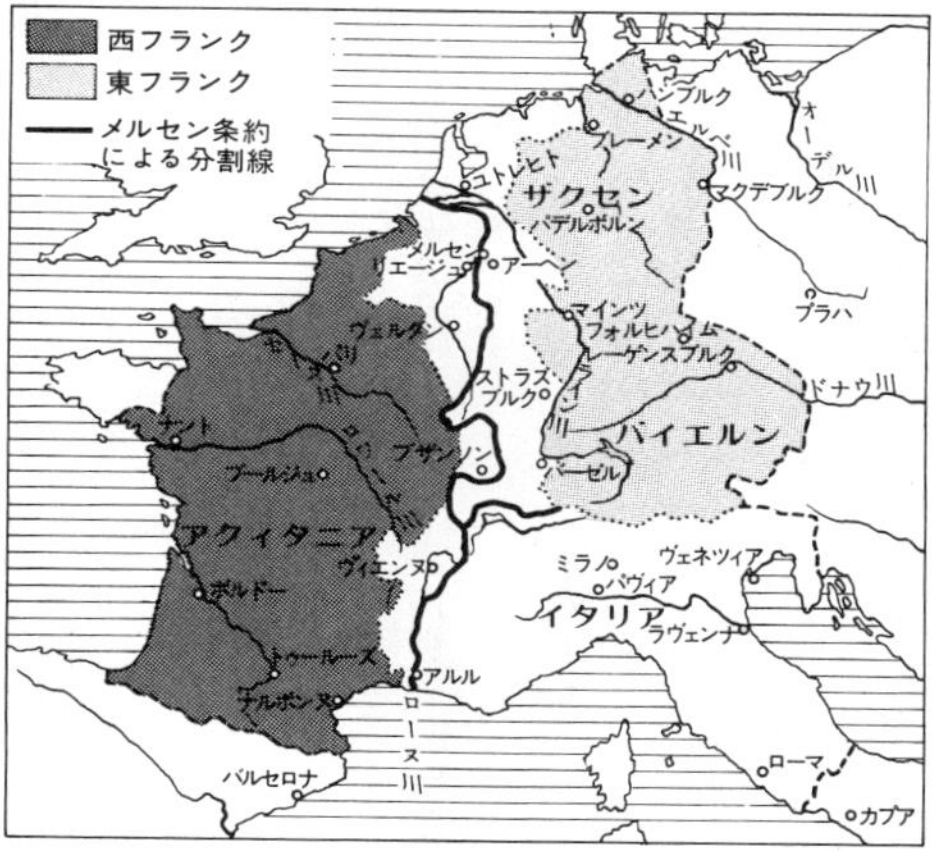

フランク王国の分割

　カールは、東ローマ教会とのあいだの教義論争、たとえば聖画像礼拝問題について、フランク司教会議に決定をゆだねたが、ルイはこの問題について、あらためて法王の決定を要請する処置をとっている。ルイのあと、王国分裂ののちにも、形だけは法王尊重は続いた。だが、九世紀後半以降、諸王諸侯は、この無益なジェスチュアーをすててしまうのである。

　とはいっても、教権の俗権に対する自己主張が消滅してしまったというわけではない。このばあいも、時代がもとにもどったの観があり、フランクの司教集団が、とりわけリヨン大司教アゴバルドとかオルレアン司教ヨナス、サン・ドニ修道院長イルデュアン、あるいはシャルル禿頭《とくとう》王（西フランク王。在位八四三〜八七七）の時代のランス大司教ヒンクマールといった連中によってこそ、国家はキリスト教的原則の上におかれるべきであるという理論が精練され、主張されたのである。

ゲルマンの祭司国王にキリストの愛と正義の武器をとらせ、部族法の混成に教会法とローマ法の水路を掘りこんだ。ヴェルダンの分割以後、彼らは国政に関する専門家集団であった。シャルル禿頭王は、ランス大司教ヒンクマールに指導される西フランク司教集団の意志に、王権の正当性についての判断を求めている。

人格的統合としてのフランク王国

しかし、西フランク王国はフランク王国の部分王国でしかなく、それははっきりしている。司教たちの指導は、王国の王に対してのものであって、キリスト教帝国の帝王に対するものではない。キリスト教帝国は消滅したといってよい。各王国の王権と司教たちの協働、これが現実であった。そして、この現実のさらに下層に、王権をさらに分解させる動きが進んでいた。諸侯領の自立傾向である。司教たちの訓戒は、諸侯の連合政権としての王権に向けられることになろう。けだし、キリスト教君主には、支配の血脈の伝統はいらないのだから。

諸侯領の自立とはいっても、もともとこれは、カールの王国に内在していた潜在的傾向のあらわれであった。カールは、豪族を官制的に編成し、彼らを従士制的な誠実誓約で縛ることによって国家制度をつくった。カールの中央行政機構は、カール自身の人格的統合力に依存していたのである。

じっさいのはなし、中央集権の思想を具体的に担わされた国王巡察使の制度にしても、「草が生えなければ」、つまり春がきて馬の飼料のあてがつき、道路事情もよくならなければ、巡察に出発しないという状況であったのだから、コミュニケーションの不備からして、とうていカールの広大な王国がメカニックに運営されるというわけにはいかなかったのである。

ただカールが人格的に体現しているカリスマ的権威、そしてこれに付加されたキリスト教的国王理念、さらにアウストラシア豪族の提供する強大な騎馬近衛隊の軍事力、これがカールの王国の統一を支えていたのである。

シャルル禿頭王　850年ごろトゥールのサン・マルタン修道院で作られた聖書写本の飾絵

この統合力のゆるむとき、豪族の自生的権力が芽をふきかえす。官職が世襲的に簒奪されて、カールによって派遣されたフランク人の「伯《はく》」あるいは司教、修道院長が在地に根をはる。アウストラシアの豪族群が、フランク王権の名のもとに先鞭をつけた家臣への所領の分与が、一般の豪族のあいだに普及する。主君による家臣の給養の手段であった所領の保有が、主君への奉仕の代償として当然のごとく要求されるようになる。さらにこれが世襲化されてゆくとなると、これはもう封建的関係までいま一歩である。

諸侯領の自立

八七七年、シャルル禿頭王《とくとう》は、イタリアに出向くにさいして、オワーズ川沿いのキエルジーの宮殿に家臣を集めて、留守中のことを配慮した。そのとき公布された勅令で、シャルルは、伯の職はその息子に世襲されること、また一般に家臣についても同様であることを認めた。

空位の官職に対する任命権があくまで国王にあることが強調されているとはいえ、これはつまりは、官職と官職にともなう所領が世襲される当時一般の慣行を追認したものにほかならない。同年中にシャルルのあとを継いだルイ王は、王は官職を自由に裁量できると主張して、諸侯の猛反撃にあったのである。

アキテーヌ侯家

ルイ二世は無謀なことをしたものである。事実上、西フランク王国は、いくつかの大諸侯領に分割されていたのである。たとえば、アキテーヌ。ここはルイ敬虔《けいけん》王によって、一時、その息子ピピンに分け与えられていた。シャルル禿頭王が西フランク王となっても、このピピンの権利を守ろうと、その子ピピン二世が執拗な抵抗を続けた。シャルルは、アキテーヌ統制のために、ボルドー地方、ベリー地方、オーヴェルニュ、リムーザンとトゥールーズ地方といった各ブロックごとに、その地の有力な伯に頼ることを余儀なくされた。

トゥールーズ伯家がたとえばここに発し、オーヴェルニュ伯の家系が、やがてアキテーヌ侯家を建設するにいたる。ガスコーニュにはフランク人の伯がおかれていたが、これまた自立し、アキテーヌという行政区画からも離脱してしまった。

ブルゴーニュ侯家

シャルルは、また、ロタールの王国との境界に、ブルゴーニュ辺境伯をあらたにおいた。ロタールのほうでもこれに対抗して、リヨン辺境伯をおいた。ロタールの王国が分割されたのちに、けっきょく西フランク側のブルゴーニュ、東フランク側のブルグンドという、ふたつの大きな領地が形成されることになる。やがて、旧ブルグンド王族に出るオータンの伯リシャールがブルゴーニュ侯領を建設するにいたる。

ロベール・ル・フォール

『ロランの歌』の主人公ロランは、「ブルターニュ辺境長官ロランドゥス」の記憶を写す英雄である。ブルターニュ半島のブルトン人に対する備えとして、この地方にはカールの代か

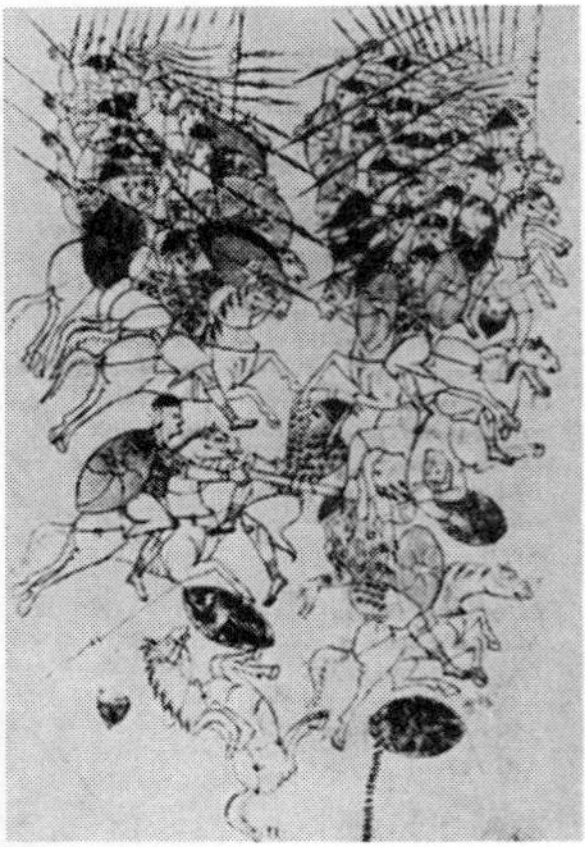

戦闘　10世紀前半に作られたマカベア書写本飾絵。ザンクト・ガレン修道院系の様式

ら辺境領がおかれていた。いくつかの伯領を包括するこの辺境領において、いくつかの家系が頭領の地位を占めては、競合に破れて消滅してゆく。やがて、九世紀の後半にはいると、ロベール・ル・フォールなるものが諸伯の頭領として登場する。一説によれば、ロベールの父は食肉業者だったという。血統などもはや通用しない。「強者（ル・フォール）」の時代である。

東フランクの諸侯領

東フランクについても事態は同様である。ルートヴィヒ（ドイツ人王）の王国は、やがて三人の息子に分割される。バイエルン王カールマン、フランケン、ザクセン、チューリンゲンのルートヴィヒ、それにシュウァーベン（アラマンネン）王のカール肥満王である。この間に、しかし、各地の伯権に由来する諸侯領は続出する。シュウァーベンのヴェルフ家、ザクセンのウェストファーレン地方のウィドゥキント一族、同じくザクセンのリウドルフィング家、バイエルンのアルヌルフ一族、ライン・フランク部族の伯コンラディンの家系などである。東フランク王家が断絶し、九一一年、コンラディン家系のコンラートが王に選ばれるとき、時代は変わる。

辺境領の集合

ある歴史家はおもしろいことをいっている。このようにして王国全体が、いわば辺境領のようなもので構成されるようになっていった、と。辺境領は、元来、王国が確固としてあって、隣接する外世界の脅威に対処するものである。それが、ブルゴーニュ辺境領の例がしめすように、内側におかれる。辺境領が王国を囲む、その内部にまた辺境領をおかねばならぬ。辺境領が王国の構造と化す。王国は消滅し、辺境領の国際関係が残る。そういう時代であった。

2　北欧民族の春

強者の時代

ロベール・ル・フォールの権力は、ネウストリアの王権の簒奪であったというだけのものではない。辺境領の守護として、ブルターニュのブルトン人、あるいはセーヌやロワールを遡行《そこう》して侵入する北方の掠奪者の群れ、ノルマン人に対する現地の戦いの指導者としての責務を彼は果たしたのである。この戦いの過程で、ロベールは、アンジュー、トゥーレーヌを

鍛冶を習うシグルズ
ノルウェーのヒルレスタードの教会扉口の木彫り（13世紀）

支配し、シャルトルやオルレアンの諸伯領、あるいはトゥールのサン・マルタン修道院領などに上級領主権を及ぼした。

　その息子のユードもまた、父の仕事を継承し、八八五年から八八六年にかけて、一年間あまり、パリを攻囲したノルマン軍に対するパリの戦いを指導する。八八八年、西フランク諸侯は、ユードを王に推戴した。

　在地の豪族の自立、あるいは諸侯領の成立は、当然のことながら、それぞれの地域での軍事防衛機構の確立を意味したのである。もはやカール・マルテルの軍団が助けにきてはくれない。ユードの要請に応じてパリの救援にやってきたカール肥満王は、ノルマン人との外交で問題にケリをつけようとした。ノルマンの要求に応じて、さらにセーヌをさかのぼり、ブルゴーニュ方面に向かうことを彼らに許したのである。

　自分たちで守るしかない。そう決意させる状況が当時あった。解体するフランク王国を外側から「神の鞭」がたたいた。ノルマンの侵入であり、マジャール（ハンガリー）人の襲来である。イスラム教徒勢の劫掠である。

ノルマン人

「エッダ」のシグルズは、英雄中の英雄で、いろいろな系譜に出没する。彼の父シグムンドは、デンマークのブラールンド（どこか不明）のボルグヒルドを妻にめとり、彼女の王国に滞在した。ついで南下してフラクランド（フランク王国）に行き、そこを手中に収めて、エイリミ王の娘ヒョルディースをめとった。ふたりのあいだに生まれたのがシグルズである。これが彼の系譜の原型であって、このいきさつは、「シンフィエトリの歌」というのに書かれている。シンフィエトリは、シグムンドとボルグヒルドとのあいだの子である。

　デンマーク人とフランク人とは、長い交流の歴史をもっている。シグルズ伝承のこの部分は、両者の関係がかなり密であったことをしめしている。あるいは、密になってからのちの出来事を、伝承の世界に写している。なんといっても「エッダ」の成文化は、早いもので九世紀に下るのだから。

　ノルマン人、彼ら北方のゲルマン族は、スカンディナヴィア半島に展開したのち、ユトランド半島のジュート（ドイツ語読みでユート）族がアングル、サクソン（ザクセン部族の一部）両族とともにブリタニアに移住したあとを襲って、ユトランド半島にもはいった。この「民族移動」のしかたは、だから、フランク族のばあいに似ている。南のゲルマン諸族のように、あるいはフン族のように突出的様相をみせてはいない。

　それだけに、南のゲルマン諸族の華々しい歴史に関心をそそられたのか、彼らの民族叙事詩エッダには、フン族やブルグンド族が主役をつとめているのである。シグルズ出生伝承、あるいはブリュンヒルドのシグルズ恋慕といった筋書は、しかし、彼らの政治史の実相を写しているようにおもわれる。ブリュンヒルドは、アウストラシア王妃ブリュンヒルドの形象化である。

あらたな辺境勢力

民族移動の時期に彼らの一部も流出し、土地があまった。ユトランド半島も彼らのものになり、全体としてかなりの過疎地帯が生じていた。だから、彼らの農業経営に必要な土地の余裕がかなりあった。おまけに、バルト海の沿岸という立地から、海上に生活の資を求める道も開けていた。そういうわけで、なお二、三世紀間、彼らは「定住」していた。ようやく土地が不足してきた。これがひとつの原因であったとみられる。

加えて、この間、彼らの部族社会にも、国家的枠組みがしだいに形成された。フランクの国制が及ぼした影響も考えられる。八世紀から九世紀にかけて、この気運が急速に進展し、支配の中枢に立つ家系と、そこから疎外された家系との別が生じる。一匹狼的な首長が従士の一団をひきつれて、よその土地に新天地を求める。ノルマンの別称ヴァイキング（ヴィキング）の語根ヴィクは、「わきにそれる」という意味の古ノルウェー語から出たという説が最近提唱されている。

また、彼らのばあい、ちょうどフランク族に対するガリア・ローマ国家の役割を、フランク王国が果たした。カール・マルテルによるフリースラント征服、カールによるザクセン制圧、こういったフランクの辺境政策が、そのまた外側のデンマークをあらたな辺境に変えた。攻撃に対する反撃の論理がノルマン人のあいだになかったであろうか。フリーセン人制圧は、北海におけるフリーセン人商人の活動を制約し、ノルマン人の進出を許した。ザクセン人に対する武断的教化政策が、デンマーク人の政治的統合を促進した。

こうして、フランク王国があたかも辺境領の集合と化するとき、ノルマン人の「定住」のバランスがくずれ、ノルマン人もまたひとつの辺境勢力として、西ヨーロッパに参加する。

フリーセン人

七一六年、フランク王国伝道に出かけた修道士ボニファティウスは、ロンドンから船でドゥールステーデに向かった。船賃をきちんと払って乗船したと年代記はコメントしている。ロンドンとのあいだに定期航路を開いていたドゥールステーデの船乗りはフリーセン人である。フリーセンラントを支配したフランク王権は、このドゥールステーデの町のそばに砦を設け、関税をとりたて、貨幣を製造した。この砦のあとが今日のオランダのレク川のほとりの町ウァイク・バイ・ドゥールステーデである。

フリーセン人は、この町を基地に、ライン河口域に関係する北海商業に君臨した。現在のエタープル・シュール・ル・

カールの印章　「フラネケルの総督の印。王カロルスはフリーセン人を自由にする」と刻まれている。フラネケルはフロニンヘンの西，フリースラントの町であった

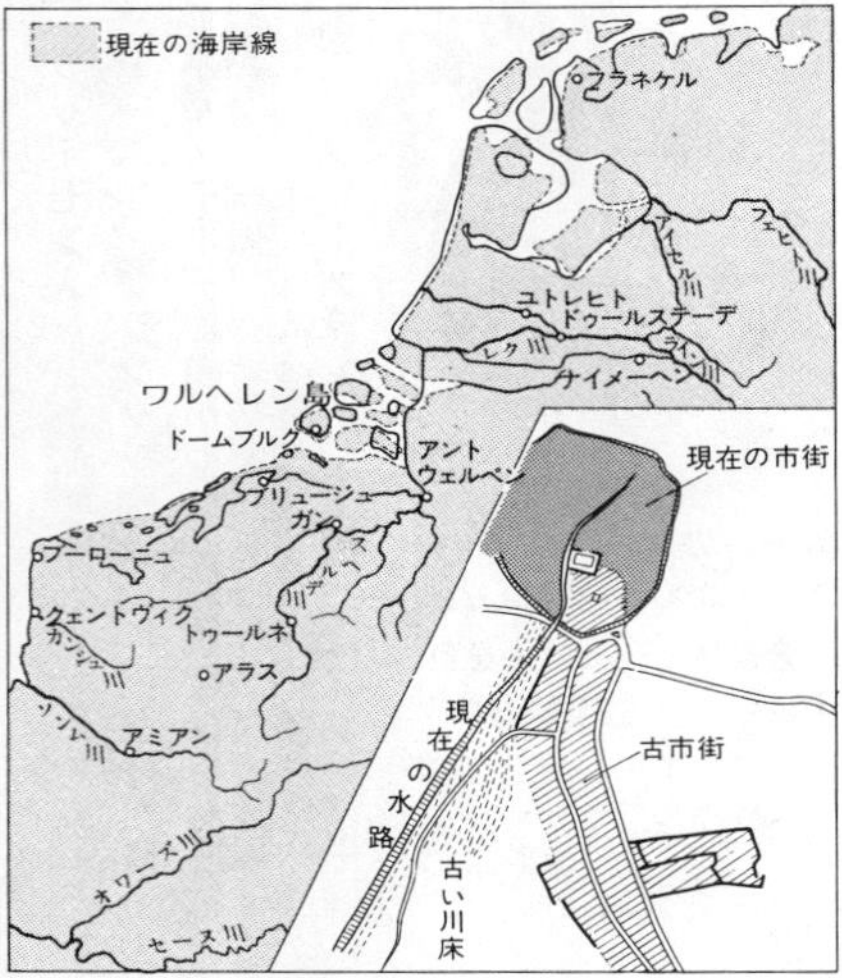

カロリング時代のネーデルラントとドゥールステーデのプラン　現在の海岸線との相違に注目されたい

カンシュがそうではないかとおもわれるクェントヴィクという町も、あるいはワルヘレン島のドームブルクも、フリーセン商人の商品集散基地であった。

このフリーセン商人が北海からバルト海に手を伸ばそうとしていたと仮定しよう。一一六ページの地図をごらんねがいたいのだが、ユトランド半島をまわる航路は、とてもではないが不便である。そこで、半島のつけね、のちのシュレスヴィヒ・ホルシュタイン地方を横切る道が欲しい。ところが、そこにデンマークのノルマン、デーン人がひかえていた。そういう筋書になる。

北洋の商業基地

八世紀末、デンマーク王ゴドフレドは、デンマーク領とフランク王国の境界のバルト海岸に町を建設した。ハイタブである。これはフランク王権に対する防衛の基地であると同時に、半島の地峡部に防塞を備えた運河を掘ることによって、北海とバルト海とをつないだのである。この古い運河は、現在もなお「デーン人の仕事」と呼ばれている。

スウェーデンも敏感に時代に反応した。現在のウプサラの北に古ウプサラがある。ここを拠点とするスヴェア部族が、しだいに諸部族に優越する地位を築いた。この王家が、現在のストックホルムの西のメーラレン湖上の島に町を造った。ビルカ（白樺の意）である。これが、スヴェア族の国、すなわちスウェーデンのハイタブとなった。

ノルウェーも負けてはいない。オスロ・フィヨルドの入口にスキリングサルという町を造った。ノルマンの国家建設の開始にともなって、北海への玄関口ストラルズンド海域に、北洋の商業基地が群立するという恰好《かっこう》になった。ノルマン人は、商業の平和という思想をもつ。よい季節がめぐってきて、市の開かれるあいだ、その場所では、宗教的対立、部族間の闘争も停止される。有力な王がそれを保証する。むしろそれを保証できるものが権力を握ったのだ。ハイタブ、ビルカは、市の自由と平和の場であった。

ヴァイキング

「ヴァイキング」の呼称は、十一世紀の年代記家、ブレーメンのアダムによれば、ノルマン人自身が用いた呼称であった。「ヴィク」は、ノルマン語系から出たとすれば「入江」を意味し、古アングロ・サクソン語あるいはラテン語から出たものならば「市」を意味する。まとめれば、市で商う入江の人々といった意味になろう。

フリースラントやフランクの商人が歓迎された。フリースラントの毛織物（もっとも産地については異説があるが）、ラインラント（ライン中流域）でつくられるガラスの酒盃、金細工品、とりわけクローバーの葉模様のブローチ、そしてマース川流域産の剣その他の武具。フランクの剣は大変な人気があった。だが、その原料の鉄は、スウェーデンの良質の砂鉄がフランクに輸入されたのだ。

奴隷貿易

それに、北欧の森林で捕獲されるてんやかわうその毛皮。とりわけ、奴隷。これがフランク人仲買人によってビルカで購入され、ハイタブから東フランク経由でドナウ流域のレーゲンスブルクへ、イタリアへ、あるいは西フランク経由でスペインへ運ばれた。買手はフランク王国の大土地保有農であり、スペイン、北アフリカのイスラム教徒の首長たちである。スカンディナヴィア、とくにノルウェーで人口過剰が問題になりはじめていた。これを処理するのにちょうどよい話であった。さらに供給源を求めて、エルベ川の東のスラヴ人狩りがはじまった。スウェーデン人は、ゴトランド島をはさんで対岸のリトワニアから南、オーデル河口域にいたるまでのバルト沿海に、植民市を建設した。彼らは、先住スラヴ人に対して支配者としてのぞんだのである。

ノルマン宣教　聖ワンドレギシルス伝の写本飾絵。右上隅の一団は明らかにノルマンの特徴をそなえている

フランク王権の介入

この北欧諸族の春に、フランクの王が無関心でいられるわけはなかった。フリーセン人のように、あるいはザクセン人のように、彼ら北の辺境の商人どもを従わせよう。ハイタブ、ビルカにフランクの砦と税関をおき、イスラム教徒の進出によって沈滞した地中海貿易にかわる商業利益の根城にしよう。

ルイ敬虔《けいけん》王の代に、フランクの策動が展開する。デンマーク王の息子たちがデンマークの豪族ハラルドを追い出した。ハラルドはルイに保護を求めた。ルイは、これを利用してデンマークの内政に干渉しようとした。これはいわば外交路線。ついでスヴェア王の通商使節団がやってきた。ルイはさっそく、商人団をビルカに派遣し、これに修道士アンスガルを同行させた。これは教化路線。アンスガルは、その後ハイタブにおもむき、ついには、北欧諸国をねらう宣教の拠点、あらたに建設されたばかりの商業都市、ハンブルクの司教座をあずかった。

最後に武断政策が出てきてもおかしくはなかっ

たのだが、これは相手に先手をとられた。しかもそれは後手のない先手であった。

3　ノルマンの禍

禍の七十七年間

デンマーク王ゴドフレドは、すでにフリースラントへの侵寇に手をつけていた。ゴドフレドの家臣たちは、八三四年のドゥールステーデ攻撃を皮切りに、先王の遺志を継いだ。ルイ敬虔王の死後、フランク王ロタールは、デンマーク王を名乗るふたりのデーン人首長ロリクとハラルドに、スヘルデ河口のワルヘレン島を与えた。このハラルドは前述のハラルドと同一人物であったろう。ロタールのこの処置は、フリースラントへのデーン人の侵寇に対する備えであると同時に、弟たちとの争いにデーン人を利用したものであった（九七〜九八ページを参照）。

八三四年の事件ののち七十七年後、西フランク王国にノルマンディー侯領が成立した。デンマーク人だともいわれ、ノルウェー人だともいわれるロロ、本国ではゴンゲ・ロルヴと呼ばれるノルマンの一首長が、西フランク王シャルル単純王に「臣従礼」をたてて、セーヌ下流からブルターニュの境界にいたる地域を「封土」としてうけた。ノルマンディー侯領、すなわち西フランク王の宗主権に服するノルマン人の国である。辺境領がまたひとつふえたという恰好であった。

あえて時代を区切ってものをいえば、この間がフランク王国を襲った「ノルマンの禍」の時代であった。シャルル単純王がノルマン勢と交渉しようと考えて、首長を招じたところ、われわれには親方はいない、みな平等だと返事がもどってきたという話があるが、それでも彼らはロロを代表者と認めはしたのである。デンマーク人の初期の活動は、ゴドフレド王の息、ホリク王の指導下にあった。一匹狼的な「海賊（ヴァイキング）」の群れというイメージは、ことをあまりに単純化しすぎる。あるいは、ヨーロッパの歴史家の悪いくせで、中華思想的発想である。

八四〇年代

ノルマンの大掛りな作戦行動としては、まずデンマーク人の動きとして、八四五年のものがある。この年、第一陣はドゥールステーデを襲い、第二陣はセーヌをさかのぼってパリを攻撃した。一二〇隻の船という。第三陣は東フランク王国をねらった。目標はハンブルクである。六〇〇隻の船という。司教アンスガルは逃げだし、彼の教会堂は瓦礫《がれき》の山と化した。宣教の前衛拠点はブレーメンに後退した。

ノルウェー人の航跡はもっと大掛りなものであった。八四三年、六七隻のノルマン船がロワール河口にはいり、聖ヨハネの祭日にナントを襲った。おどろくべきことに、ノルウェーの西岸からロワール河口まで、彼らは大陸の海岸沿いにきたのではない。ノルウェーの西岸を離れて、逆立つ波の北海を横切り、シェトランド諸島、スコットランドの西岸、さらに南下してアイルランドから大陸へ。これがノルウェー船の定期航路であった。

八二〇年代には、アイルランドの海域は彼らのものであった。八四〇年代には、ロワール流域、ブルターニュで作戦を展開した。八五〇年代には地中海にはいった。六〇隻ほどのノルウェー船団が、ローヌ河口に宿営し、ローヌ流域、イタリアの西海岸都市を襲った。この遠征隊長の名はハスティングといった。ハスティングは、ロワール河口域に定着したノルマン人の事実上の王であった。彼らは市を開いた。市の平和と自由の原則が貫徹された。彼らは、掠奪物を掠奪された連中が購入することを歓迎したのである。

オーサの船

ナントを襲ったノルマンは、当時の記録に「ヴェストフォルディンギ」と記されている。ノルウェーのオスロ・フィヨルド西岸の小王国ヴェストフォルドの人々という意味だ。この王族の墓所のひとつ、ゴクスタッドから、一隻のノルマン船がほぼ完全な形で発掘された。この墓は、この王家のグードレード高慢王の息子のものだが、その義理の母にあたるグードレード王の妃オーサの墓所オーセベルクからもすばらしい船が発掘された。

隣国の小王の娘オーサは、ヴェストフォルド王に掠奪された。一族はみな殺しにされ、娘は高慢王の寝所に拉致《らち》された。みごもって息子を生んだのち、オーサは復讐した。彼女の従者が王を槍で刺すのをだまってみていたという。彼女は、義理の息子とわが子とが長じるまで、王国を統治した。八五〇年をすぎたころ、オーサは死んだ。

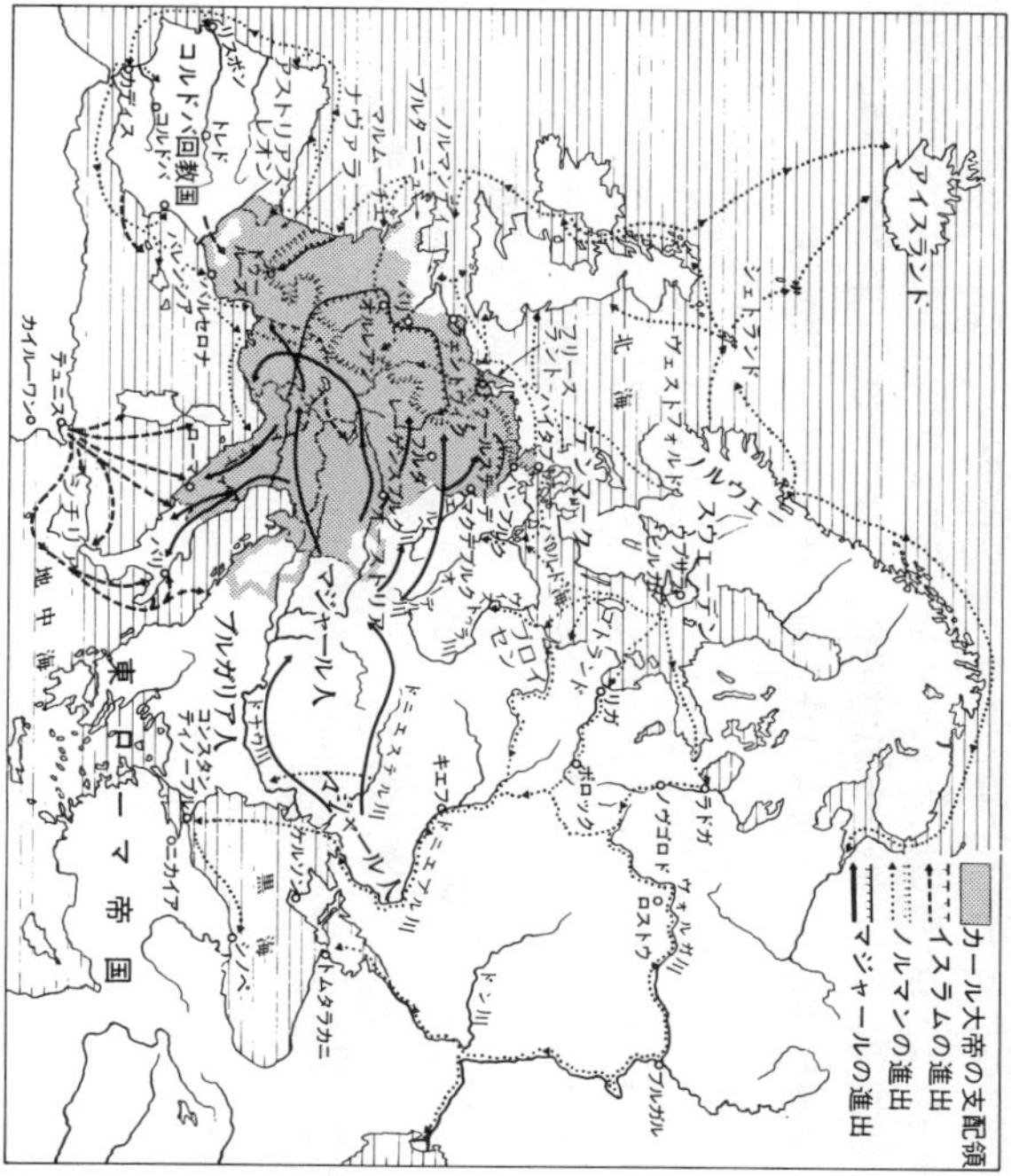
カール大帝の支配領
イスラムの進出
ノルマンの進出
マジャールの進出
アイスランド
シェトランド
北海
ノルウェー
スウェーデン
デンマーク
地中海
黒海
東ローマ帝国
マジャール人
ブルガリア人
コンスタンティノープル
ノヴゴロド
キエフ
リスボン
コルドバ回教国
バレンシア
バルセロナ
チュニス
カイルーワン
ローマ
シチリア
パリ
ナヴァラ

ノルマンの活動

「エッダ」はこの時期に成文化が進む。いったい現実が文学を写したのか、その逆なのか。オーサの生涯は、わたしたちを想像の世界にまよわせる。

オーサの舟塚から出た船は、樫《かし》材で作られ、長さ二一メートルあまり、幅五メートル、上側板から竜骨までの高さ一・五メートル。松材のオールの長さ三・六メートル。全体に華奢《きゃしゃ》な造りで、様式からみて八〇〇年ごろの製作と推定される。おそらく日頃使われていたものを儀式用に改造したものであろう。

王妃オーサは、忠実な老婢とともに、沖をめざす船を柩《ひつぎ》として葬られた。四輪車、そり、鞍《くら》、天幕、ベッド、椅子、その他の日用品、というよりも、死者の国へ旅立つ女王の旅支度の一切が副葬された。老女の仕事のための品々ももちろんのこと。老女は、生前と同様、王妃の供にと絞殺された女奴隷だ。

幾人かの細工師の仕事がみとめられるが、とりわけきわだつのは、舟首彫刻の伝統的なスカンディナヴィアの動物紋様と、船のなかで発見された小型の竜頭像の彫刻様式である。竜頭像には、ころころふとったグリフィン（ライオン）が彫りこまれている。これは、カロリング朝フランクの紋様の系譜に立つ。

オーセベルクの船は、数世紀におよぶスカンディナヴィア伝統の帰結であるとともに、フランク王国と接触しはじめた、その接点の時期の産物であった。それは、同時に、ノルマンの船の完成形態をも示している。のちの時代のクヌート大王の船も、「バユーの壁掛け」に描かれたノルマンの船も、構造上、オーセベルクの船となんら変わりはないのである。

イングランドの戦い

「ストランドフッグ」というスカンディナヴィア語がある。いまでは船の物資調達のことをいうが、もともとは「海岸での襲撃」、つまり航海に必要な水や肉を実力で調達することを意味する。七九三年に、イングランドのノーサンブリア沖合のリンディスファーン島のアイルランド系修道院を荒らしたノルマン人のやったことが、すなわちこれであった。ところ

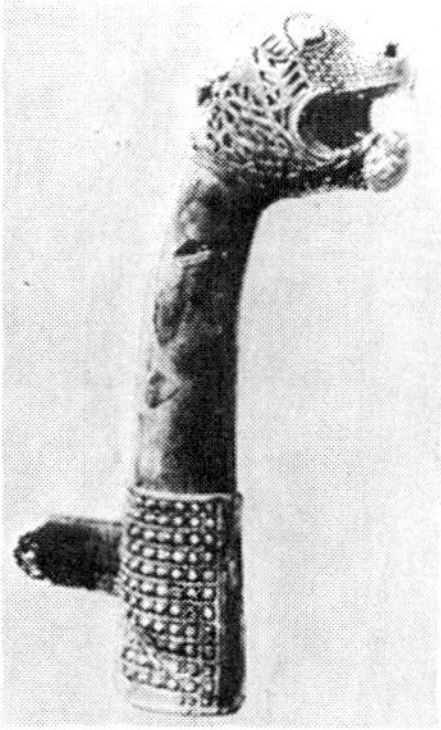

舟首彫刻　〔左〕オーサの船のなかにあったもの　〔右〕スヘルデ河口で出土したもの

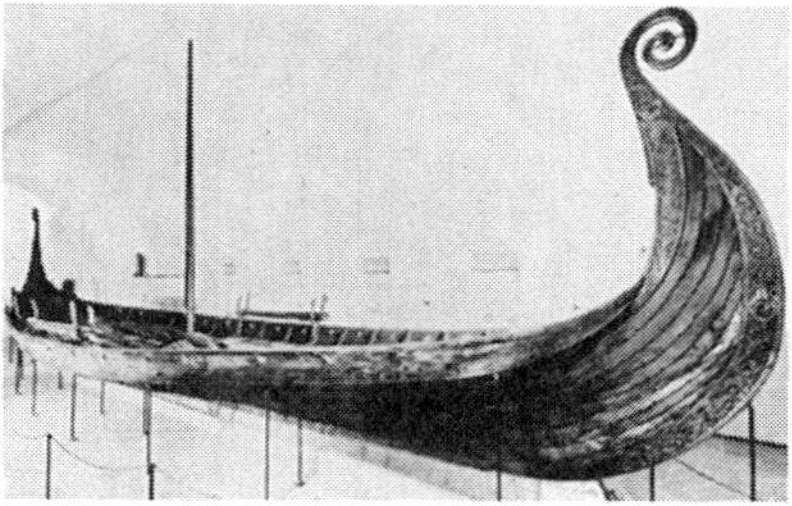

オーサの船

が、予期せぬほどの財宝が手にはいった。このうわさがノルウェー人のあいだにひろまった。その翌年、イングランド東海岸各地の修道院が軒なみやられた。

ノルマンのイングランド侵寇の、これが皮切りだった。ノルウェー人は、その後、アイルランドに関心を移し、代わってデーン（デンマーク人のイングランドでの呼称）が主力になる。八五一年には、なんと三五〇隻の船でカンタベリーとロンドンを襲ったし、個別的なストランドフッグは絶えまなくつづいたが、ついに八六六年、決定版の作戦が、セーヌ、ロワールの河口を拠点としたデーン勢によって展開される。エセックス、イーストアングリア、マーシアの東半分、ノーサンブリアがデーン人の支配地（デーンの法の下にある地方、デーン・ロウ）となった。デーン人が行政の中心としておいた五つの城塞都市、リンカーン、スタンフォード、レスター、ダービー、ノッティンガムをふくむ一帯が、以来「五州（ファイヴ・バラーズ）」と呼ばれることになろう。

ウェセックスだけが、からくも持ちこたえた。八七一年、王位についた若い王アルフレッドは、デーン・ロウとの境界に城塞列を敷き（盛り土の上に砦を築き、まわりに水濠と木柵をめぐらせたもので、これが以後、ヨーロッパの築城のひとつのモデルとなる）、ロンドンをとり返した。フランク人の思いつかなかったことにも手をつけた。ノルマンの船に対抗しうる軍船をつくったのである。フリーセン人の知恵を借り、彼らを水夫として傭った。

アルフレッド以後、ウェセックス王はデーン人に対して攻勢に出る。ひとつの潮の変わり目である。だが、まもなくふたたび大潮がイングランドを襲うであろう。

八八〇年代

八七八年、エサンダンというところでアルフレッド王の軍勢との決戦に破れたデーン勢は、翌年、スヘルデ河口にのりこんだ。これを中核として結集されたノルマン軍の八八〇年代における活動が、フランク王国侵寇の総仕上げとなった。この動きが下火になってからまもなく、ロロの侯国がノルマンディーに確定する。

　ライン、スヘルデ、マースの諸河川を遡《そ》行《こう》する彼らは、トリエル、ケルン、コブレンツ、あるいはマリーヌ、アーヘンといった都市を喰い荒らす。ブラバント、フランドル、ピカルディーに、彼らの駐留基地が建設

ドーヴァー城鳥瞰　英仏海峡にのぞむこの城は「ノーマン・コンクェスト」以後，形が整えられたが，アルフレッドの城塞のプランをよく残している

される。八八五年、彼らは大軍を組んでパリを襲った。

パリの戦い

パリ郊外のサン・ジェルマン・デ・プレ修道院（現在はサン・ミッシェル広場やオデオン広場のそばのにぎやかな一画だ）の一修道士アボンがこの「パリの戦い」をラテン韻文詩に書いている。彼の計算では、「舷側の高い船七〇〇と無数の小舟」がセーヌの流れを埋めつくし、ノルマン勢は「四〇の一〇〇〇倍」をかぞえたという。この報告は信用できる。というよりも、計算は合っている。ノルマンの船は、平均五〇人ていどをのせる。その七〇〇隻に、「無数の小舟」なのだから。

遠征軍の規模も大きかったし、パリを攻囲して一年ほど、その根気もおどろくほどであった。まるでパリ郊外に定住してしまったかのようなのだ。サン・ジェルマン・デ・プレ修道院は、掠奪のあと、家畜小屋と化したと、例によって報告者は悲痛顔である。修道院長エーヴルをはじめ修道士一同は、難を避けて市中に逃げこんでいたのだ。そういえば、アーヘンのカールの宮廷礼拝堂は厩《うまや》と化したと、そちらのほうの記録者も報告している。ノルマンのほうが無神経なのか、フランク・キリスト教帝国の住民のほうが神経質なのか。

パリはとっくに城塞都市と化していた。四世紀のガリアの時代にセーヌ中州に城壁をめぐらせてから、「フランクの平和」の到来とともに、ようやくまた郊外に張りだしはじめたというのに、九世紀のパリは、またもや四世紀に逆もどりしていた。パリ司教ゴズランとパリ伯ユード、それにサン・ジェルマン・デ・プレ修道院長が、パリ防衛の指導者だ。パリ伯ユードは、ロベール・ル・フォールの息子である。

もともとノルマン軍は、この堅固な城塞都市パリを攻略しようとは考えていなかった。もっと上流へ進出したい。だまって通してくれ、そう彼らはあらかじめ申し入れてきた。それをパリが拒否した。そこでノルマン勢は、本腰を入れてパリ攻囲の態勢をととのえたのである。パリの下流に船団を繋留《けいりゅう》し、セーヌ右岸に陣地を構築した。

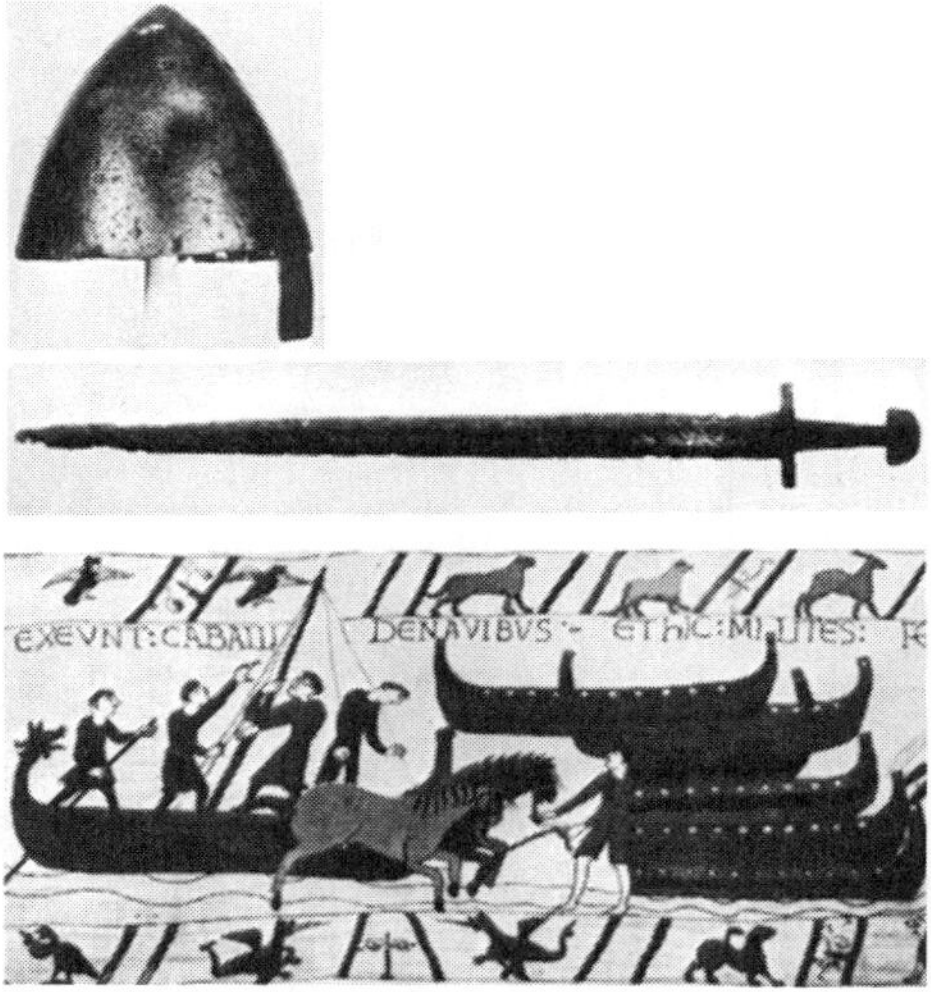

ノルマンのかぶとと剣〔上・中〕
下船するノルマン〔下〕　馬をおろし，船を岸にひきあげる（「バユーの壁掛け」から）

塔の戦い

右岸にかかる大橋、これがさしあたり攻防の的となった。これはガリア時代来の石のアーチ橋で、橋上の見張所などは木造であったらしい。右岸のたもとに塔門があった。その「塔の戦い」をアボンの格調高い叙述に聞こう。

ちょうど肉桂《にっけい》、たちじゃこう草、その他の木々、野の草花から吸い集めた蜜に羽をふくらませた蜂の群れが巣に帰るように、この不運に魅入られたデーン人たちは、飛びかう矢の下に、ぶつかりあう鉄の下に、肩をちぢめて塔門をめがける。彼らの手にする剣に野は埋まり、楯にセーヌは隠れた。何千もの溶けた鉛の塊がたえまなく町中に落下する。橋の上、見張りの小塔のそれぞれには、強力な投石器がすえられている。いたるところで軍神マルスは怒りにその身をゆだね、威丈高に君臨する。教会の青銅の鐘の吠《ほ》えぬはなく、大気は悲しみの響きに満たされた。砦はふるえ、町の住民は叫び、鋭いラッパの音が鳴りひびく。恐怖が人びとの心を圧し、塔の中にもはいりこむ。

けっきょく、大橋は守りとおしたが、左岸にかかる小橋は、セーヌの増水で崩れ落ち、橋のたもとの塔門もノルマン勢の手中におちた。セーヌ上流への水路がノルマン人の前に開けた。八八六年冬二月のことである。

孤立するパリ

しかし、彼らは立ち去ろうとはしなかった。救いの手は伸びず、パリは孤立した。パリ伯ユードも、いまはなすところなく、城壁の上に立って、ノルマン勢がサン・

デ・プレ修道院を荒らすのをみていたとアボンは悲しげに記す。

　夏になって、ようやくカール三世肥満王が軍勢をひきいてパリ前面にあらわれた。カールはそのとき、西フランク王も兼ねていたのだ。だが、カールはノルマン勢と協定を結び、セーヌ上流への進出を許し、おまけに立ち退き料七〇〇リーヴル金（リーヴルは英語のポンドに相当する。金の重量単位である）の支払いを約束した。パリは頑として船の遡《そ》行《こう》を認めなかったので、ノルマン勢は船を陸にあげ、パリを迂回してセーヌ上流の方面へ向かった。つぎの目標はサンスである。「パリの戦い」についで、今度は「サンスの戦い」の番であった。

「恐怖の渦のただなかに、恐れず、笑って立つ」と、アボンはパリを讃えている。公権力の保護は、「パリの戦い」を増幅し、「サンスの戦い」をつくるものでしかなかった。どこそこの戦いが続く。恐れず、笑って立つかどうかは、その土地土地の住民の、指導する伯や司教の器量にかかっている。

4　スウェーデン人はなにをしていたか

ヴォルガ河畔のルース

　ノルウェーのヴェストフォルディンギは、ジブラルタル海峡をまわってローヌ渓谷にまで遠征した。伝説では、彼らはさらに東進して東ローマ帝国にあらわれたとされるが、それは誤解で、ボスポラス海峡にせまったのは、スウェーデン人であった。しかもルートは東廻

「ルース」の兵士たち　キエフ公国のウラディミル１世（在位980～1015）を描いたものとされる

り。もうすこしのところで、この西廻りと東廻りのノルマンは、地中海で握手するところであった。

わたしは、交易の仕事にきて、ヴォルガ川のほとりに碇をおろしたルースをみた。こんなに完璧な体軀の人間はみたことがない。なつめやしの木のようにすらっと高く、皮膚の色は赤ばんでいる。コートもマントもつけない。ケープを羽織っていて、それがからだの半分をおおっていて、片方の腕はむきだしだ。彼らの剣は幅広く、平べったく、溝が彫られていて、フランクのものだ。だれもが、足の爪から首筋まで、木とか、そういったなにかの形のいれずみをしている。

九二一年から翌年にかけて、ヴォルガ河畔のブルガル人のもとへ派遣されたバグダッドのカリフの使節団の一員、イブン・ファドランの報告である。ファドランはヴォルガ川のほとりで「ルース」をみかけた。女性の風俗とか、四〇〇人の従士にかこまれた首長の話とか、埋葬儀礼、とりわけ奴隷の小女《こおんな》の殉死のこととか、彼の報告はきめこまかい。「ルース」は、スラヴ世界におけるスウェーデン人の呼称である。

ヴァリヤーギの道

ルースは、言葉本来の意味でヴァイキングであった。ヴィクに与えられる各種の意味を綜合していえば、海からはいる入江の市の町に住み、そこから出て他所の市を訪れるもの、交易商人であった。ビルカを出て東に進めば、フィンランド湾の奥からラドガ湖にはいり、古ラドガにつく。フィン人居住地帯のただなかに建設されたルースの商業拠点である。

そこから南下して、ノヴゴロドを経て、スモレンスクでドニエプルの流れにのり、キエフにいたる。これがルースの往来街道だ。ルースの親方衆は、冬期にはキエフに逗留していた。季節がめぐってくると、北に出かける。ドニエプル河口が街道の終着点だ。

早瀬をのりきり、原生林のなかを、どこが岸辺かわからない水の流れに流され、峠は小舟をかつぎ、先住民の襲撃にゆだんなく備えなければならない旅だった。点在する植民町をつなぐ交易の道だった。ルースの別名をとって、これを「ヴァリヤーギの道」と呼ぶ。

古ラドガからヴォルガ沿いにブルガリア人の都ブルガールにいたる。さらに南下して、カスピ海沿岸に出る。このコースもルースの道だった。南ロシア平原のブルガリア人、コンスタンティノープルのギリシア人（東ローマ人は一般にこう呼ばれていた）、これがルースの交易相手だった。もちろん、コンスタンティノープルの皇帝と通商協定を結ぶまえに、ちょっと仕掛けてはみた。

九世紀なかごろに、すでに試みた。十世紀初頭、「キエフ公国」、すなわちキエフのルース植民市の船二二〇〇がボスポラス海峡にあらわれた。ギリシア人は町に閉じこもった。ルースは、船を車にのせ、丘を越えて町に迫った。ギリシア人は講和を申し出た。

これはルース側の報告である。だいぶ、いい調子だ。この事件は事実として確認されている。東ローマ皇帝レオン六世が、このとき、「ルース大公」オレーグととりむすんだ友好条約と通商条約が証拠だ。通商の主導権は「ギリシア人」がにぎった。コンスタンティノープルは、当時、厳重な経済統制下におかれていた。人数を制限され、丸腰のままでしか、ルース商人は町にはいれなかった。それでも十分だった。ルースは十分もとをとれたのである。

コンスタンティノープルでの取引

キエフ・ルースの長イーゴルは、ギリシア人使節団に「毛皮、奴隷、蠟《ろう》」を贈っている。キエフ・コンスタンティノープル通商協定の条文は、ルース商人に対し、絹地の購入を制限している。イブン・ファドランの報告は述べている、「ルースの女たちは、首のまわりに金や銀の環をまいている。男は、一万ディレムもうけると、妻に金の環をひとつ作ってやる。二万で二本だ。女たちは、夫のかせぐ一万ディレムごとに一本の首飾りを手に入れるわけで、だからひとりで何本も首にまいている女もいる」。ディレムはイスラム圏の銀貨であり、さかのぼればギリシアのドラクマにいたるタイプの貨幣である。

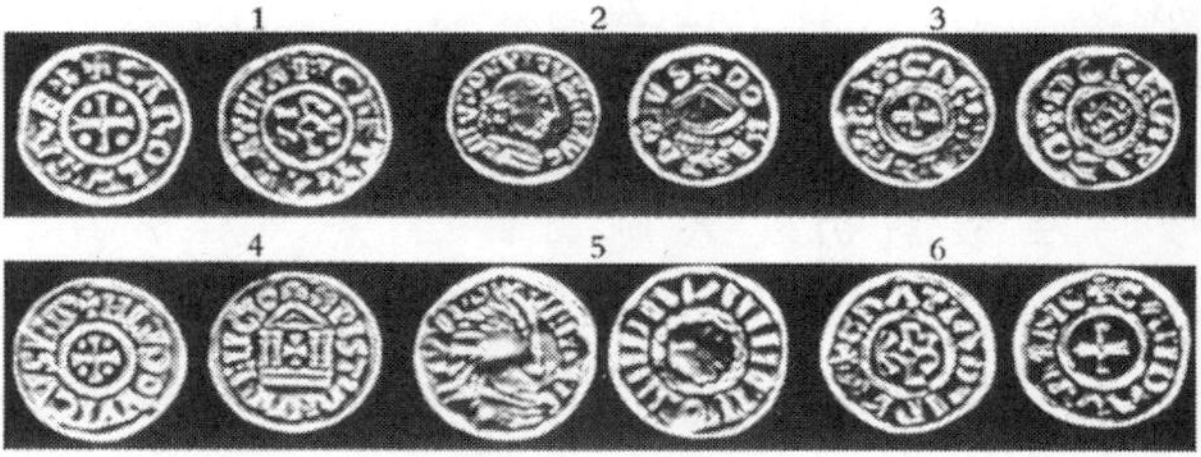

フランク銀貨　（1）（2）はカール大帝　（3）（4）はルイ敬虔王のデナリウス貨。（5）はルイのソリドゥス金貨。（6）はシャルル禿頭王のデナリウス貨

アラブ銀貨　（1）は720年代のディレム貨　（2）は840年代のディナール貨。（3）は10世紀のディレム貨

　これでだいたい、交換商品が出そろった。ノルマンが珍重した毛織物は、ここでは第一級商品ではない。人気は、だんぜん絹地にある。ルースの道は、東洋の「絹の道」につながっているのである。奴隷の対価商品は絹であり、銀貨である。ルースは、ドニエプル流域を確保したのち、西にひろがる広大な奴隷供給地に目をつける。キエフからヴィストゥラ川の上流へ、プラハへ。そして、ドナウ上流のレーゲンスブルクへ。イブン・ヤクブが九六五年に書いている、「ルース商人は、キエフからレーゲンスブルクへ行き、馬や奴隷を買い入れる」。

銀貨。これが問題であり、話が壮大でおもしろい。今世紀にはいってから、偶然のことで、多量のアラブ銀貨ディレムが、スカンディナヴィア東岸のゴトランド島で発見された。以来、宝さがしにだんぜん熱がこもって、貨幣史の専門家に、壮大な仮説の提唱を許すにいたった。

十世紀のスカンディナヴィアは銀本位の経済であった。スカンディナヴィアだけではない、じつはヨーロッパ全域がそうだった。フランク王国は、七〇〇年ごろまでは、つまりメロヴィング時代には、地中海通貨圏に属し、金本位であった。それが、カロリング期にはいると、銀貨の量が金貨を圧倒する。しかも、その銀貨、デナリウス貨は、アラブ銀貨ディレムの価値変動に対応している。ディレムが弱くなれば、デナリウスは重くなる。デナリウスはディレムなのである。

国際貿易の円環

イスラム教徒勢の地中海制圧によって、フランク王国の経済は、対イスラム教圏型に転換した。フランクの商人が、北ヨーロッパと地中海のイスラム圏を、スペイン経由で仲介した。ディレムも、そのころにはだいぶフランク王国に流入したのである。ノルマンも、フランク商人やフリーセン人を介して、南に交易の方向を定めていた。デナリウスとディレムが、フランク王国から、スカンディナヴィアやスラヴ人居住地帯に流入したのである。

ところが、九世紀後半以降、ノルマンは、交易の方向を東に向けた。デナリウスの流れがとまり、ディレムが東から流入しはじめる。ここに、スウェーデン人の担ったヨーロッパ史的な（世界史的とはあまりにおおげさだからこういうのだが）役割があった。ルースの道はフランクの道を閉ざしたのである。かくて十世紀にはいれば、イスラム教圏の心臓部から、スカンディナヴィアへ、銀の道が敷かれる。フランク王国は、国際経済から疎外された。

もちろん、北イタリアからアドリア海岸沿いに、あるいは南ドイツからドナウの道を介して、フランクとオリエントの交易は続く。だが、その通商相手のコンスタンティノープルの経済自体が、イスラム経済の脈動にのっていたのである。九、十世紀の西ヨーロッパは、慢性的な貨幣貧血の症状に苦しんでいた。そのわけを、ヨーロッパ内部の経済の構造だけにきいてみてもはじまらない。国際貿易の円環の一部が機能不全におちいっていた。そういうことなのであった。

第四章　甦る春

1　冬の記憶

単調な不安のリズム

ようやくのことで以前よりは安全になったとほっと一息ついてはみても、気がつけばなかまの数も減り、かつてはきれいに耕やされていたはずのが、またもや藪《やぶ》におおわれて、ぼうぼうとひろがる土地を前にしているのであった。

十世紀初頭、ヨーロッパの農村に住む人々の感慨はこうでもあったろうか。マルク・ブロックの文章である。

歴史は概して後知恵である。外民族侵寇の結果の最たるものは、侵入の停止それ自体であるという。ヨーロッパは、以後、外民族の侵入をふたたび経験することがない。しかし当時の人々は知らなかった。知りえようもなかった。

なるほど、「平和がもどったならば」土地を保有することを許すと約束された農奴がい

ユトレヒト詩篇集飾絵から　９世紀にランス司教管区内で制作された詩篇だが，ユトレヒトに伝えられたのでこの呼称が出た。横長25cm。聖書の「詩篇」飾絵だから画題は古代のもの。城門からなだれこむ軍勢

る。ノルマンの禍をまともに受けた地域のひとつ、ロワール下流トゥーレーヌの十世紀初頭の記録だが、「平和がもどったならば」というこの留保条件は、無数のこだまとなって当時の文書に充満する。

これが、しかし、どうして確実な未来の予測をふくむといえようか。

九世紀なかごろのウェセックス王エセルウルフの遺言書は、教会への施物を約束する個所に但し書をつけている。「かくは指定された土地の、住民家畜の消滅することなく、荒野にかわることのないかぎりにおいて」。平和の到来の期待と破局の予感とは、ひとつの心理の裏表なのであった。

ノルマンの遠征行の物語は単調である。だが、その単調さにおいて恐ろしい。

同じブロックでも、こちらのほうはオランダの

ユトレヒト詩篇集飾絵から　勝者と敗者

歴史家ペトルス・ヨハンネス・ブロックの言である。単調というか、一本調子というか、むしろ原語のまま使えば、モノトーンの現象に対する不安、無表情の悪意に対する恐怖に人々はおびえていた。

教会や修道院の年代記が単調なリズムをきざむ。毎年のように同じ調子の災禍の報告だ。アラスのサン・ヴァースト修道院の年代記の八八四年の項を読んでみよう。

ノルマンは、キリスト教徒を捕えて連れてゆき、あるいは殺すことを止めない。教会堂を打ちこわし、壁を崩して町を焼く。いたるところ、屍体《したい》がころがっている、僧侶、平信徒、貴人とそうでないとを問わず、女、若者、乳飲児の屍体が。地に死者の撒《ま》き散らされていない道はなく、場所はない。キリスト教徒の絶滅という光景を前にして、人々は悲嘆と苦悩のうちに生きている。

畑を荒らす、家畜を奪う、村に火をつける、水車を打ちこわす、女をさらい、こどもを殺す、金になりそうなのを捕えて身代金をかける、教会堂をけがす、聖遺物を強奪する、修道院の図書のコレクションをだいなしにする。侵入の季節がめぐりくるごとに、年代記は、くどくどとノルマンの悪事を告発する。「われらが王国を荒らす凶暴な北方の族民の手より、おお神よ、われらを救えよかし」

ユトレヒト詩篇集飾絵から　建物の破壊，うろつきまわる狼や蛇

破壊のあとに

ノルマンの横行は、その単調さのうちに、非常を転じて日常とする。季節の暦のなかに組みこまれるのだ。村と村をへだてる荒野と森の脅威、嵐、夜の暗《くら》闇《やみ》、寒気、水害と旱魃《かんばつ》、饑饉《ききん》、そしてはやり病《やまい》、幼児の死。自然の災禍の暦のなかに組みこまれるのだ。二世代、三世代とくりかえされれば、人の災いもまた、自然現象と同列にならぶ。

カール大帝とルイ敬虔《けいけん》王の帝国という黄金時代の伝承があっただけに、伝承の世界に秩序と平和の輝きをみたと思っただけに、それだけになおのこと、近ごろの不幸が身にしみる。逃げかくれていた森の奥から、妻子をともない村にもどってみれば、破壊のあとに雑草の生い茂った畑地がぼうぼうとひろがる。森の向こうの村人は、侵入者に立ち向かってみな殺しになったそうだと聞く。近在の領主の手下がやってきて、侵入者を追い払ったのはおれたちだ、これからはこの村を支配する、金も使った、金を出せと脅迫する。

じっさいのはなし、ノルマンだけではなかったのである。在地の武力保有者が、伯が、領主が、ノルマンに立ち向かった。そのつけが村にまわってくる。ノルマンに立ち退き料（つまりは安全保障金である）を払うから貨幣でもよい、現物でもよい、しかるべく納めろと触れがまわる。そういう形での近在の領主からの収奪があった。これは、たしかに防衛と生産の相互契約だといえないことはない。村人だけが団体を組んで侵入者に立ち向かったばあい、ほとんどは負けた。プロの集団が必要だったのである。領主は、武力集団の長として自己を確立してゆく。その過程で、村人と領主とのあいだに新しい関係が成立する。

2　村の形成

荘園と村

ノルマンディー侯領の成立は、ヨーロッパの政治構造が辺境領の集合であることを明らかにした。さらに局地的な次元で、ノルマンの侵入は、村と在地の武力保有者との関係の設立に力を貸した。ノルマンは、ヨーロッパをかきみだし、かきみだされたヨーロッパが、あらたな組成をもつ部分の集合体として沈澱したのである。

じっさい、これまでの領主は、きわめてルーズな形でしか村を把握していなかった。一般に古典荘園と呼ばれる所領の形態があって、フランク王国にこれが展開されたという説がある。荘園領主がひとつの単位の土地を支配する。領主の代官が在地の小領主として農民を統制する。そういう整然としたイメージであり、ローマン・ガリアのヴィラのイメージがここには生きている。

たしかに、たとえばパリ郊外のサン・ジェルマン・デ・プレ修道院の所領は、コンパクトな内容をもっていた。とくに教会所領に、古典荘園のイメージはなじむのである。けれども、この北フランスの心臓部を離れて、たとえばフランドルのシント・バフォン修道院の所領となると、これはもういわゆる分散所領の寄せ集めである。東南フランスのブルゴーニュのディジョン周辺とか、マーコン伯領などについてみても、そのことがいえる。

荘園というのは、農民の生活集団の単位ではないのである。農民の生活集団は「村」であった。その村たるや、じつはいまだ散居的な家戸の小グループというのが、ほとんどのばあい、その実態であった。いいかえれば、農民個々の経営の小集合体が村であった。荘園領主は、この村の農民の何人かを支配下に組みこみ、この部分的支配を数個村にわたって寄せ集めて、荘園という所領のまとまりをつくっていたのである。だから、ひとつの村に何人もの領主の支配が及ぶということがあった。農民は農民で、何キロも離れた領主の世襲的保有地に働きに出ることもあるというぐあいだったのである。

農民には自由農民と農奴の区別があった。前者はだれにも隷属しない世襲地農民である。

ユトレヒト詩篇集飾絵から　町の生活の情景など，この時代の生活をよく映している

とはいえ、生活の実態においては、じつは差は程度の問題である。後者も、村のなかに、前者と同様、家戸を有し、領主直営地に出かけるのも、一年にほんの数日というケースもあった。だいたいが、群小荘園領主の経営規模も、じつは自由農民のばあいと大差がなかった。荘園領主が直接、村に支配権を及ぼすことはありえなかった。カロリング王権の設置した行政区画であるパグス単位の自由人の集会が、法的な決定機関であり、この形態の法生活は、九世紀から十世紀にかけて、いぜん持続されるのである。

変わりゆく村

こういったプリミティヴな村は、ノルマン侵入を経て十世紀にはいっても、一見、それほどの変化はみせていない。だが、何世代かにわたる同じようなインパクトが、村の構造に影響を及ぼさなかったとはいえない。こういった村の群れに、ノルマン勢が侵入したとしよう。まず、村の構成員の、全部とはいわないまでも一部が逃散し、あいたところにノルマン人が移植し、ノルマンの村になってしまうケースがある。イングランドのデーン・ロウ（一二〇ページ参照）

やノルマンディーのいたるところでみられたケースである。ノルマンディー侯領の成立以後、ノルマン人による活発な農村の再建が観察される。けっして、スカンディナヴィアの村をそこに再現しようというのではなかった。この地方の慣習的諸制度を、むしろ彼らは尊重したのである。

自由農民の層も、ノルマンディーとか、あるいは逆に、ノルマンの禍をうけることの少なかったアキテーヌのガロンヌ、ドルドーニュ流域といったところでは、厚かった。自由土地保有農民の集合としての村も、こういった土地ではその後も根強く残るのである。

ヨーロッパの村の大半は、しかし、別の道を歩んだ。もちろん、ノルマンの禍だけが原因ではない。さらに一般的な公的秩序の欠落ということに結果するアナーキーな闘争の慣行の風土にあって、農村がどのような状況におかれたか。マルク・ブロックが、イメージゆたかな文章を書いている。

一方では、家々が、全部が全部とはいわないまでも、多くのばあい、おたがい遠くに離れ、それぞれ自家の経営する土地のただなかに立っていた。リムーザン地方が、たとえばそうだった。他方、たとえばイール・ド・フランス地方では、家戸のほとんどすべてが、ヴィラージュ（村）に寄り集まっていた。しかしながら、全体としてみたばあい、領主（シェフ）の圧力、とくにまた安全への配慮が、あまりに極端な散住を妨げていたといえる。初期中世の混乱と無秩序が、くりかえしくりかえし集住の動きを促したのであった。集まり住んだ集落のなかで、人々は、肱《ひじ》と肱とをつきあわせて住んでいた。ところがまた、それら住居集落は、幾層もの空間によって、たがいにひきはなされてもいたのである。

これは、十一世紀以前の農村についての静態的記述である。けれども、マルク・ブロックの『封建社会』という本は、第一章に「外民族の侵寇」をおいているのである。ここに読みとれる「領主の圧力」と「安全への配慮」を、九世紀から十世紀にかけての歴史のダイナミズムのなかに読み直してみよう。そこに、ノルマン侵入のもたらしたある極性づけが読みとれると思う。

「強者」のまわりに集住の動き

逃散と無益な抵抗のくりかえしのはてに、ただ逃げまどうのではなく、どこに集まるべきか、居住の分布にある偏性が生じる。群小の荘園領主は、散在する自分の所領を守ることに無力なのを悟る。自由農民は、自由を捨て、隷属の身分に転じてでも、家族を守ろうとする。空間的にも、人と人とのつながりにおいても、「集住」の動きがくりかえされる。保護を求めて、「強者」に向かう動きである。

たとえば、教区教会のある村に集まり住む。そこの司祭が「強者」だからだ。どのような出自のものであれ、「城塞」を構えてノルマン勢に立ち向かう力量のある領主に、群小の荘園領主が「臣従」し、自由農民は自己の所有地を委託して、彼の隷属民となる。城の周辺の村、教区教会堂のある村、防備をほどこした町の近在。こういったところに、農民が集まり住む。

家を捨て、村を出ることは、それほど大変なことではなかった。泥造りで窓もない半地下式の小屋。自力の経営とはいっても、農具さえも満足にそろえられず、地味は荒れて、一粒まいて三粒とれれば上々といったていどの粗放な経営に、なんの未練があろう。領主の経営する土地をわけてもらい、領主の収奪に服すれば、家族の安全が保障される。しかも、領主は、そのように農民がたのみすがるにあたいするほどの領主は、土地の経営に熱心であったのだ。土地こそが、彼の権力、武力行使権の根源なのであったから。

すでにアウストラシアの豪族たちが、それを自覚していた。彼らの局地的な実験が、いまや、汎ヨーロッパ的な規模で、各地域の「強者」によって展開される。村の「集村」化は、領主側の意図するところでもあったのである。なんらかの理由で集村が各地に成立し、それを領主層がその支配下にとりこんだというみかたはナンセンスであろう。

かくて、ブロックのいう「領主の圧力」と「安全への配慮」とは、楯の両面であって、九世紀後半以降、ヨーロッパ農村社会の基調を変化せしめてゆくふたつの力であったのである。

3　領主領の形成

城

ノルマン人が去ったのち、ノルマンの侵寇がヨーロッパに残した無数の裂け目を補修する作業が続く。裂け目とは、このばあい、暗喩《あんゆ》であって暗喩ではない。カロリング王国の公権力の枠組みが崩れ、ノルマンの侵入にゆさぶりをかけられたあと、唯一の実効ある権力主体は「領主」であり、彼らのうちの「城持ち領主」の城が群立する光景がみられた。城は、ふつう一日の作戦行動で防衛可能な範囲を支配する領主の居所である。この城主支配圏の確定、境界争いがはてしなく続く。だから、裂け目の補修である。

ノルマン対策のための城砦《じょうさい》は、ごく単純な構造のものであった。盛り土の上に木造の構築物、まわりに水濠と木柵。ウェセックス王アルフレッドが、デーン・ロウの境界に設けた城砦の形式を「モット・アンド・ベイリー」という。

「モット」は「マウンド」の古語で、盛り土をいう。「ベイリー」は、日本の古語で「曲輪」が近いであろうか。「モット」の周囲の庭状の平地を含めて、砦の外郭をいう。

ラ・ロッシュ（岩）、あるいはラ・モット（小丘）の地名が、今日でも各地にみられる。トゥールのそばのプレシ・レ・トゥール（トゥールの近郊のプレシ）に、十五世紀のフランス王ルイ十一世の好んで居住した城館がある。その「プレシ」とは、もともとノルマンディー地方で、枝木を組んだ生垣を指す。いうなれば「矢来」である。九、十世紀のころ、ここにも「モット・アンド・ベイリー」が築かれたにちがいない。

石の城

むろん、こういった古い城砦が、そのまま中世盛期の城の体系をつくってゆくわけではない。ノルマン禍のあとの領主権力の整理統合のすすむ過程で、新しい城が建設されてゆく。軍事的配慮だけではなく、政策的配慮も城の立地に反映してゆくようになる。平野部の河川の交流点に、平野を見下ろす山地の縁に、城がたつ。村が集まり、物資流通が交錯する地点である。十一世紀にはいれば、木造から石造に変わる。石のドンジョン（本丸）が出現する。ロワール中流のトゥール近く、ランジェの城の遺構が、最古のものとして確認される。九九四年、アンジュー伯フルク・ネルラの建てた城である。石の城の構築は、それだけ領主の力が充実したことを示し、同時にまた、石の城が、領主の権力維持を保証する。

領主領

じっさいのところ、十世紀における領主層の形成については、史料にとぼしく、実相はよくわからない。十一世紀もなかごろになると、城持ち領主の支配圏が各地に成立し、相互間の法制的秩序も、あるていど形成されていることがはっきりしている。この領主領は、しっかりした形態の「村」の数個ないし十数個をかかえこんでいる。領主領は、村の領主の支配

フォワ伯の城　ピレネー北麓，バルセロナからトゥールーズに出る峠道に沿うこの城も10世紀に基礎がおかれた。11世紀初頭，カルカソンヌ伯がその息子にこの城を与えている。フォワ伯家のはじまりである

ランジェ城鳥瞰　下方中央が後代の城館。その奥，左下隅の木立にかこまれた石壁がフルク・ネルラの城砦の遺構。視線を上方に転じ，限りなくひろがる林地帯に注目されたい

領域である。

「村」の形成についても、十世紀は沈黙している。はっきりしているのは、十一世紀以降、とくにたとえば、セーヌとラインのあいだとか、ロレーヌ（ロートリンゲン）とか、ラインラント（ライン中流域）といった地帯にあって、集約化の進んだ農業経営団体、いわゆる三《さん》圃《ぼ》制《せい》集村が成立するということである。

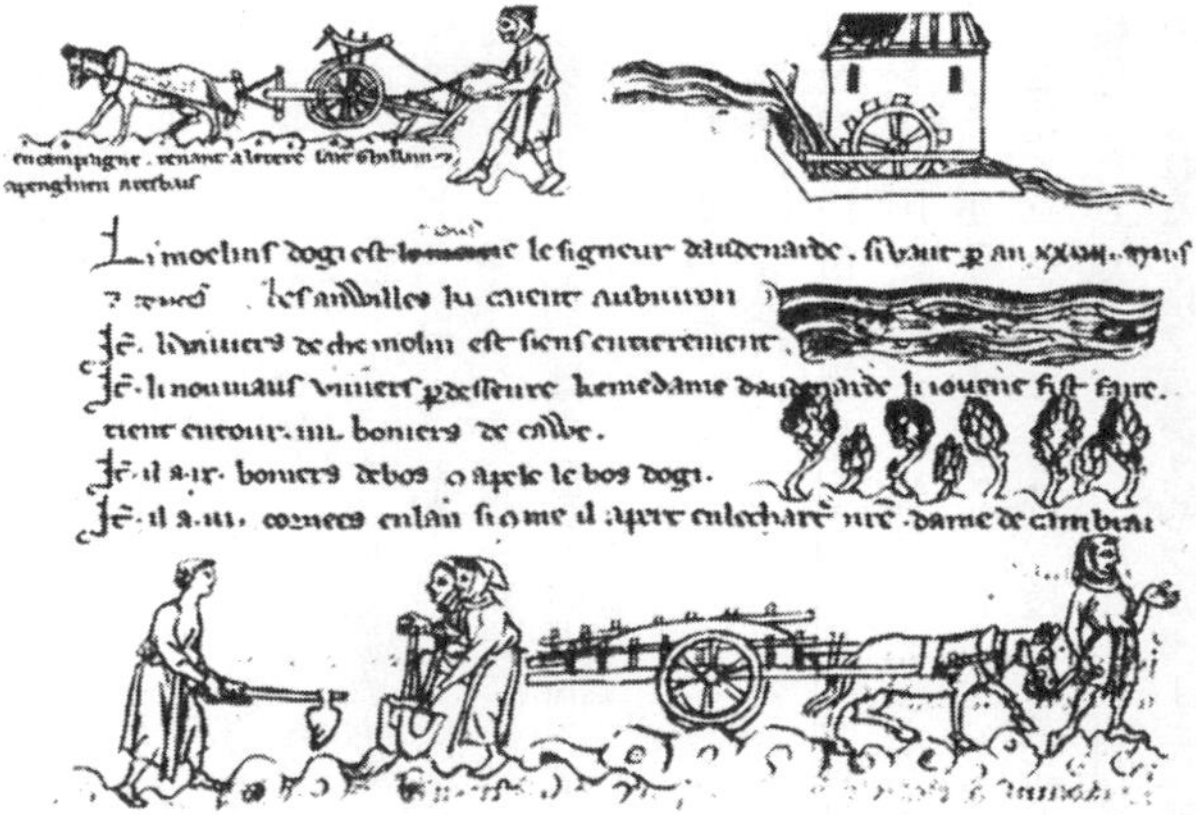

ウーデナルド領主の経営　ウーデナルド領主はフランドルとエノーに所領をもっていた。農業革新はすでに十分展開しきっている（13世紀の収入帳飾絵）

農業技術の革新

鉄製農具の普及と畜力利用技術の改良、牛だけではなく馬の利用もはじまったこと、水車の利用の増加などが、農業革新のなかみである。

たとえば蹄鉄《ていてつ》だが、これはフランク時代には知られていなかった。ルーブル美術館にあるカール大帝の騎馬小像は、九世紀の作だが、馬が前脚をあげていて、蹄鉄をつけているのがよくわかる。これは、しかし、後代に補修されたものであって、もともとはつけていなかった。

たとえば繋駕《けいが》法である。むかしは、牛や馬の首に曳綱《ひきづな》をまわしていたのが、肩掛け索綱に変わった。これで、牛は首をしめられることなく、だいぶ楽になった。

こういった工夫は、もちろん、八世紀のころにすでに先例はある。水車はもとより、鉄製犂鑵《すきべら》付有輪重量犂も、起源ははるかむかしにさかのぼる。問題はつねに普及度である。前代のヨーロッパの農民が、木製犂でがまんし、燕麦《えんばく》の栽培を知らず、したがってそれを飼料とする馬の飼育を行わなかったのは、知識や技術がそこまでいっていなかったというわけからではない。アウストラシアの豪族たちは、十分先進的技術を使いこなすことができた。ようやく十一世紀以降、これが一般化したということであって、このことには、領主たちの政策的努力がかなりはたらいていた。ことは、農民たちに鉄製の犂を与え、水車小屋を侵入者たちから守ったものはだれかという問題に帰着するとおもわれる。

三圃制集村

農業技術の革新は、土地の効率のよい利用を可能にした。馬にひかせる重量犂によって重く湿った沖積土を深くすきかえし、改良品種の種子をまく。まいた種子の三倍ていどしかフランク王国時代の農民は期待しえなかったとすれば、その倍、あるいは三倍を、いまや期待しうる。生産力の上昇が生活に余裕を与え、さらに技術的工夫を重ねることを可能にする。

なによりも重大なことは、技術の革新と生産力の上昇にともなって、耕地の共同利用が一般化したという点である。農民の各自保有する耕地が、村全体の耕作のシステムのなかに組みこまれる。南フランスやブルターニュでは、ふつう一年おきに耕作し、一年は休耕する。

北フランスやラインラントでは、三年の周期で耕地を運用する。これが三圃《さんぽ》制《せい》である。休耕地は、個人の経営地ではなくなる。村人全体の利用する放牧地になる。当然のことながら、耕作自体も共同作業となる。こういった共同体的規制が、慣習として村を支配する。村は、かくて、農業経営に関する慣習法にしたがう一個の団体である。

村人の鋤《すき》のひとふりが、ドンジョンの石積みの石をひとつ増やす。犂鏵が土をすきかえすたびに、水濠が深くなる。城は村連合の防衛機構であり、村は城の物質的基盤である。そういう相互依存の安定した仕組みが、この時代、たしかにみられたとおもわれる。十三世紀にはいると「慣習法」として成文化されることになる領主と村とのあいだの様々な慣習的とりきめが、この時代にゆっくりと醸成されてくる。

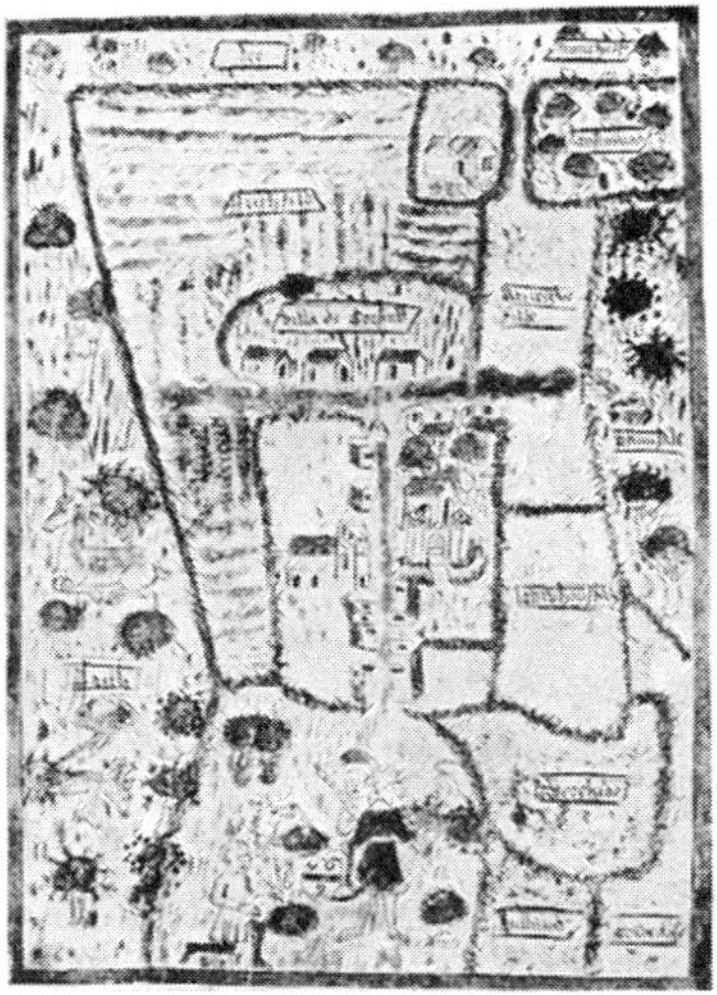
ボーストール村　イギリスのバッキンガムシャーの荘園。教会，荘館，耕地，林地と，あるべきものがすべてみてとれる。近景に王と領主（15世紀の見取図）

領主と領民

領民（もうこの言葉を使うことにしよう）は、城の建築、補修、維持に労働力を提供する。兵馬の糧食を供給する。戦闘にさいして補助兵としてはたらく。荷車をころがしたり、棍棒《こんぼう》を手にして軍列に参加するのである。軍馬の宿営に自分の家を提供することもある。

家は、もはや泥造りの掘立て小屋ではない。荒壁と貫板《ぬきいた》で組みたてられ、わらぶきの屋根でおおう。こういう家が、村の教会堂のたつ広場を中心に、十数個ないし二十数個の集落をつくる。家と家とのあいだには、小径がくねくねと通り、生垣に区切られた菜園や家禽《かきん》を飼う裏庭がモザイクをつくる。集落の外側に長方形の耕地が畝筋《うねすじ》を描く。もっとも、南フランスやブルターニュでは、耕地はなにも長方形にかぎられはしない。

領主は、村の経済活動を監督する。たとえば、ぶどうをだれよりも早く収穫し、ぶどう酒を作って売り出す権利を領主が保留したのは、ぶどうの栽培に関する指導的役割を領主が担ったことを示している。粉挽《こなひ》き用の水車やパン焼きかまど、あるいはぶどうしぼり器の使用権もまた、領主がにぎるにいたる。

領主裁判権

とりわけ注目すべきことは、領主が領内の裁判権をにぎったことである。古典荘園領主は裁判権をもたなかった。フランク時代の法的制裁は、けっきょくは、パグスの自由人の集会の決定にゆだねられていた。自由農民は、最終的には、自分の立場を自分自身で守ること、自力救済権を発動することができたのである。すなわち、腕力に訴えての解決である。この武力交戦権を、村領主は吸いあげた。死刑をふくむ刑罰執行権を彼は行使する。これを流血裁判権という。裁判収入がこれにともなう。領主は、村の治安維持者として、暴力を独占したのである。

こういった領主の諸特権は、村との慣習的協定として、じょじょに積み重ねられてきたものであった。これに対する領民側への見返りはなにか。治安の維持であり、外からの攻撃に対する安全の保障である。敵が攻め寄せてくれば、村人は城に収容される。領主は、家臣団をひきいて村々を守る。ローマン・ガリアは、ローマ軍団を安全保障機構とした。フランク王国では、アウストラシア豪族の騎馬軍団が、各地の危難を救い、外の世界に対して暴力を行使した。中世ヨーロッパ社会は、領主領という枠内で、暴力行使の機構をつくりだした。中世ヨーロッパは、領主領の国際関係である。

正義の執行　9世紀初頭の裁判記録の写稿の飾絵

4　町の形成

ガリア都市の浮沈

ルイ敬虔《けいけん》王の時代、ランス大司教は、ランスの町をとりまくローマン・ガリア時代の古い石壁をとりこわして、その石材を教会堂の構築に使う許可を王に求めた。王は許可を与えた。なにしろ当時はしごく平和であって、帝国の輝かしい権勢を誇っていた王は、蛮族の侵入などおもってもみなかったからであると、年代記家はコメントしている。五十年もたたないうちに、蛮人どもがやってきて、こんどは大あわてで城壁を築かねばならなかった。

つかのまの平穏に自足することのむなしさ、未来を予見することのむずかしさをしみじみと感じさせる話ではないか。九世紀のヨーロッパの各地に同じような光景がみられたことであろう。四世紀のガリアの再現である。ランスはまだいいほうであった。ローマン・ガリア以来の都市の多くが、「フランクの平和」の過程で周壁を失い、ノルマンの襲撃を許した。旧ベルギカのカンブレ、アラス、トゥールネ、テルーアンヌ、旧ゲルマニアのトングル、みなそうである。ソワソン、ラーン、サンリス、そしてパリは、周壁のかためを怠らず、よくノルマンの攻勢をはねかえした例である。

モーの周壁　モーはパリの東，ランスへの道沿いの町。この周壁は4世紀に構築された部分も含んでいる

ユトレヒトのばあい

これら「ローマ都市」の維持と再建の仕事を担ったのは司教たちであった。ローマン・ガリア起源のものではなくても、たとえば宣教師ウィリブロードが司教座をおいたトレヒトの後身ユトレヒトの例もある。トレヒトのサン・マルタン修道院に対するカール大帝の寄進があって、その後も諸侯による寄進があいつぎ、フリースラントの商業監督権、あるいはエムス河畔の広大な所領を享受したトレヒト司教も、九世紀中葉、ノルマン人に町を占領されて、一時は亡命した。

十世紀前半、司教バルデリクが、トレヒト周壁を建て直し、サン・マルタン修道院を修復した。あらたに成立したドイツ王権がこれを保護した。あるいは、これと提携したというべきであろう。ドイツ王権は、教会修道院に支持の基盤を求めたのだから。司教は、ヘルレ、ホラント、セーラント、フリースラント、リンブルク諸地方に所領を拡大し、これらの地方の森林水利に関する諸特権を手にいれた。かくて、トレヒト、より正確にいえば、サン・マルタン修道院の周囲に人口の集中が生じ、トレヒトは新しい町に生まれ変わった。ユトレヒト（川下のトレヒト）である。

集まったのは、教会修道院領の管理者たち、司教の軍兵、これに生活の資を提供する手工業者と商店の経営者である。パン屋、肉屋、造り酒屋（ビール）のたぐい。鍛冶《かじ》屋、金物屋、武具屋のたぐい。この町と、この町の拠ってたつ基盤、ユトレヒト司教の支配の物質的道具だてじたいが給養されること、これがまず課題であった。

ガンのフランドル伯の城

ガンの河岸　レイエ川にかかるシント・ミヒエルス橋の上からみる。河岸にならぶ切妻壁の建物は多様な職種の商館。古いものは16世紀初頭にさかのぼる。河面に影を落とす正面奥の城郭は歴代フランドル伯の城

城市

アラスの例をみてみよう。ここでは、古い市壁は再建されず（ここには司教が在住していなかった）、砦と化したサン・ヴァースト修道院のまわりに、やがて市街が発展してゆく。ローマ都市の変容というよりは、とくにフランドルとブラバントに典型的にみられた「城市」（ブルク、あるいはラテン語でカステラ）である。

在地の伯が、要衝の地に城砦を築く。あるいは修道院を補強して軍事的拠点とする。だから、領主領の城と、もともと同じである。その後の展開がちがった。都市的なるものが、これを核として展開する。ブリュージュ、ガン、ブリュッセル、みなそうであった。フランドル、ブラバント一帯に点在するこれらの城市を、伯の代官があずかり、それぞれ軍管区をつくる。

高い石壁にかこまれた、たとえばブリュージュの城市内に、フランドル伯の館がある、礼拝堂がたつ、伯の裁判所がおかれる。伯の役人、守護の騎士団、そして聖職者たち、そして、彼らに生活の資を供給する職業の人々。これが、ブルクのもともとの居住者だ。

ブルゲンシスとメルカトーレス

ブルクの人々、ラテン語の記録でブルゲンシス、のちのフランス語でブルジョワという呼称は、十一世紀の初頭、北フランスの文書にはじめてでる。そのころには、もう、ブルゲンシスのイメージはメルカトーレス、商人のイメージと重なっている。ブルクのなかで手仕事に従事し、商《あきな》う人々がメルカトーレスである。

古手の町人、ブルゲンシスからみれば新参者で、どこからともなく集まってきて、城市の一角、周壁の外側とか、司教都市のばあいには、ノルマンの禍の時代に市街区にだいぶ過疎地域が生じていた、その市街の一画に住みつき、町の広場での毎週の市に、青物とか家禽《かきん》のたぐいを売る近在の村の人々のあいだにたちまざって、よその土地の珍貴な物品を売る連中、彼らもやがてその町の町人にかぞえいれられるようになる。いや、それどころか、彼らのほうが、古い町を吸収し、町をひとつの周壁で囲い、単一のブルゲンシス団体を作るにいたる。

第五章　ヨーロッパの成立

1　封建秩序の形成――フランス王国の政治的風土

城持ち領主ベルトラン

ベルトラン・ド・ボルンはペリゴール司教管区の一城主、オートフォールと称する城の領主であった。彼は、近隣のものすべてにたえず戦争をしかけた。ペリゴール伯に対して、リモージュ準伯に対して、彼の弟のコンスタンタンに対して、ポワチエ伯としてのリシャールに対して。彼はよき騎士であり、勇敢な戦士であり、熱愛者であって、りっぱなトルバドゥールであった。

ドルドーニュの流れのほとりの木立が、牧場とぶどう畑の作るなだらかな丘陵の重なりに見えかくれするあたり、ペリグー地方のオートフォールの地に、ベルトランは城を構えた。これはトルバドゥールの『伝記集成』に収録された彼の伝記のひとつの一節だが、別の伝記は、彼をオートフォール準伯とし、家臣（オム）一〇〇〇と誇張している。伯や準伯を名乗

騎士の戦い　アングーレーム教会堂の西正面絵模様帯浮彫り。アングーレームはボルドーからポワチエへの道の中間点で，ベルトラン・ド・ボルンの行動圏に入る（12世紀前半）

るつもりは、ベルトランにはなかったろう。彼は城主（カステラン）であった。一城主として、十二世紀後半を生きぬいた。

復活祭の季節はいい、
木が芽を吹き、花が咲く。
木々の茂みをわたって
歌をころがす
鳥の声をきくのもいい。

だが、牧の原に
天幕陣屋がしつらえられる、
それをみるのもいいものだ。
とても楽しい、野に
勢揃えした騎士、
駿馬の群れをみるのは。

いいものだ、物見の騎馬の兵が

住人たちを家畜もろとも逃散させ、
物見の兵につづいて、一大軍勢の
到来するのをみるのは。
とりわけ心楽しいのは、
城が手ひどく攻囲され、
城壁はこわされ、崩されて
ぐるっと水濠に沿った土手の上に、
びっしり杭を打ちこんだ矢来を前に、
軍勢がひかえているのをみることだ。

そうなのだ、なにが味わいがあるといったって、
食べるのも飲むのも寝るのもどうでもよい、
「前進!」の叫びをきくこと、
この叫びが両陣営からあがり、
森蔭に馬のいななきをきくこと、
「援軍を、援軍を!」の叫びをきくこと。
武者小者《むしゃこもの》が水濠に落ち、
草原に倒れるのをみること、

脇腹に、小旗のついた槍の
まだつきささったままの死者をみること。

領主貴族の生活

春に甦《よみがえ》る戦争の季節をことほぐベルトランの歌である。領主貴族の生活のトーンがここに感知される。「まことの戦いに、火と流血はつきものだ」と歌うベルトランである。村ひとつ焼きはらい、村人をみな殺しにする、べつに珍しいことでもなかった。

「トランペット、太鼓、旗指物に槍旗、旗印、白馬に黒馬、ああ目にみえるようだ、いい日になるぞ、なにしろ金貸しから金を奪うのだ、荷駄の群れも、昼日中、無事には道を通れまいよ、町人も、フランスへの道をゆく商人たちも、びくびくしながら通るのだ、喜びいさんで奪うものだけが金持になるのだ」

「フランス」とは、パリを中心とするカペー家の支配地をいう。なお、二二八ページを参照されたい。

ベルトランは山賊領主だったのだろうか。パリからオルレアンへ通じる古ローマ道が、エタンプから先はしだいにすたれ、西に新しい道ができた。なぜかというに、エタンプの南のメレヴィルに、十一世紀後半のことだが、メレヴィル一族が城を構えた。これが悪名高い領主で、これと対照的に、西のトゥーリにサン・ドニ修道院領の城砦があり、これが旅人を保護したので、巡礼も商人もそっちを通るようになったのである。オートフォールは、南のメレヴィルだったのだろうか。

メレヴィルの領主は、なるほど特殊なケースであったろう。けれども、領主領領主の家計収入のかなり大きな部分が、領内通過税の徴収にかかっていたということ、これは事実である。橋とか浅瀬、森の出口などで、旅行者は税をとられた。これは領内通行の安全の保障の対価であって、冒険的気質の商人が、あえて保障のない道を選んでまで、この支払いを拒もうとしたことも十分想像される状況である。

領主身分の確定は、対内対外的に経済的強制を多少なりとも含むものであったことを認めなければなるまい。メレヴィルの一族やオートフォールのベルトランは、十二世紀のフランスの領主貴族の生の実相をよく映している。

按手礼による臣従　聖王ルイの制定法写稿飾絵（13世紀後半）

臣従

ベルトラン・ド・ボルンは、たえずバロン（諸侯）をけしかけてはたがいにたたかわせた。彼は、イギリス王国の父と子とを争わせ、ついには若い王がベルトラン・ド・ボルンの持城で矢を受けて殺されるにいたつた。ところで、ベルトランは、自分には知恵がたっぷりあると自負していたので、サンス（臨機の判断）をおおいにはたらかせることが必要だと考えたことはなかった。だが、やがて王は彼を捕虜にしたのだが、彼を捕えたとき、王は彼にいった、ベルトラン、今後はおまえもサンスをおおいにはたらかせることが必要だろうよ。するとベルトランは答えた、若い王がみまかった折、わたしはサンスをあげて失ってしまったのです、と。すると王は、息子のことを想って泣き、ベルトランを許し、彼に衣料と土地とオヌールとを与えた。

これも同じくベルトラン・ド・ボルンの伝記の一節である。ペリゴール伯も、リモージュ準伯も、ベルトランの同等者である。バロンである。彼らのあいだに臣従誓約の儀式が行われるとき、主君と家臣の身分秩序が生じる。儀式は、下位のものの組みあわせた両の手を、上位のものが両の掌で包みこむ所作を基本の型とする。按手礼《あんしゅれい》による託身である。ベルトランは「若い王」に臣従礼を立てたのであろうか。その点、不明である。

「若い王」とは、イギリス王ヘンリー二世の長子、同名のヘンリーであって、じつは病死した。この伝記の筆者は、ヘンリーの死をその弟リチャード獅子心王の死と混同しているのである。それはともかく、その父王ヘンリーは、ベルトランに「衣料と土地とオヌール」を与えた。ベルトランがヘンリー二世に臣従したことはたしかだと読まなければなるまい。この主従関係の成立事情は、情感に満ちあふれている。主従の関係が生身の人間の情念に根差すものであったことを、これは示している。

ところで、この「衣料と土地とオヌール」という表現だが、これはおもしろい。臣従は「封」を介して成立するが、この「封」は、なにも土地に限られはしなかった。主君の家で給養されるばあい、主従関係を媒介するのは衣料であり、食料である。封地の分与ということが一般化して、はじめて封イコール土地の観念が成立する。

けれども「封」の観念は、ついに土地に限定されることはない。オヌールという言葉、これは英語のアナーであり、近代語では抽象名辞で「名誉」を意味するが、これは、中世の文献では「封」そのものを指す。誠実にもとづく主従関係の具体的保証が、すなわちオヌールである。ベルトラン・ド・ボルンの伝記の筆者は、「封」を「衣料と土地」とあいまいにいいまわし、さらに「オヌール」とくくっているのである。

領主身分秩序の形成

じっさいのところ、ベルトラン・ド・ボルンの活躍したアキテーヌは、封関係にもとづく領主身分秩序が、典型的に形成された地域とはいいがたい。むしろ、もっとプリミティヴな社会であった。自由農民はなお分厚く存在し、領主身分秩序に対応する領民としての農民の身分化は未然の状態にとどまっている。三圃制《さんぽせい》集村の基礎条件が、北フランスにくらべて十分でなかったのである。

領主身分秩序の形成は、北フランス、とくにカペー家の家領とその周辺にあって、より顕著であった。むしろ、西フランク王国、すなわち、フランスの新しい王家たるカペー家の支配領域確定政策の推進が、それをうながしたといってよいかもしれない。領主権力は本来より上級の権力を求めるものであるとしても、さらにそれに加えて、上級権力の側からの政策的働きかけがあってこそ、封建的身分秩序の形成は可能であった。アキテーヌ侯もその役割を担った。各方面の諸侯がそれを自覚した。カペー家もまた、同じスタートラインに立った。

カペー家

カペー王家は、九八七年、西フランク王家断絶のあとをうけて、諸侯に擁立されたユーグ・カペーにはじまる。家系をさかのぼれば、ロベール・ル・フォールにいたる。いわゆるロベール家である。ロベール、あるいはその息子であり、一時は王冠をいただいたパリ伯ユードの記憶、諸侯がユーグ・カペーを王に推戴した根拠はこれにつきるといってもよい。もうひとつ、おそれる必要のないくらい弱小の一族であったことも諸侯の計算にはいっていた。事情は、後年のドイツ皇帝の家系ハプスブルク家のばあいとよく似ている。

十一世紀のカペー王家の支配地は、パリを中心とする「フランス」から、南はかろうじてロワール中流のオルレアン地方にまで及んでいたが、「王領」としてのまとまりを欠いていた。初期カペー家歴代の当主は、パリからオルレアンにかけての地域の領主領の領主たち(その主だった連中は伯を称している)を家臣としてとらえ、この封関係の網の目を、しんぼうづよくつめてゆくことに努力を傾けた。

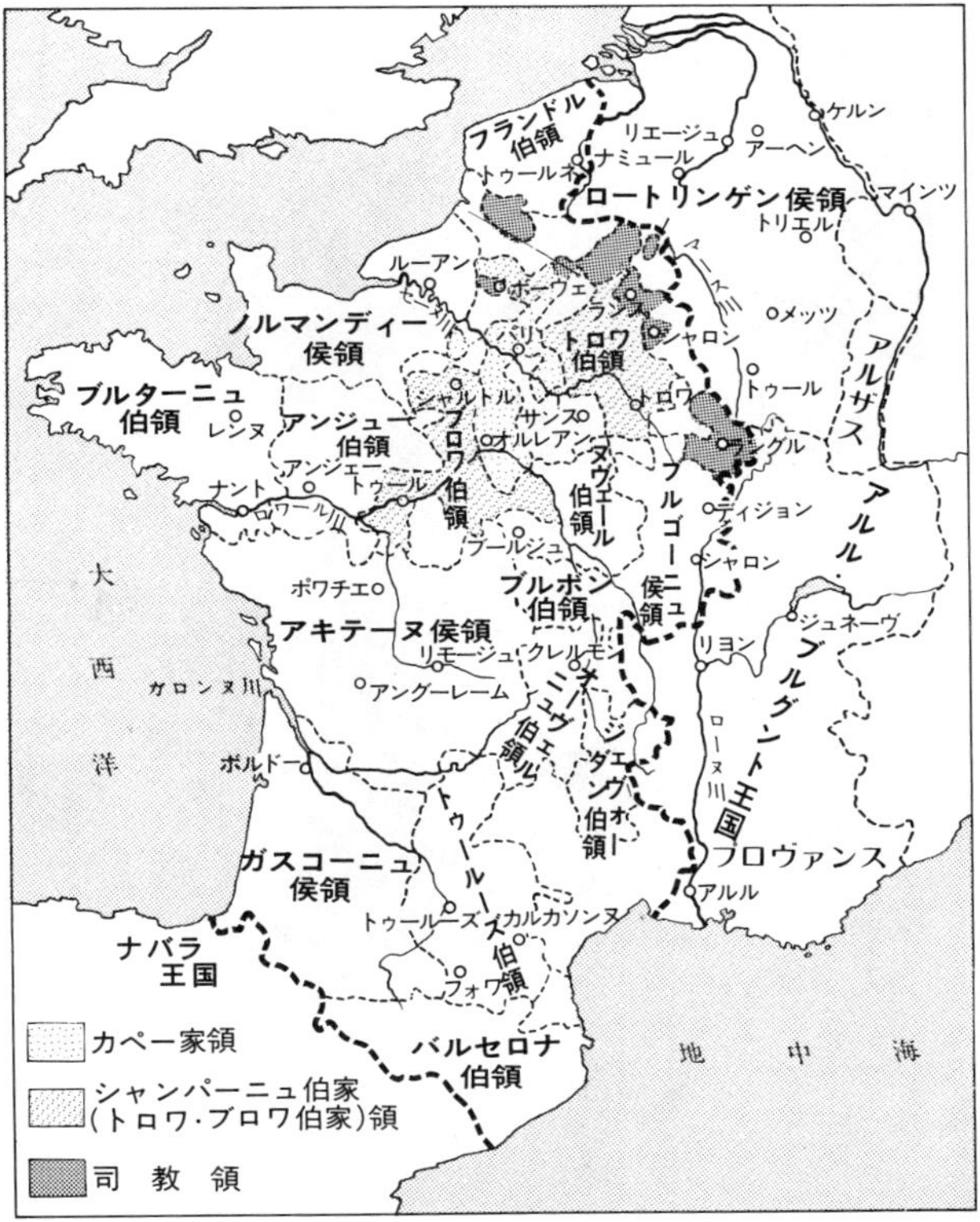

11世紀初頭のフランス

モンレリーの城砦跡
ここもまたパリ・オルレアン街道を押さえる要衝である。
〔上〕本丸と内庭
〔右〕砦跡から右上方にパリ市街を遠望する。左中央から右上方にかけてオルレアン街道

封関係はもともと当事者相互間の個人的契約である。だから、一個の領主が複数の上級領主（封主）をもつこともありえた。しかも、家臣の家臣は家臣ではない。家臣の家臣（陪臣）は、その封主の主君に対して誠実の義務を負わないのである。

さらにいえば、もともと当事者相互間の契約なのだから、伯が一領主に、王が伯に、王が一司教に臣従してもすこしもおかしくはない。十二世紀前半のカペー家のルイ六世肥満王は、ヴェクサン伯領に関してサ

ン・ドニ修道院長に臣従した。すくなくとも、ルイはこの封関係を認めた。

なお、「ヴェクサン伯領」については、二九八～三〇一ページを参照されたい。

王領の形成

こういった封関係の網の目は、いってみれば、封主と封臣という複数の個人的関係がからみあう、妙ないいかただが、封秩序の無政府状態をつくっていたのである。この現実にあって、カペー家との個人的つながりの集合が、ようやく王領の実体をつくってゆく。あるていどの領域的ひろがりをもった、そのような意味あいでの初源的な王領が、ついに形成される。十二世紀なかごろのことである。

サンリス、パリ、エタンプ、オルレアン、ブールジュが南北の軸。セーヌ川沿いにマント、パリ、ムラン、サンスをつないで横軸。これが十二世紀の王領の構造である。ルイ六世は、じっさい、パリ・エタンプ・オルレアン街道をはじめ、王領の道路のことにたいそう苦労した。メレヴィルの領主のような悪領主どもをやっつけ、領内をくまなく歩きまわった生涯の果てに、ようやく彼は安息を得た。やれやれ、これでどこで寝ようと安心して眠れる、そうルイはいったという。

一一二四年、神聖ローマ帝国皇帝ハインリヒ五世が、イングランド王ヘンリー一世とはかり、ルイ六世とブロワ伯の紛争に介入してシャンパーニュに侵入する構えをみせた。ルイ六世の輔佐役、サン・ドニ修道院長シュジェールの記録（ルイ肥満王史）によれば、ルイは同修道院におもむき、王国の守護聖人である聖ドニ（サン・ドニ）の加護を祈願し、祭壇上のオリフラム（祭旗）を、聖ドニの封臣たる資格においてあずかり（これが、現実の封関係においては、ヴェクサン伯の資格においてということになる）、王に対する軍役の義務を果たすよう諸侯に号令した。なんと、敵対中のブロワ伯までが召集に応じて、王軍に参加した。ハインリヒは兵を返した。

なんとドラマティックな話ではないか。フランス人歴史家は、フランス王政という国民感情が古くから存続していて、それが突如甦《よみがえ》ったと、無邪気に喜んでいる。王権の根拠については、また別の物語がある。ともかくも、王領の確定というカペー家初期四代の当主たちの努力があってこそ、王権がカペー家に根付いたのである。

2　王国の再編――オットー朝・叙任権闘争

マジャールの禍

ノルマンについで、東方の民族マジャール人（ハンガリー人）の侵寇が、東フランク王国を脅やかした。九世紀末葉、彼らはパンノニア（のちのハンガリー）に住みつき、ボヘミアを服属下においた。この方面へのギリシア教会の布教の努力も、ドナウ川の南に後退を余儀なくされた。

十世紀にはいり、彼らはザクセンに侵入し、西進してラインを渡り、ブルグンド地方の峡谷やローヌ渓谷を通って、北イタリアのロンバルディアに出る。これを循環路として、ライン右岸のドイツ諸侯領に脅威を及ぼし、諸侯領を自己保身の工夫へとかりたてたのである。

ザクセン王家

先に述べたドイツにおける辺境領の形成がこれである。諸侯領の多くは部族を単位としてまとまっていたのだから、これを部族大公領と呼ぶ。やがて、九一一年に東フランク王家が断絶した。諸侯は、これを機に、彼らの代表を選んだ。フランケン部族大公コンラートである。ついで、ザクセンのリュードルフィング家系のハインリヒが王に選ばれた。九一九年のことである。

オットー朝の王　王笏と「帝国のりんご」をもつ。聖水器の象牙浮彫り。「帝国のりんご」は皇帝権の権標である（1000年ごろ）

ハインリヒ一世は有能な指導者であって、他の部族大公たちにあるていど統制を及ぼすことに成功した。マジャール人の侵寇に対処するための軍事機構の創設、王の名による城塞の建設がザクセン王権の基礎をかためた。九二五年、西フランク内部の諸侯の対立を利用して、東フランク王家の断絶とともに、いったんは西フランク王国に併合されていたロートリンゲン（ロレーヌ）侯領を、ドイツ王権の統制圏内にとりもどしたことが、むしろ象徴的な意味で、ハインリヒの王権に輝きを添えた。なにしろ、ここはカロリング王家の故地を含む地帯だったのである。

マジャール人対策は、その子オットー（九一二～九七三）の代に、劇的な成果をおさめた。九五五年、アウクスブルク近郊レヒフェルトの戦いに、オットーの軍勢はマジャール勢を撃退し、彼らにパンノニアに閉じこもることを強いたのである。ドイツにおける辺境領の分立は、ここに克服されたかのようであった。オットーは、父ハインリヒによる国王指名、諸侯の臣従誓約という王権の根拠に、教会による塗油、戴冠の儀式を加えて、ローマ皇帝権を復興しようと考える。九六二年、アーヘンにおいて、そのことは成った。

王家とドイツ教会

しかし、じっさいのところ、部族大公はあてにならぬ連中であった。オットーは、教会と手を結ぶことを考えた。ドイツ国内各地の教会領、修道院領に対する国王の上級支配権が、在地の諸侯の権力を越えて及ぶ。国王の礼拝堂が、司教、修道院長の養成所となり、また国家行政の中枢となる。高級聖職者が、国王直属官僚の組織をつくる。この夢みるような帝国統治の方式が、たしかに、オットー一世以後、オットー朝のドイツにあって、すくなからず有効に機能したのである。

ドイツ人歴史家は、オットー朝のこのいきかたを、普遍的性格のものと称揚する。本来、フランク王国以後、事態の推移はこうあるべきであったというのである。中世ヨーロッパの歴史の主軸は、フランクの皇帝権からオットー朝の帝権、のちに神聖ローマ帝国と呼ばれるようになるドイツの帝権をつらぬいているというのである。

たしかに、オットー朝の諸帝は、カール大帝の事績を復興しようと、イタリアをめざした。オットー一世は、イタリアに出張して、パヴィアで「ランゴバルド王」位につき、南イタリアのランゴバルド諸侯領に対して臣従を要求した。九六二年の戴冠のさいにとりきめられた協約において、ローマ法王は皇帝に対して誠実の義務をもち、法王の任命にあたっては、皇帝の同意が必要であると定められた。皇帝は、ローマ法王の封建宗主である。

イタリア政策

オットー朝のこの皇帝思想は、必然的にドイツ王家の関心をイタリアに向けた。このいわゆるイタリア政策が、以後、中世の神聖ローマ帝国の歴史を方向づける。ドイツ国内の教会修道院が王権とくみ、ローマ法王庁が沈滞しきっていた十世紀から十一世紀にかけての時代には、このイタリア政策も、ドイツ王権にマイナスにははたらかなかった。むしろ、王権に輝きを添えたのである。だが、キリスト教会に革新の気がみなぎり、ドイツ国内の教会が、王権を越えてローマ法王庁とくむとき、事態はどうなるか。

ドイツ国王が、ドイツおよび北イタリアの教会の司教の選任権をにぎり、修道院領内における裁判権を、国王の名において守護がにぎる。このドイツ国王の教会支配の体制が、教会

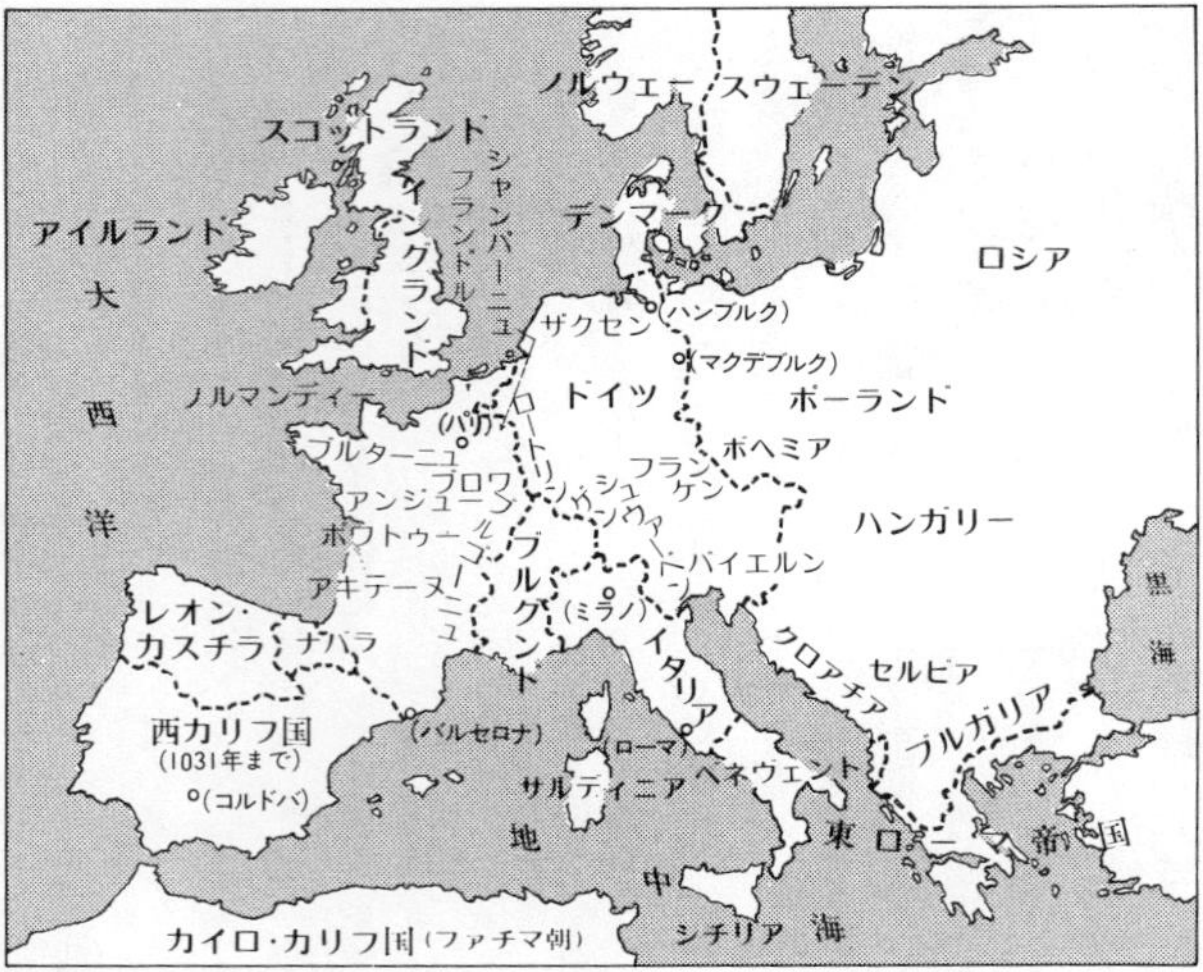

1000年前後のヨーロッパ

改革の嵐をのりきれるかどうか。

後述のように、クリューニー修道院に端を発した教会の紀律刷新運動は、ドイツ国王の熱心に支持するところとなったが、しかし、それが王権の教会支配の体制をくつがえすエネルギーに変わろうとは、じっさいドイツ国王は、すこしも予感してはいなかったかのようなのである。

法王庁の改革

王家の家系が交替して、サリ・フランク部族の家系のコンラート二世以後、ハインリヒ三世、ハインリヒ四世とつづく十一世紀のドイツ王家は、教会の紀律刷新をみずから使命と観じたの観がある。その志向は、イタリアに及ぶ。ハインリヒ三世の代、情況は大きく転回する。

なお、この王朝は、前代のそれが王の名前をとって「オットー朝」と呼ばれたのに対して、「サリ・フランク部族」の家系に出たというところから「サリ朝」と呼ぶ。ドイツ語で「ザリエル」ないし「ザリアー」朝である。また、この王朝初代のコンラートを「二世」と呼ぶのは、「オットー朝」以前に、はじめて東フランク王家に代わって「ドイツ王」に選挙された「コンラート一世」と同名だからである。同じフランク部族の家系の出ではあるが、血縁の関係についてはよく知られていない。「ドイツ王」として同名だから「二世」と呼ぶ。

当時、ローマ法王庁は、ローマ市の貴族諸党派の対立の渦中にあって分裂の状態を呈していた。ハインリヒ三世は、一〇四六年、ストゥリの教会会議において、この混乱した事態を清算し、あらたにドイツ人司教を法王の座につけた。レオ九世である。レオはアルザス伯家の出で、ロートリンゲン（ロレーヌ）のトゥールの司教であった。ロートリンゲンは、教会改革運動のひとつの中心地であり、レオは、みずから信頼する一群の聖職者をひきつれて、ローマ入りした。法王庁の改革がここにはじまった。

レオの代に、たとえば枢機卿会議の方式が定まった。法王庁の機構整備とともに、レオ側近の枢機卿、神学者によって、教会改革のプログラムがととのえられる。この改革プログラムの内容と、その理論的系譜についての理解は、はなはだ錯綜していてわかりにくい。教会の腐敗を嘆く声は、古くから聖職売買と聖職者妻帯の悪徳を問題にしてきた。レオにはじまる改革派の主張は、これに、いわば極性を与えた。こういった悪徳をもつ聖職者の執行する秘蹟（サクラメント）は無効であるとし、さらに、聖職売買のカテゴリーのなかに、俗人による聖職者叙任を加えたのである。これが、革命的な著述、枢機卿フンベルトゥスの『聖職売買者駁論』のなかみである。

フンベルトゥスのプログラムをいとも直截《ちょくせつ》に実行に移したのが、その同僚の枢機卿ヒルデブラントであった。一〇七三年、法王に選出されたヒルデブラント（枢機卿団による法王選挙の制度は、これ自体教会改革の一環であって、一〇五九年、ニコラウス二世によって定められた）、法王グレゴリウス七世にとって、これは「教会の自由」のための戦いであった。

カノッサの屈辱

歴史は一般論ふうには展開せず、つねに特殊個性的な事件の連鎖の形をみせる。このばあいでも、一〇七五年、ハインリヒ四世が、ミラノ大司教ほか数人のイタリアの司教を任命したという事件が、ことの発端であった。

この年、ザクセンの反国王派の動きを押さえることに成功したハインリヒには自信があった。グレゴリウスは、その年のうちにハインリヒを論難した。ハインリヒは、かさにきて攻勢に出る。七六年一月、ウォルムスに全ドイツの司教会議を開き、その支持の下に、法王の越権を責めたのである。翌二月、グレゴリウスは、破門状をハインリヒに送りつけた。法王は、ハインリヒの支配権を否認し、ハインリヒの臣下全員に対し、国王に対する誠実の義務を解除した。ハインリヒは、五月、ウォルムスに諸侯会議を開いて、ふたたび法王の越権を非難した。

ここまでは、法王とドイツ王の言葉のやりとりであった。この段階で、「諸侯」が事態解決の主導権をにぎるにいたる。シュウァーベン、ザクセン、バイエルンなどの聖俗領主層が、ハインリヒに叛旗をひるがえす。十月、諸侯はトリブールに会議を開く。だが、法王はかならずしも諸侯側に立たず、この会議では、だれを新国王にするかについても、けっきょく同意は成立しなかった。諸侯は、ハインリヒに対し、暫時の猶予を与えた。翌年二月、法王をアウクスブルクに招き、国王廃位をとりきめる。それまでに法王との紛争に決着をつけよ、というのである。

トスカナ女伯マティルダ　『マティルダ伝』飾絵。彼女は法王と皇帝の争いの調停者の役どころを果たした（1114年ごろ）

グレゴリウスは、諸侯をリードする絶好の機会を逸した。ハインリヒは、守勢を攻勢に転じようと、厳冬のアルプスのモン・スニ峠を越え、トスカナ女伯マティルダの居城カノッサに滞在中のグレゴリウスを訪ね、破門の免赦を得た。雪の前庭に三日間はだし姿で立ち、痛恨の情を示したと後世伝えられるこの一場のドラマが、はたしてドイツ国王の復権を真に意味したかどうか。

こうして破門から解かれたハインリヒは、諸侯に対する行動の自由を回復して、諸侯の擁立した対立国王を倒し、再度ハインリヒを破門した法王に対しては、対立法王を立て、北イタリアを制圧してローマを攻め、グレゴリウスを追い出して、一〇八四年、対立法王クレメンスの手から帝冠をうけた。グレゴリウスは、法王の封臣である両シチリア王（後述）によってサレルノに救出され、その地で死んだ。一〇八五年、ハインリヒの権勢は絶頂の観があった。

ウォルムスの協約

英雄の時代はすぎた。現実の政治の季節がよみがえる。クレメンスのあとを継いだ法王ウルバヌス、ハインリヒの息子ハインリヒ五世、やがてローマに登場する法王カリストゥス二世と、現実家肌の国際政治家たちが収束した「叙任権闘争」の解決案が、一一二二年のウォルムスの協約である。

グレゴリウスの時代に高潮を迎えた教会改革のプラン、いわゆるグレゴリウス改革は、現実政治の次元では、高位聖職者（司教、修道院長）の任命権の問題へと矮小化される。ドイツ国王は、指環と司教杖による司教、修道院長叙任の権利は放棄したが、王杖《おうじょう》によって司教、修道院長を授封する権利は残した。宗教的権威者としての高位聖職者の任命権はローマ法王に属し、封建領主としての司教、修道院長に対する上級領主権のみ、国王に属するということである。

叙任と授封の分離というこの方式は、ウォルムスの協約以前、すでにフランス、イギリスにおいては、国王と教会とのあいだに協定が成立していた。いま、ドイツ国王とローマ法王・ドイツ教会とのあいだに、この協定が成立するとき、それはじつは協定ではなく、国王の完全な敗北であったとみなければならない。

全ヨーロッパ的にみるならば、およそ国王というもののフランク王的権威が、ここにはぎとられたといってよい。祭司国王的観念が、キリスト教の祭司という次元において崩壊したのである。だから、十二世紀以降、およそ国王たるものの宗教的権威のあらたな根拠づけが模索されはじめる。

双剣のたとえ　教権の剣と俗権の剣。『ザクセン・シュピーゲル』(14世紀前半の写本飾絵)

フランス王にそなわる呪術力、「瘰《るい》瀝《れき》を癒《いや》す王」のイメージが強調されてゆくのは、じつにここにはじまるのである。

これは原始王政の伝統としてあったものではなかった。形成期の王権の政策的配慮から生まれたアイデアであった。

諸侯領の再編

ドイツ国王にとって、問題はそれにとどまらなかった。みずから王権支配の根幹とした教会所領に対する直接的支配が否定され、教会所領は、他の封建領主と変わるところのない、たんに封関係によってのみ国王とつながる独立の権力と化したのである。授封が叙任に先行すると手続き上は国王優位に決まりはしたが、だから国王に選択の権限が留保されはしたが、しかし、いったん授封叙任された司教は、一個の独立の諸侯であり、王権政策に対抗して、諸侯領独自の政治論理を追求する存在である。

じつのところ、国王直属の司教領、修道院領をかかえこみ、いわば虫喰いの穴だらけになってしまっていたかつての部族大公領は、まさしくそのことによって、内部的再編成を強要され、各地に、在地の権力としての新しいタイプの諸侯領が形成されはじめていた。叙任権闘争期の動乱が、この動きに拍車をかけた。職業的戦士としての騎士層の発生、城郭建築の隆盛が、この時期における「村の領主」の発生、領域的支配権の確立を物語っている。オットー朝、サリ（ザリエル）朝の華麗な衣裳のかげに、ドイツにおいてもまた、フランスにおけると同様、城主・諸侯の領主身分の階層的秩序が確実に形成されはじめていたのではないか。

叙任権闘争は、こうした視野のうちに、その意味を問われなければならない。ドイツにおけるフランク王国的体制が、このときようやく終焉の時を迎えた。王権と教会との理念の闘争の背景に、新生ドイツの諸侯集団があった。諸侯は、この闘争の過程から、現実的利益を貪欲に吸いあげた。真の勝利者がこの無言の端役たちであったことを、いずれ歴史は証明するであろう。

3　バユーの壁掛け

バユーの壁掛け

「バユーの壁掛け」から　英仏海峡を渡るノルマン船

「バユーの壁掛け」は、ノルマンディーのコタンタン半島の古都バユーの美術館所蔵の八色絵模様刺繍帯、幅五〇センチ、長さ七〇メートルあまりという長大な壁飾りである。ノルマンディー侯ギヨーム（ウィリアム）のイングランド征服の図柄が五八景にわけて描かれていて、上下の縁飾りをみれば、樹々や草花のあいだに、全裸の農民男女が遊んでいる。ごらんのように、全体にコミックなタッチで、みるものをあきさせない。

王妃マティルドの壁掛けと呼ばれたこともあったが、これは誤伝である。マティルドは、フランドル伯の娘で、ギヨームの妻である。じっさいは、ギヨームのイングランド征服の直後、バユー教会堂が改築された折、バユー司教の依頼によって、教会堂内陣の装飾のために製作されたものとされる。

「バユーの壁掛け」から　王位僭称者ハロルドは，彗星の出現（上部中央）に不吉の兆しをみる

ここに描かれたノルマン船が、ノルマンディーの冒険者たちを海のかなたに運んだ。オートヴィルの一領主タンクレッドの息子たちを地中海に運び、ノルマンディー侯ギヨームをイングランド征服の夢にかりたてた。両シチリア王国とイングランドのノルマン王朝がそこに生まれた。

オートヴィル家の息子たち

十一世紀にはいると、封建的土地所有の方式が、ノルマンディーのノルマン人たちのあいだに浸透する。領主の世襲的保有地の長子相続の慣行が、次男以下の領主の子弟の生計の基盤を不安定なものにし、これはなにもノルマンディーに限らず、一般にヨーロッパ領主貴族層から、浮遊する冒険者たちが生まれた。

十字軍が、やがて彼らを吸収することになる。それに先立って、十一世紀前半、たとえばオートヴィルの領主の息子たちは、視線を南イタリアに向け、故郷を捨てた。

当時、南イタリアには、ランゴバルド族の諸侯領、名目上は東ローマ帝国に属する諸侯領、そしてイスラム教徒のシチリアと、多様の権力が交錯していた。これら地方的諸政権の傭兵として、ノルマンディーのノルマン騎士が傭われたのである。タンクレッドの年長の三人の息子、ついで後添いの腹に生まれたロベール・ギスカールが頭角をあらわすにいたったのは、こういう政治的風土においてであった。

「バユーの壁掛け」から　馬揃えするノルマンディー侯の軍勢

両シチリア王国

ロベール・ギスカールは、しだいに在地に根をおろし、やがて、一〇五九年、法王ニコラウス二世から、アプリア、カラブリア、シチリアの侯に授封された。むろんのこと、名目上のことである。ニコラウスにしても、たしかな将来の見通しがあってやったことではなかったにちがいない。まさか、彼の後継者グレゴリウスが、ドイツ国王との確執に破れて、ロベールに救援を求めることになろうとは、おそらく思ってもみなかったにちがいない。

だが、ともかくもこれは、南イタリアとシチリアにおけるノルマン政権が、公的に認証されたことを意味したのである。一〇八五年、ロベールが死んだとき、彼は南イタリアの事実上の支配者であり、他方、彼の弟ロジェが、シチリアでイスラム教徒と戦っていた。ロジェは、だいたい一

「バユーの壁掛け」から　ヘースティングズの戦い

〇九〇年ごろまでにシチリアの支配を確定した。

ロジェは、ローマ法王を封主とするシチリアの伯であった。その息子ロジェ二世の代、ロベールの孫、アプリア侯ギヨームが死んだ。ロジェ二世は、これを機に南イタリアを領有し、一一三〇年、パレルモにおいて戴冠し、王を称した。ここに、いわゆる両シチリア王国が誕生したのである。

彼は、東に東ローマ帝国と対峙《たいじ》し、南に対岸アフリカのチュニジアのイスラム政権を圧し、ローマ法王と争いながら、シチリアを強大な王国に作りあげた。やがて、イタリア政策の夢いまだ消えやらぬドイツ王権の手がこの地に伸びるであろう。

南フランスに王権を扶植したフランス王家が、地中海に進出し、シチリアを狙うであろう。スペインに成立するアラゴン王国が、地中海岸バレンシアの都市の商人たちの要請の前に、シチリア経営をはかるであろう。こういった話は、しかし、十三世紀も後半のことであり、わたしたちは、視線を移して、なお十二世紀初頭におけるヨーロッパの政治的風土を展望しなければならない。

クヌートの北洋帝国

アルフレッドののち数代おいて、イングランド王エドガー（在位九五九～九七五）の代、アングロ・サクソン王権は、この時代のヨーロッパには珍しく、こぢんまりとよくひきしまった王国の体制をもっていた。ノーサンブリアの北の方はスコットランド王にゆずりわたし、ウェールズ、アイルランドに対しても無理をせず、デーン・ロウのノルマン人とは同化をはかり、イングランド教会との協調関係も乱れず、地方行政のシステムもうまく機能していた。

「バユーの壁掛け」から　ハロルドが倒され（左端），勝負がついた

　ところが、エドガーの死後、王国統治のバランスが失われる。相続の争いとデーン人のあらたな侵寇にその原因があったのか。デーン人の動きがしだいに活発化し、九九〇年代、彼らは「サガ」の英雄スウェインの指導下に、侵寇から再征服へとアクセルを踏みなおし、スウェインの息子クヌートが軍勢の先頭に立つ。

　一〇一六年、王エセルレッド二世が死に、クヌートはイングランドの王となり、その直後、デンマークにおいても王位についた。ノルウェー、スウェーデンの一部においても、彼の王権を認める動きがあった。生前、すでに彼は伝説の王であった。死後、彼は北洋帝国の覇者の記憶を残す。

ノーマン・コンクェスト

エセルレッド二世の後添いエンマは、ノルマンディー侯リシャール一世の娘であった。エンマは、夫の死後、クヌートの妃となった。クヌートが一〇三五年に死んだあと、しばらくしてアングロ・サクソン系の王家が復活した。エンマと前夫とのあいだの遺児エドワード懺《ざん》悔《げ》王である。ウェセックス伯ゴドウィンが、エドワードに娘をめあわせた。エドワードにはこどもが生まれなかった。こういった婚姻関係が、リシャール一世の孫、ノルマンディー侯ギヨーム二世の「ノーマン・コンクェスト」の舞台の仕掛けとなったのである。

じっさい、ギヨームのイングランド征服については、その必然のプロセスを解明しようと様々な議論が行われているが、概してそれは、軍事的征服という結果を正当化しようと、それに役立つ根拠をしきりにあげつらうというだけのことに終わっている。

いとこのこどもがただひとり正統の後継者であろうはずはなく、エドワード王がノルマンディー侯を王位継承者に指名したという証言に確証はみいだされず、いちはやくクリューニー改革主義をノルマンディーに導入したギヨームが、宗教的情熱に燃えてイングランド教会の改革にのりだしたという動機づけも納得しがたい。ノルマン人たる彼は、「あえてイングランドに侵入しようと夢みるほどの人物であった」と、あるイギリス人歴史家は、さらりといってのけている。彼は、オートヴィル家の兄弟たちと同じ気質の持ち主であった。

一〇六六年、海峡を渡ったウィリアム（もう、こう呼ぶことにしよう）の軍勢は、ヘースティングズの戦いに、王位僭称者、ゴドウィンの息子で、エドワードの妻エディトの兄弟ハロルドを倒し、イングランド王位についた。クリスマスの日、ウェストミンスター聖堂での戴冠式にあたって、イングランド人の歓呼を敵意をもつ声と誤認したノルマンの将士は、周辺の家屋に火を放ち、燃えさかる焔に照らされて、ウィリアムは王冠をいただいたという。

ドゥームズデイ・ブック

セイン、この時代のイングランドの領主領領主をこう呼ぶ。デーン人の侵寇、王政のあいつぐ破綻は、イングランドにおいてもまた、自由農民の減少と村の成立、その村を支配する領主の漸増を結果した。領主のうち大きいものは王の直臣になり、あるいは伯の、修道院長のセインとして、軍事を担当する特定の階層を創出していった。

ノーマン・コンクェストは、この領主貴族層に衝撃を与え、アングロ・サクソンないしデーン人領主は後退し、ノルマンディーないし北フランス領主貴族の家系のものが、征服王の直臣としてのりこんだ。征服王以後、これら領主貴族の領地をマナー（荘園）と称する。

征服王は、しかし、彼ら領主貴族たちを野放しにしたわけではなかった。彼は彼らに一円的領域支配を許さなかった。各州に分散した所領を与え、司教や修道院長に対しても、その任命権はけっして手放さなかったのである。クリューニーの教会改革には熱心であったノルマンディー侯も、グレゴリウス改革には目をつむったのである。

一〇八六年、彼は全イングランドの土地保有の状況を調査報告せしめた。その最終報告書が「ドゥームズデイ・ブック」であり、これは、エドワード王末年の土地保有の状態と二十年後のいまのそれとを対比記載するという形式をとっている。領主貴族の土地保有に対する王権の統制のありようをたしかめ、より完璧な領主統制の方策をたてるための作業であったとおもわれる。

やがて十二世紀中葉、こんどはフランスのアンジュー家系の王が、ノルマン王家の衣鉢を継ぐであろう。ローマン・ブリタニア以来、イングランドの歴史は、たえず大陸からの影響波をうけて、消長を重ねるのである。

4 信仰共同体の形成

クリューニー修道院

ノルマンの禍がフランク王国の体制を解体の方向に導くとき、フランク王国の国家宗教であったキリスト教会もまた、組織のゆるみ、規律の頽廃を免れえなかった。十世紀初頭、九一〇年、アキテーヌ侯ギヨーム一世の肝煎《きもい》りでブルゴーニュに建立された修道院クリューニーは、ベネディクト戒律の復興を旗印に、改革の波をヨーロッパ各地に及ぼした。ロートリンゲンのゴルツェ、南ドイツのヒルサウといった修道院を中心とする地帯、あるいはノルマンディー、ロンバルディアの各方面に、聖職者の規律のたてなおし、典礼の整備、道徳の回復といった改革のプログラムを与えたが、全体としては、これはフランク的教会秩序の回復をはかるものであり、典礼重視の貴族主義的傾向に立つものであった。

このクリューニーの典礼復興運動が、叙任権闘争というドラマの背景をつくっていたことはたしかである。だが、新生ヨーロッパの宗教運動の方向は、民衆を信徒大衆としてつかみ、聖職者をひとつの身分として組成してゆこうとする熱っぽいムードにおいてこそとらえられる。グレゴリウス改革、正統の確立といった大事業は、このムードのうちに胚胎し、産みの苦しみを経て成ったのである。

情熱の説教　モンテ・カッシーノ修道院系の写本飾絵（11世紀）

隠修士たち

十世紀末から十一世紀にかけて、南イタリアのギリシア系修道士の集団に淵源を発する隠修士（ハーミット）の影響波が西ヨーロッパ一帯にひろがった。クリューニー改革にも、グレゴリウス改革にも、この影響波が交錯する。たとえば、グレゴリウス改革の理論家のひとり、ペトルス・ダミアニのばあいがそうである。十一世紀後半に、モレーム、シトーの二修道院を開いたモレームのロベルトゥスがやはりこの派に属し、このシトー修道会の系譜が聖ベルナールによって確立される。聖ベルナールのシトー修道会こそが、十二世紀の宗教運動の最右翼を担ったことをおもえば、この隠修士の系譜の重要さが知れよう。

彼ら隠修士の禁欲主義的な信仰の実践が、既存の教会秩序の枠をはみでて、民衆のあいだに展開されるとき、民衆はキリスト教を自分自身の心情の問題としてとらえはじめる。十世紀から十一世紀にかけて、聖者、聖遺物の崇拝熱が、あたかも熱病の発作でもあるかのように、ヨーロッパの民衆をとらえたことの次第は、これら民間の隠修士の活動をぬきにして、いったいどう理解されえようか。

使徒的生活のヴィジョン

特定の聖者に献堂された教会堂、すばらしい聖遺物を所蔵するときく修道院に、民衆が集まり、巡礼の道が形成されてゆく。スペインのガリシア地方のサン・チアゴ・デ・コンポステラ、あるいは最高の聖地エルサレムへの巡礼が、十世紀のすえに大衆の行事となる。

クリューニー改革にくみした南ドイツのヒルサウ修道院が、クリューニーの祈りと典礼の生活から外に出て、農民のなかで説教活動を展開したとき農民層は熱心にこれに応えた。農民を助修士として修道院のなかにとりこみ、祈りと労働の生活をむねとするヒルサウ系修道院が、南ドイツ各地に林立する。ここにあまねくみられたのは、キリストの使徒集団の生活を模倣しようとする、いわゆる「使徒的生活」の理念と実践である。

修道院にかぎられはしない。教会の司祭、助祭など、いわゆる教区付聖職者の側にも、この使徒的共住集団の編成運動が高まった。聖堂参事会と呼ばれる教区付聖職者の組織の起源である。グレゴリウス改革期の法王庁は、この運動を奨励した。これをもって教会改革の拠点としようとしたのである。これら聖堂参事会は、聖アウグスティヌスの名を冠した会則をもつものが多かったので、アウグスティヌス派聖堂参事会と総称される。

モンマジュール修道院遺構　アルルの北。ここもまた「神の平和」の拠点であった。教会堂の後陣がみえる。手前は岩盤の墓地

前述の隠修士たちの影響波がやはりここにも及んでいたことを、数々の事例は証している。運動体の論理のゆきつくところ、参事会もまたグループをつくる。なかでも最大のものが、北フランスのラーン近くに設立されたプレモントレ聖堂参事会を中心とするグループで、一般にプレモントレ「修道会」と呼びならわされている。

神の平和

十二世紀前半のイタリアのブレッシア聖堂参事会の長アルノルドは、ローマ市民のコミューン運動（後述）の指導者として、民衆の崇敬を集める。南フランスの司祭や修道士が、聖遺物をかかげて民衆のあいだにはいり、司教が司教杖をふりあげて「平和！　平和！」と叫び、民衆がこれに唱和する。「神の平和」運動である。

もともと、新興の領主領領主の出現に所領を喰い荒らされる危機に直面した司教修道院長の自衛のための方策であったにせよ、いまや、領主間の私闘に対して平和を要求する民衆の声を、このような形で汲みあげることができるまでに、信仰共同体は成熟しつつあったとみることができるであろう。平和の要求は、ついには期日をかぎっての「神の休戦」の要求にまで高まる。十一世紀中葉までに、「神の平和」「神の休戦」の運動は、フランス、スペイン、北イタリアにひろがった。

キリスト教の信仰にもとづく相互扶助と和合の生活、使徒的生活の理想が、民衆の生活の理想像として定着しつつある。まだ、じつのところ、情意的運動であった。しかし、歴史における民衆は、情動の水準にこそ立つ。グレゴリウス改革、叙任権闘争は、この大きな情動のうねりのなかに位置づけられる。グレゴリウス改革そのものが、じつは内容未分のムード的産物であったといってもよいのである。ローマ・カトリック教会は、正統の思想と、それにもとづく教会の組成を、まさしく、この情意の渦のなかにこそ、さがし求めつつあった。

5　正統と異端

客観主義と主観主義

教会の腐敗、聖職売買、聖職者妻帯をとがめだてる声は、聖職者の個人的資質の糾弾へと走りがちである。真摯《しんし》な声であればあるだけに、なおのことそうである。けれども、はやい話が、金銭で司教職をあがないとったものの執り行う教会の秘蹟（サクラメント）は無効であるということになれば、教会は、適正な資質の聖職者を探し求めることに莫大なエネルギーをさかれ、組織としては瓦解《がかい》の道を辿《たど》ることになろう。悪しき資質の聖職者によってであれ、聖職者の資格において執行された秘蹟は無効ではない。これがカトリック教会の第一定理であった。

これは古くして新しい問題であった。聖アウグスティヌスがすでに答えを出していた。不法であるが、有効である。この簡潔な言葉のうちに、すべてが要約されている。だが、グレゴリウス改革期のローマ法王庁は、あえてこの公理を無視した。聖職者個人の倫理的資質をあくまでも問い、悪徳の聖職者の教会からの追放を指令したのである。

ミサを執行する司教　答唱歌集写本の表紙の象牙板浮彫り（10世紀末）

このおそるべき主観主義のうちにこそ、じつのところ、グレゴリウス改革のエネルギーが秘められていたといってよい。

法王庁の立場

クリューニー改革主義は、伝統の公理に忠実であった。グレゴリウス改革派のなかにも、ペトルス・ダミアニのように、聖アウグスティヌスの立場を説くものがいた。思想の状況はかく混乱していて、グレゴリウス七世の改革の熱情が、そこをつきぬけたという恰好であった。俗人によって叙任された司教の執行する秘蹟は有効かどうか。いまや、このような端的な形で問いがつきつけられていたからである。グレゴリウスには、否というのほかに道はなかった。

高徳の隠修士が民衆の崇敬を集める。改革修道院が、選ばれたものたちの共住集団をつくる。聖堂参事会の組織が都市民の信者団体の結成を誘発してゆく。およそこういった宗教運動の盛りあがりは、ローマ法王庁のこの熱っぽい主観主義的傾向に同調していたといえるであろう。この純な信仰への希求が、信徒のあいだに、カトリック教義と教会制度を腐蝕せしめる方向へと大きくうねり高まってゆくとき、ローマ法王庁は、事態を収束すべき責めを負わされる。

これが十二世紀における異端の問題であり、異端に対する戦いのうちに、ローマ・カトリック教会は、主観主義を捨てて客観主義の立場に回帰し、制度としての教会の自覚の上に立って、異端に対する正統を確立してゆくのである。

正統と異端の境界

じっさい、十二世紀を通じて異端は各地に続出した。というよりも、中部フランスとか北イタリアといったところに発生した民間の信仰運動が、各地の大司教によって、あるいは司教会議によって異端と断罪されたのである。当時の記録は、こういった異端諸派を、これはオリエントのマニ教の流れを汲むものと一括しているが、いずれもこれは、禁欲主義的で、教会の制度典礼を重んじないという点に特徴をもつ、いわば信仰の熱心党の運動であって、けっきょく使徒的生活への希求の様々な変奏とみることができる。

十一世紀中葉、グレゴリウス改革期の北イタリアのブレッシア聖堂参事会の長アルノルド・ダ・ブレッシアは、使徒的生活の熱心な推進者であり、ローマのコミューン運動の指導者として、ローマ教会の改革を側面から援助したが、そのアルノルドもけっきょく異端として断罪されている。ちなみに、彼の学問の師、パリのアベラールもまた、聖ベルナールに論難され、異端の審決を受けている。アルノルドのばあい、アベラールのばあいももちろんだが、異端か正統か、その境界は定かではない。

使徒的生活への熱情の焔《ほのお》は、制度としての教会をしばしば脅かした。脅かすことによって、正統教会の確立に刺激を与えつづけながら、十二世紀を経過し、ついには、ドミニコ、フランチェスコ二大修道会の形成にいたるまで燃えつづけるのである。

ワルド派異端

十二世紀の後半、リヨンの商人ピエール・ワルドは、聖貧（キリストの貧の思想にしたが

アッシジのフランチェスコ　スビアコのサン・ベネデット修道院礼拝堂の壁画（1220年ごろ）

う生活理想）の誓約団体である俗人の信徒団体を結成した。これが、後述のカタリ派とならび称される中世二大異端のひとつ、ワルド派のはじまりである。当初、ローマ教会はこの聖貧運動を称揚したのである。しかし、しだいにワルド派はカタリ派の影響下にはいり、教会のヒエラルヒー（聖職者身分の階層秩序）、秘蹟、伝承あるいは聖遺物崇敬に対して、つまりは制度としてのカトリック教会に対して批判的な色彩を強めた。

ワルド派は、北イタリア、ロートリンゲン、ラインラント、フランドル、さらにドイツから東方植民の波に乗って、東ヨーロッパ方面に拡散する。厳しい異端審問の重圧をくぐりぬけて、彼らは、十五世紀のボヘミアのフス派異端と結びつくにいたる。

フランチェスコ修道会とドミニコ教団

たしかに、だから、ワルド派は、かたくなな異端としての姿をあらわすにいたったのだが、しかし、もともとワルド派は、当時、北イタリアや南フランスに続出していた聖貧誓約団体諸派との連携に立つ使徒的生活理想を志向していたのであって、この信仰の風土に、やがてアッシジの聖フランチェスコのひきいる「小さな兄弟団」があらわれてくるのである。

フランチェスコは、一二一〇年、法王イノケンティウス三世から修道院設立の許可を得たといわれる。そしてイノケンティウス以下歴代の法王の側からの政策的意図から同修道会の隆盛が結果するのであるが、もともとフランチェスコには、聖貧の理想、使徒的生活の実践というねがいがあっただけであって、いってみれば、使徒的生活の初源の型への回帰を彼ははかったのではなかったか。彼が異端とされなかったのは、ほかでもない、制度としての教会を公然と論難するようなことはしなかったという、ただそれだけのことからだったのではなかったか。

フランチェスコ修道会と同時期に設立されたドミニコ「修道会」のばあいは、事情はおおいにちがう。スペインのオスマの聖堂参事会員ドミニコが、一二〇六年、法王イノケンティウスにハンガリー布教の許可を求めた。法王は、南フランスのカタリ派異端に対する正統の宣教の道具としてこれを使おうと目論《もくろ》んだ。

異端邪説を説くもの　いわゆる「教訓仕立ての聖書」の飾絵。これは1230年ごろフランスでつくられたもの。司祭は眠りこけている。異端が聴衆を集めている

一二一六年、ドミニコは、トゥールーズに聖堂参事会を設立した。以後、同参事会（修道会と俗に呼ばれる）は、シトー修道会、プレモントレ聖堂参事会が農村部に組織を展開したのに対して都市に

焦点を合わせ、大学における神学の振興、異端審問と民衆の啓発の仕事を担当する。彼らは、カトリック教会の正の負荷であり、負の転写ではない。

カタリ派異端

このドミニコ教団（こう呼称されるところに、フランチェスコ修道会との構造上のちがいが示されている）が主として対決した異端がカタリ派異端であった。

カタリは清浄を意味する。ワルドの回心とほぼ時期を同じくして、南フランスの都市を拠点とするいくつかの教派が形成され、やがて確固たる連帯の組織をつくっていった。北イタリア、中部イタリアにも、この教派が定着する。系譜を辿《たど》れば、東方バルカン半島のブルガリアの一教派に出ることが確認される。ドイツ、北フランスにも、散発的な形では、すでに十一世紀中葉に発生していた。

これには、明瞭に、東方マニ教の影響がみてとれる。善悪二元論に立ち、現世の生活は悪魔の支配下にあると観じ、俗世厭離《えんり》の志向が徹底的な個人的禁欲を導きだす。キリスト教会は悪魔の地上の祭壇であり、カトリックの秩序典礼は、したがって、はじめから忌避《きひ》の対象でしかない。この善悪二元論が、創造主たる父なる神の信仰をつきくずし、制度としてのカトリック教会の全的否定が、ワルド派をはじめ異端諸派からカタリ派を決定的にひきはなす。

カタリ派教会

ところが、そのカタリ派もまた、「教会」を作り、「聖職者」の階層制を設け、「秘蹟」を執り行ったのである。否定したのは「ローマ・カトリック教会」であって、「教会」という制度自体を原理的に否定したのではなかった。注目すべきことに、そのカタリ派の教会は、聖職者だけで構成される極度に閉鎖的な団体を作り、一般の信徒に対する指導を怠った。その点、フランチェスコ修道会が女子修道院をまとめるフランチェスコ第二修道会、一般の男女平信徒に向けて開かれた第三修道会を組織していったカトリック教会側の対応と対照的であった。

カタリ派異端の教団のこの閉鎖的な構造が、当時の南フランスの社会構造を反映するものであったかどうか。南フランスの領主層、都市民上層部が、カタリ派異端の中核をつくり、ローマ教会とフランス王権の攻勢の前に自滅してゆく。そのプロセスが、カタリ派異端の教団の構造から必然的に結果した事態のなりゆきといえるのかどうか。

カタリ派異端は、ローマ・カトリック教会の理念と制度の、いわば裏焼きであり、反面教師であった。聖職者の階層秩序を確立し、外延部に平信徒集団を組織してゆく仕事、制度としての教会の確立へ向かう過程にあって、カタリ派もふくめ、異端諸派は、彼らのもつ負のベクトル（力を帯びた方向性）を正のベクトルに転換することをカトリック教会に許したのであった。

第六章　十二世紀中世――感性と知性の景色

1　叙事と抒情

歴史としての叙事詩

歴史がみえてくる。そういう時代がある。十二世紀は、叙事詩という形で歴史のイメージを作った。

フランス語最古の叙事詩である『ロランの歌』の、現在知られている最古の写本は、オックスフォード大学所蔵のもので、これは十二世紀の第二四半期のものと推定される。その原本は、おそらく十一世紀末葉に成ったとみられる。全体で二九一節のアソナンス詩格の韻文詩で、最末行に「トゥロルドゥス記す」と署名がみられる。トゥロルドゥスは、おそらく聖職者であったろう（九一～九三ページを参照）。

「アソナンス詩格」はよく「半諧音詩格」と訳されるが、これは詩節ごとに、各行、最後の語の最後の母音が同音であることが要求されるだけのゆるい縛りの詩行で、各節ごとに詩行の数も一定していない。各節、その母音が変わっていく、その変わり様に規則性があるわけでもない。

『ロランの歌』の成立は、教会の典礼の体系が整えられてゆく過程と関係があったのではないか。二九一の節は、詩篇頌読《しょうどく》ふうに歌われたのではないか。歌のなかみは、カール大帝のスペイン遠征行の一エピソードであり、テーマは騎士の勇武と信仰である。ちょうどノルマンディーのバユーの司教が、教会堂内陣の飾りに、ノルマンディー侯のイングランド征服のことの次第を描かせたように、トゥロルドゥス某をふくむ聖職者のグループが、彼らの先代の残したラテン語の記録をあさり、民間の口承をふまえて詩文を作る。

ブリウード教会堂後陣　オーヴェルニュのロマネスク建築。ここからトゥールーズにいたる街道は主要な巡礼街道のひとつであった

スペインのサン・チアゴ・デ・コンポステラへの主要な巡礼路である南フランスのトゥールーズ街道に関係する一群の伝承が原型となっている、いいかえれば、この地方の一家系にまつわる伝説群にはぐくまれ、南フランスの修道院の古記録に、後世のわたしたちが、その史的現実の証左をところどころ発見することのできる一連の叙事詩、『ギヨームの歌』を筆頭とする「ガラン・ド・モングラヌ」の武勲詩」群。ギヨームは、カール大帝の

代のトゥールーズ伯ギヨーム・ドランジュに比定される。

あるいは、九世紀後半のノルマン侵寇の記憶を映す「ドオン・ド・マイヤンスの武勲詩」群。英仏海峡に沿う北西フランスのポンチューに、サン・リキエ修道院があった。この修道院の秋の祭礼に小屋掛けした「語部《かたりべ》」たちによって語り継がれた、裏切りと叛逆の騎士イザンバールの伝承が、この詩群の母胎となっている。サン・リキエ修道院を襲ったノルマンの禍の記憶が、この詩群の形成を支えた力である。

『ロランの歌』を筆頭として、カール大帝を歌う一群の叙事詩を「王の武勲詩」という。だいたいが、以上三群の呼称は、すでに十三世紀の北フランス詩人（トルヴェール）の名づけたものだが、これにフランス語の叙事詩はほぼまとめられる。そして、最近の意見では、その大方は、十二世紀前半に成立したとみられるのである。

文学と現実

成立したという、そのいいかたが問題になる。民族の記憶といった霧のごとき漠たるものからおのずから形をとったと説かれがちな「民族詩学説」は、もはや通用しない。伝承を詩文にまとめた特定の作者の存在、ラテン語で記録された教会や修道院の文書を参考にしたであろう可能性、特定の詩文が筆記されるとき、特定の人間グループの政策的意図がはたらいたであろう可能性、これは否定しがたい。

けっきょく、教会の復興、領主貴族身分の形成（第七章2「諸身分の胎動」を参照）、民衆の文化形成への参加、こういった現象のみられたこの時期に、この時期の生活を足場にして、伝承の世界にいまの世界のあかしを探し求める努力のあらわれなのであった。自覚なのであった。マルク・ブロックが、この言葉を使っている。

そして、この自覚の営為が、また一段と意識の覚醒を促し、社会生活のベクトルを強める。詩文は、生活のアスピレーションに根差し、生活をその方向へとはげます。

騎士のイメージ

『ロランの歌』の詩人は、英雄ロランに、その親友オリヴィエの死を、こう悼ませている。

騎士の勇武と女の愛　ゴットフリート・フォン・ストラスブルクの『トリスタンとイゾルデ』写本飾絵（13世紀）

オリヴィエ、よきなかまよ、おまえは、リュネール谷の地を領したルニエ侯の子息であった。槍を折り、楯をくだくことにかけて、おごれるものを打ちまかすことにかけて、正しい人々に助言と助力を与えることにかけて、どこをさがしても、おまえほどの騎士はいない。

十一世紀以降、ようやく世襲の家門の系譜が形成されはじめた。オリヴィエの素姓を紹介するロランの言は、この時代の誇らかな作法、ようやく定立した名乗りの作法をふまえている。あるいは、「助言と助力」という言葉づかいに注意しよう。これは、臣従誓約における要の用語なのである。

この悼辞の描く騎士のイメージは、端正で美しい。このイメージを現実が追い求め、現実とイメージの落差が歴史をつくってゆく。騎士に託された教会守護の義務、勇武と信仰の両翼を、はたして現実の領主貴族のだれしもが、身にそなえていたろうか。けれども、この時代、領主貴族は、好んでオリヴィエ、ロランの名を生まれた子につけた。ロランをイスラムの王に売り渡したその義父ガヌロンの名はすたれたのである。

抒情の発見

北フランスのポンチューのサン・リキエ修道院で「ゴルモンとイザンバールの歌」が歌われていたころ（同修道院の年代記の一〇八八年の項に、その証言がある）、北フランスのどこかで、トゥロルドゥス某が「ロランの歌」の文章化を試みていたころ、アキテーヌ侯領の首都ボルドーの城に、ヨーロッパの詩の歴史上、革命的な出来事が発生した。抒情詩の成立である。

フランス語の形成の過程で、南フランスは、北フランスと分離して、オック語圏をつくった。リムーザン、ペリゴール、アキテーヌ（ギュイエンヌ）、ガスコーニュ、そして地中海岸の一帯。ローヌ川中流以南。オーヴェルニュ山地といったところである。肯定辞を北フランスではオイル（あるいはオイ）というのに対して、南フランスではオック（あるいはオッ）という。

「母音のひびきゆたかに、重く深い語、彩り映える語を、想いをふかめてからみあわせる」。そう、詩人は歌っている。

このオック語圏に抒情詩が成立した。トルバドゥールの詩歌である。「トルバドゥール」は、おそらくラテン語からの派生語で、「歌づくり」を意味する。

一〇七一年に生まれ、一一二七年に死んだアキテーヌ侯ギヨーム九世が、最古のトルバドゥールとして名を残している。彼に帰せられる詩文は一一篇をかぞえる。ほんの断片を紹介しよう。

たとうれば、われらが恋は、
山樝子《さんざし》の枝にも似て、
木にうちふるえ、
夜雨にうたれ、霧にぬれて、
緑の葉、小枝の茂みに

朝霧のランゴン　アキテーヌの秋。ランゴンはボルドー近郊，ガロンヌ川沿いの町

　朝の陽光《ひ》のひろがるがまで。

これはオーブ歌（「後朝《きぬぎぬ》の歌」と訳そうか）である。ここには、まだ初心《うぶ》な感じだが、しかし、たしかな手応えのある、ある感性の構造がある。ヨーロッパにおける抒情の発見がある。

木蔭の館の歌会

スペインからピレネー山脈の南の峠を越えて、トゥールーズに出、ガロンヌの流れに沿って下り、ボルドーからドルドーニュの流れを渡って北に向かう旅行者は、アキテーヌのかぎりなくやさしい風土に深く印象づけられるにちがいない。この土地は、その名の由来のとおり、水の土地である。大気が甘く煙っている。そういう風土に根付いた詩形式であった。

　この感性の風土に、アラブ詩歌の影響がはいるとき、抒情が詩の形をとる。三絃のヴィオールを手に、イスラム詩人がピレネーの峠を北に越える。比較文学の領分での最近の探求は、この想像を十二分に保証するのである。

けれども、オック語抒情詩の成立を考えるばあい、さらにもうひとつ、これは見落とせない視点がある。これが、南フランスの領主貴族層の創造した文化形式であったという事実、これである。先にいささかひきあいに出したベルトラン・ド・ボルンをふくめ、ギヨーム九世にはじまり、六世代、ほぼ一二八〇年ごろまで、後世に知られたトルバドゥール四〇九人のほとんどが、じつに領主貴族身分に属していたのである。

「トルバドゥール四〇九人」という数字は、十三世紀のプロヴァンス伯シャルル・ダンジューが集めたと伝えられる「トルバドゥールの歌」の歌人の数であって、第五章の冒頭にご紹介したトルバドゥールの『伝記集成』は、一〇一人の歌人の二二五ほどの歌を集めている。

オック語抒情詩は、侯伯の宮廷サークルにおける社交遊戯の形式とわかちがたく結びついている。アキテーヌ侯のボルドーの居城、木蔭の館の大広間に、城主、騎士、高位の聖職者が集まる。彼らの催す歌会が詩歌の工房であった。創作された歌の流布を担当する専門家が「ジョングルール」である。歌芸人と訳そうか。「吟遊詩人」という訳語がむかしからあるが、どうもこれは、詩歌の制作者と弘布者とを混同するイメージを伝える。

愛の臣従

すでにギヨーム九世が、「御方」への誠実の愛を歌っている。貴婦人崇拝の作法の源流

愛の臣従　レイモン・ド・モンドラゴンの印章（12世紀）

が、ここに発するのである。クールトワジー、宮廷礼節の理念の体系の起点がここにみとめられる。この「御方」への「愛の臣従」の儀式を、ベルナール・ド・ヴァンタドゥールはこう歌う。

拳を組みあわせ、首を垂れ、
わたしはこの身をそなたにゆだねます。

「御方」は、指環を与えて愛をうけいれる。

これはほとんど臣従誓約の儀式の描述ではないか。封の授受の行為においても、指環は、封を仮託する具象物として使われる。いったいどちらが先なのか。じっさい、この点は、なんともいえない。かんたんに、一方が他方の模写だとかたづけてしまってすむ問題ではなかろう。ベルトラン・ド・ボルンのような野人が、臣従誓約の秩序のなかにとりこまれてゆく。その過程にあって、愛の臣従という社交の遊戯、歌の実践が、ベルトランの秩序への志向をはげます。

十二世紀のオック語圏の領主層は、臣従誓約にもとづく身分秩序の形成をめざした。愛の誓約もまた、現実の所作としても文学テーマとしても、この時代のダイナミズムのなかに組みこまれ、動きを先導する。愛の臣従という文学テーマが、現実の臣従儀礼の実修をはげますアスピレーションとしてはたらいた。

北仏の詩人たち

北フランスの宮廷生活は、南フランスのそれに較べて、まだ貧しかった。十二世紀中葉、アキテーヌ侯ギヨーム九世の孫娘アリエノールが、カペー王家のルイ六世の息子、同名のルイのもとに嫁入ったとき、アキテーヌの宮廷文化を北に伝える水路が敷かれた。

なお、ルイは、ボルドーへアリエノールを迎えに行った、その帰路、ポワチエで父王の死去の報に接した。それ以前、彼はルイ王と共同王の資格をとっていたので、その時点から彼はカペー家のフランス王ルイ七世である。アリエノールは王妃である。

アリエノール・ダキテーヌの宮廷サークルにトルバドゥールが集まる。詩の作法が、北フランスの武骨な領主たちの学ぶところとなる。やがて十二世紀末葉、「クーシーの城主」をはじめとする一群のオイル語抒情詩人「トルヴェール」が、愛のテーマを奏ではじめる。

アリエノールの娘で、シャンパーニュ伯妃マリーの宮廷やフランドルの諸侯の館に出入りしていたトロワ生まれのクレチャンという人がいた。ブルターニュの古伝承にもとづく一連の韻文詩が、彼の想像力から生まれた。アルテュール（アーサー）王と円卓の騎士の物語であり、これが騎士道物語のひとつのテーマを作る。「ブルターニュ物語」である。

そういうしだいで、クレチャンの『ランスロ』、彼と同世代のトマ某の『トリスタンとイズー』、アリエノールの義妹にあたるマリー・ド・フランスの『すいかずら』をはじめとする物語詩、騎士道物語の祖型となったこれらの作品は、トルバドゥールの詩歌の影響下に生まれたとみなければならない。

抒情波、東へ、南へ

同じころ、一一七〇年前後、ライン川流域に一群のミンネゼンガー、直訳すれば「恋を歌うものたち」が輩出した。彼らは、オック語抒情詩の作法に通じ、トルバドゥールの開発した女性崇拝の教義を、さらにいっそう洗練させてゆく。やがて、十三世紀中葉、彼らのあいだから、ドイツ語抒情詩の一等星、ヴァルター・フォン・デア・フォーゲルヴァイデが出るであろう。

オック語抒情詩の形成にアラブ詩歌の影響が考えられるとすれば、今度は流路が逆に、ピレネーを南に越えて、スペインのキリスト教圏に、オック語抒情詩の影響波が及ぶ。一二一〇年代以降、十三世紀中葉に、北スペインのガリシア方言の宮廷抒情詩が成立する。カスチラ王アルフォンス十世（在位一二五二〜八四）は詩人王である。

北イタリアのばあい、事態は錯綜している。プロヴァンスからロンバルディアにかけて、当時オック語は、ヨーロッパ随一の国際語であった。ロンバルディアのトルバドゥールの系譜が、フリードリヒ二世の宮廷文化圏にはいり、おもむろにイタリア語抒情詩が成立してくる。やがて十三世紀末葉、フィレンツェの人ギド・カヴァルカンティとダンテ・アリギエリの名に結びつく「清新詩体」詩派の形成をみる。

ダンテの『新生』は、理想の女性ベアトリーチェへの愛を歌って、トルバドゥール中のトルバドゥール、ブラーイアの領主ジョフレ・リュデルの開発した「遠い恋」、いまだみぬトリポリの伯妃への恋をたしかめる。ダンテは、トルバドゥールの詩歌がためらいがちに模索した愛の情感の表現の可能性を、その最大値においてひきだしたといえるであろう。

なお、「ブラーイア」は、トルバドゥールの『伝記集成』（第五章「ヨーロッパの成立」冒頭を参照）に出る地名の読みであり、ガロンヌ川とドルドーニュ川が合流して作るジロンド入江の北岸に位置した。いまは「ブレ」と呼ばれている。

2　哲学の発見

魔法使いの法王

次の挿画をごらんねがいたい。修道院の建物を背景に、その図書室の光景である。右が修道士、左が俗人の書写生。この挿画の描かれたのは、紀元一〇〇〇年をすこしすぎたころ。ヨーロッパの知的交流が、ようやく盛んになろうとするころである。

フランスのオーヴェルニュ山地にオーリヤックというところがある。そこの修道院で育てられ、読み書きを仕込まれたジェルベール・ドーリャック。たとえば彼をこの挿画の修道士

書写　ハインリヒ３世の聖書抜萃本写本飾絵

とみるとしても、イメージはさほど狂わない。もっとも、この挿画はロートリンゲンのエヒテルナッハ修道院関係のものだが、ジェルベールが修道院を「脱走」して走ったのは、ピレネーのかなた、トレドであったと伝説は伝える。

たしかなところ、ジェルベールは、ピレネー南麓のバルセロナ伯の知己を得て、バルセロナの北にヴィクというところがあった、そこの修道院に滞在したという。伝説の彼は、トレドで魔法を学び、師の枕の下から、師の娘の協力を得て、「すべてのアルス（知識）の記されている書物」をぬすみとり、そのまま一目散に逃げだして、悪魔の助けでビスケー湾をひとっとび。

なにしろ伝説はそういう調子なのだが、たしかなところ、彼は、その後ローマにしばらく滞在したのち、北フランスのランスにあらわれ、ランス大司教アダルベロに学び、その下で講義した。やがて、ランス大司教座につくが、カペー王家と旧西フランク王族との紛争にまきこまれたあげく、ランスを去り、彼の生徒であったドイツ国王オットー三世の庇護《ひご》の下に、イタリアのラヴェンナ大司教位を得、その翌年、ローマ法王に選任された。シルウェステル二世である。一〇〇三年、世を去った。

散在する知の拠点

ジェルベールはひとつの典型である。

ロワール中流のトゥール、ロートリンゲンのアーヘン、そしてリモージュ、ケルンをふくむ一帯に成立したカロリング・ルネサンスは、ノルマンの禍をまともにうけ、その展開の可能性をつぶされた。学者の系譜は切れ、修道院の写本と図書収集の機能が麻痺した。焼かれ、掠奪されて、写本は散逸した。ほとんどは永遠に失われた。

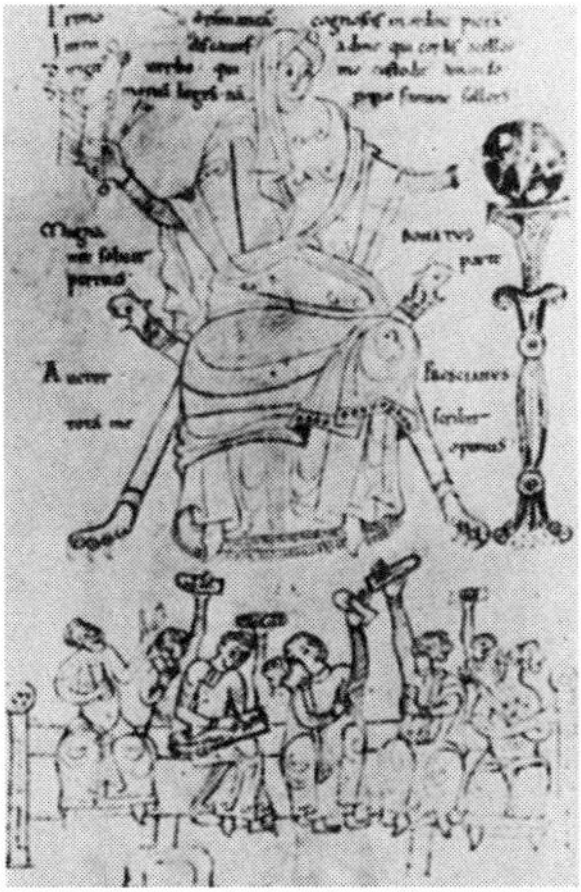

「文法」先生　1100年ごろフランスでつくられたマルティアヌス・カペラの文法書写本の飾絵。下の一団は生徒たち。左右端の手をこまねいているふたりは懲罰にあっているのだという

十世紀後半、潮のひいたあとに残るデブリにも似て、各地に学問の燠《おき》がかすかに息づいていた。上掲の絵は、現在はルクセンブルク公国に属するエヒテルナッハ修道院系の飾絵画家の手になるものである。エヒテルナッハには、フリースラント布教の根拠地として聖ウィリブロードの創建した修道院があった。オットー朝ドイツ王

国の成立以来、このエヒテルナッハの諸修道院は、ドイツ王権の支持基盤のひとつとなり、オットー朝による学芸復興の拠点ともなった。

たとえば、このエヒテルナッハがそのひとつである。あるいは、ケルンでは、オットー一世の弟、大司教ブルーノが、学芸の燠をかきたてようとつとめていた。あるいは、のちのスイスのザンクト・ガレン。アイルランド人修道士コルンバヌスの布教に生まれたこの修道院は、ノルマンの禍の嵐に吹きよせられた知識のたまり場として、この時代にぬきんでている。この時代のラテン文学に特筆される西ゴート王国伝説を語る叙事詩『ワルテリウス』は、ここの修道士の手になるものであった。

放浪の学僧

ひとつひとつあげていけば、それこそきりがない。きりがないとはいうものの、全体として数は限られている。点在する知の拠点を知識に飢えたものがたずね歩く。ジェルベールは、その範例である。

修道士は定住を求められていた。ベネディクト戒律も、「ジロヴァグスと呼ばれ、様々な土地をわたり歩く生活を送り、ここに三日、かしこに四日と、各地の僧院に宿をとり、つねにさ迷い歩いて定住せず、おのが欲望と美食の誘惑に仕えるものたち」を咎《とが》めだてている。けれども、ジェルベールを頭目とする「ジロヴァグス」、脱走した修道士たち、放浪の学僧は、美食に飢えた連中ではなかった。知識欲が、彼らの放浪の動機であった。

「物の移動が不自由なときは、人が物に向かって動く」。マルク・ブロックの言葉である。知識もまた物である。散立する修道院の図書室に、古人の知の記述が息づいているときくと き、ピレネーの南に知の教師たちが群棲すると知ったとき、ジェルベールのともがらは旅をおそれなかった。

十一世紀のラウル・グラベルもまた、そのひとりであった。ブルゴーニュ生まれの彼は、クリューニー修道院、ついでオーセールのサン・ジェルマン修道院と転々とした。彼にいわせれば、その学識ゆえに、無知な修道士どもにのけものにされてのことだという。おかげで、彼の『年代記』は、十一世紀前半の北フランスの世情をよく伝える恰好《かっこう》の材料となっている。

知を求めるものが、無知に迫害されて、放浪を余儀なくされる。民衆は、シルウェステル二世を、魔法使いの法王とうわさした。知識は畏怖《いふ》の対象であり、悪魔の影が、ジェルベールにもグラベルにもつきしたがっている。

数世代おいて、ブルターニュのル・パレの小領主の長子ピエール・アベラールが、家門のほまれを弟にゆずって、学問を志したとき、彼もまた、旅に出たのであった。だが、このころ、十一世紀も末葉になれば、ようやく知識人の集住が進む。学問の土地のイメージが、一般のものになりはじめる。学派が形成されつつある。ジロヴァグスは、ようやく定住を知る。アベラールにはめざすところがあった。パリである。

パリの学校

とはいっても、パリに、組織としての高等教育機関があったわけではない。アベラールがひとつ前の世代の人ならば、パリを狙わず、ノルマンディーのベック（ベック・エルーワン）修道院に、あるいはシャルトル聖堂の附属学校やその影響下にあったロワール中流の教会や修道院の図書室に足をとめたことであろう。事実、彼は、こういった「学問の土地」、「弁証法の研究が盛んだといわれるところを、議論しながら遍歴して歩き、とうとうパリについた」のであった。

ベックには、アベラールがパリについたころ、カンタベリー大司教に選任された聖アンセルムスが、「信仰を理解すること、少なくとも信仰の必然性を理解すること」、信と知の合一を説いて、学問の店を張っていたからである。十一世紀前半のシャルトル司教フルベールにはじまる「人文の学とプラトン哲学」の学派が、文法、修辞学の分野に、名の通ったマギステル（教師）を集めていたからである。

アベラールがなぜパリをめざしたかといえば、そこにギヨーム・ド・シャンポーという弁証法の分野で名を売ったマギステルがいたからであった。ノートルダム聖堂の参事会員であった彼は、ノートルダム聖堂附属学校で教え、やがてセーヌ左岸のサン・ヴィクトール修道院に修道参事会を作って、教育活動に組織的方向性を与えた。この傘下に、多くの学校とマギステルが輩出したが、とりわけ注目されるのが、サント・ジュヌヴィエーヴ修道院の学校であり、アベラールその人であった。

アベラール

アベラールは、ギヨーム・ド・シャンポーにしつこく迫害されたかのように、その自伝『わが災禍の歴史』に語っているが、それはたぶんに虚構の匂いがする。その文章がフィクションだというのではない。彼の覚書の挑戦的な筆致は、当時の知的風土を正しく映している。日ごろのつきあいにあって、師弟間にも同僚のあいだにも、一種のゲームのムードがあったのではなかろうか。

この知的論争の風土、これは、ヨーロッパの文化のオプティムム（最上のもの）として、現在にまでうけつがれてきている。

アベラール　『ばら物語』写本飾絵

アベラールは、ギヨームとの競争を通じて、ギヨームによって開拓されたセーヌ左岸「カルチエラタン（ラテン語の街区）」の第一級のマギステルとして、しだいに頭角をあらわした。シテ島のノートルダム聖堂の学校でも講義した。

アベラールよりも一世代おくれて、一一三五年、パリにあらわれたイギリス人ジョン・オブ・ソールズベリ、弱冠十四歳のこの少年には、もはやベックもシャルトルも過去の土地であった。この時代、十二世紀前半、学問の土地は、弁証法と神学のパリであり、ローマ法学のボローニャであった。

ボローニャの学校

すでに九世紀前半、カロリング・ルネサンスが、教会法（カノン法）と市民法（ローマ法）学習の基礎をボローニャにおいていた。十一世紀以降、北イタリア都市群が、商業営為の幅を押しひろげてゆく。取引の手紙や契約証書の作成に関する実務的教養がひろく要求されることになる。この、ひろくいえば修辞学の分野での実践教育が分母を作って、法実務家による法学の専門教育が成立する。

十二世紀初頭、トスカナ女伯マティルダの法務官であったボローニャ市民イルネリウスが「ユスティニアヌス法典」を講義したとき、ボローニャ法学の名声が確定した。他方、ボローニャのカマルドリ修道会修道士グラティアヌスが、一一四〇年ごろ、『教会法令集』を編んだとき、教会法教育は、その教科書をもつことになったのである。

イスラムの財産

こうして、ジロヴァグスは、ようやく定住の地をみいだしつつあったが、しかし、彼らは、じつのところ、なおも放浪を止めない。内陸ヨーロッパの各地がたがいに辺境であった

トレド展望　タホ川の流れが彎曲して町をかこむ。左に聖堂，右に城砦がみえる

時代は終わり、両シチリア王国が、地中海の東ローマ、イスラム文化圏のただなかにくさびを打ちこむ。レコンキスタがスペインの北部を侵蝕し、一〇八五年、キリスト教徒の手にもどったトレドが、スペインのイスラム学芸の受け入れ口となる。

第一回十字軍がシリア、パレスチナ方面への道をつける。北イタリア諸都市、シチリアのパレルモ、スペインのトレドが、異文明との接触の接点となる。

この異文明、イスラム文化は、すでに東ローマ文明を介して、古代ギリシア、ローマの学芸を豊饒《ほうじょう》に摂取していた。いま、ヨーロッパ世界は、アラビア語文献を通じて、地中海古代文明の遺産を受け継ぐのである。ジェルベールのように、ピレネーの峠を越えて、カリンティアのヘルマンがトレドにおもむく。クリューニー修道院院長尊者ピエールがカタロニアにあらわれる。尊者ピエールの後援をうけて、ヘルマンが、そのなかまと、イスラムの教典『コラーン』のラテン語訳を完成する。一一四三年のことである。

イングランド南部に生まれ、シャルトル学派から学問の洗礼をうけたバスのアデラードが、シリア、パレスチナにまで旅行し、ユークリッドの『幾何学原論』をアラビア語訳からラテン語に訳す。アラビアの実証的学問の骨組みを、『自然の諸問題』を書いて紹介する。彼が故郷のバスにもどったのは、一一二六年ごろのことであった。

ヴェネツィア在住のジャコモは、アリストテレスの論理学諸書のラテン語訳を世に出す。彼が一一三六年にコンスタンティノープルにいたことはたしかである。

以上はほんの数例にすぎない。これら十二世紀前半の先駆者たちの業績をふまえて、世紀後半、ロンバルディア出身のクレモナのゲラルドが、プトレマイオスの『アルマゲスト』をアラビア語訳からラテン語に訳したのをはじめ、アリストテレス、ガレノス、アヴィセンナなど、多彩な顔ぶれのギリシア、アラビア文献のラテン語訳の事業を行った。『アルマゲスト』の翻訳は一一七五年に完成し、ゲラルドがトレドで没したのは一一八七年、享年七十三歳であった。

『しかりといな』

アベラール以前は、プラトンといい、アリストテレスといっても、それは、後期ラテンの著述家たち（ボエティウスとかカッシオドルース）、あるいは聖アウグスティヌスを介しての間接的紹介であり、原著はほんの断片しか読めなかった。アベラールの鋭い知性は、断片の知識から、アリストテレスの存在論の大枠をよく理解しえた。

けれども、アベラールの思考は、まず、彼以前の著述家たちの意見の異同を検討するという作業に莫大なエネルギーをさかれたのである。この作業を通じて、彼は文献批判の方法論を立て、さらに、窮極的には自分自身の理性による判断が求められるとする立場に到達した。『しかりといな』という書物がそれである。いってみれば、アリストテレス原典の不足が、むしろアベラールをして自律的思考を展開せしめたのである。彼は、アリストテレスの祖述者に堕すことがなかった。

アベラール以後、ヨーロッパの哲学者、神学者は、アベラールの自律的思考の方法論を武器として、ようやくまとまった形をとりはじめたアリストテレス原典に理解の基本の枠組みを借りて、自然の哲学、存在の哲学（神学）を展開するにいたる。スコラ学である。

だから、アラビア学術のインパクトが、ヨーロッパの知性の覚醒を促したといういいかたは、気取りがすぎて危険である。ヨーロッパの知性は、冬から春への生命の脈動のうちに、詩と哲学を生みだした。詩と哲学を欠く文明は存立しえない。そして、詩と哲学は、文明の核心に生まれ、核心に位置する。アラビアの学芸の役割は、ヨーロッパの詩と哲学の発見を助けたところにあった。

3　ロマネスク——ヨーロッパの美的感性

教会の白い衣

古びた木造の教会堂のまわりに、男が三人立ちあらわれ、手にする紐を直角三角形の形に張って、杭を打つ。その一角を基点にとって、さらに三角形をつなげる。太陽の方向をたしかめるかのように空を仰ぎ、川の流れとか、森の縁の線とか、隣接する建物とか、あたりを眺めわたして、大地に描く平面プランの形を考え考え、男たちは位置を変える。

新しい教会堂を建てようというのである。やがて板小屋が建てられ、石材が運ばれてきて、石工たちの石を刻む音が終日こだまするようになるだろう。屋根に組む太材に刻み目をいれる大工の手斧が、陽光をうけてきらめくであろう。古い教会堂が石の壁にかくれ、司祭のミサ典文の朗唱、修道士たちの聖歌の斉唱が、石の壁に吸いこまれて、くぐもってきこえるようになるであろう。

二年たってか、三年後か、いつの日にかは新しい教会堂の外壁、回廊の部分、それに附属する礼拝堂の部分が、陽光の下に白い肌をあらわし、最後に残った古い木造の教会堂も、ついにとりこわされて、全体をおおう屋根がかけられて、教会堂の中心部、内陣が、再生の教会堂に典礼の場を与えることになるであろう。その日を想像のうちに想い描きながら、いま、春先の冷気のなかに、足をふみしめて、男が三人、綱を張る。

エヴァ　ブルゴーニュのオータン聖堂入口の上部楣石浮彫り。葉脈の様式美もみごとな植物文様と写実的な女体。これもまたロマネスクである

> 全世界は、こぞって古いぼろをぬぎすてて、教会の白い衣を身につけた。

前述の修道士ラウル・グラベルの証言である。レトリックではなかった。じっさい、彼の生きた十一世紀前半のブルゴーニュから北フランスの教会堂は、続々と建て直される気運にあった。だいたい一〇七〇年ごろ、この動きが最高潮に達したとみられる。紀元一〇〇〇年をすぎて、そのころまでに建てられた教会堂を、第一期ロマネスク様式の教会堂と呼んでいる。

おそらくはロンバルディアにはじまり、地中海岸のオック語圏を西に、スペインのカタロニアにまで、さらにローヌ渓谷を北上してブルゴーニュからロワー

ミュルバッハのサン・レジエル修道院教会堂後陣

スリジ・ラ・フォレ修道院教会堂内陣　ノルマンディー。数少ない初期ロマネスクの遺構のひとつである

ル川中流域、「フランス」(二二八ページを参照)、ノルマンディー、そしてライン流域からネーデルラントにまで、ある共通の傾向を帯びた構造の教会堂が群立した。北の方の作例は、そのほとんどがいまはみられないが、それでも、たとえば、ノルマンディーのスリジ・ラ・フォレの教会堂が、簡素な美の形をそのままに残している。

花開くロマネスク

十一世紀末以降、とくに十二世紀前半が、ロマネスクの最盛期であった。各地方に、各地それぞれの特性をゆたかにとりこんだロマネスクの造形が展開した。

アルザス、ロレーヌ、つまり、この時代、ドイツの心臓部であったロートリンゲンとライン中流域には、カロリング時代の様式を基礎に、オットー朝ロマネスク様式とでもいうべきものが普及した。東西二棟の身廊構成をとるのが特徴で、これは、ドイツ語のまま「ウェストウェルク」式と呼ばれている。

代表的作例であるシュパイヤー本寺は、すでに十一世紀のうちに、交叉穹窿《きゆうりゆう》をいただいていたとおもわれる。対照的に、アルザスのミュルバッハ（現在フランス領のゲウィレールという町の郊外）修道院教会堂の後陣の平屋根は、それはそれで美しい。ミュルバッハは、このドイツ・ロマネスクの美的感性の結晶であった。

分厚い壁の上に、窓に沿う回廊を設ける工夫、正面の双塔のみせるハーモニー。ノルマンディーのカーンのふたつの修道院附属聖堂、ラ・トリニテとサン・テティエンヌに代表されるアングロ・ノルマン様式である。ウィンチェスター、リンカーン、カンタベリー、いまは後代のゴシックの陰にかくれたロマネスク教会堂が、一〇七〇年代、いっせいに着工された。のち、ゴシック教会堂に多用される正面の双塔は、これはまさしくノルマンディーの建築家の創作なのである。

ロワール河畔。ここにくると、ほとんどすべてのロマネスク教会堂が、交叉穹窿構造をとっている。身廊の屋根が木組みか、石の穹窿かは、ロマネスクにあっては、さほど重要な問題ではない。一般に南は穹窿をかぶり、北は、内陸部ヨーロッパが森林におおわれていたことをここに想起しよう、木材を組む。しかし、すでに第一期の北の作例にしてからが混成を示している。

尖頭交叉穹窿

じつのところ、ゴシックの最大特徴といわれつづけてきた尖頭交叉穹窿さえも、ロマネスクの建築家の工夫のひとつであった。話がすこしもどるが、これまた、アングロ・ノルマンの建築家の創案であったとみられる。十一世紀の九〇年代に屋根を架せられたイギリスのダラム本寺は、直径二メートルにも及ぶ大石柱、分厚い壁をもつ典型的なロマネスク教会堂の作例だが、その内陣は、尖頭交叉穹窿におおわれている。

尖頭交叉穹窿とは、それまでに開発されていた交叉穹窿の穹窿が、尖頭迫持《せりもち》（オジーヴ）と呼ばれる交叉点の尖った交叉穹窿によって隠されたというか、補強されたものにほかならない。そうすることによって、穹窿の斜め下方に逃げる重量を垂直の方向に矯《た》めることができると考えたのであろう。ゴシックがやがてこれを多用し、穹窿から柱に流れる視覚的な線を強調する。こうして、あたかも穹窿の重量が柱に沿って流れるかの錯覚をつくり出し、壁を軽やかなものにみせかける。つまり、窓を広くとり、外光を絵ガラス越しに堂内に導きいれて、超自然の光の空間の創作をはかるであろう。

南フランスのロマネスク

ロワールからさらに南に下ってアキテーヌ。ここにもまた、この地方独特の造作が展開された。長大な一身廊式の建物が、これはまたなんとビザンティン風の円天井をいただいている。ペリグーのサン・フロン教会堂の古い平面プランは、長十字形の交叉部分と四本の腕に、合計五個の円屋根をかける工夫を示している。

他方、また、これはポワトゥーに多くみられるが、等高の三身廊式の教会堂も普及した。これはドイツ語で「ハーレンキルヒエ」と呼ばれるが、この三廊式にせよ、長大な一廊式にせよ、ノルマンディーの教会堂との対比において、この地方の特性を示すのは、教会堂の正面が塔をもたず、ほとんど飾りのない一面の壁になっていることである。

オーヴェルニュ。ここにはたしかにひとつの流派があった。オーヴェルニュの建築家たちは、身廊に半円筒状の穹窿を架し、後陣の回廊の外側に、これは必ず奇数個の礼拝堂を添えた。もうひとつ特徴的なのは、身廊と袖廊の交合点に、長方形の一層をのせて、鐘塔の安定をはかったことである。クレルモン・フェランの南、イソワールのサン・オーストゥルモワーヌ教会堂を代表的な作例として紹介しよう。

ヴェズレー教会堂側廊　幅広い重厚な側廊である。想像のうちに巡礼者の群れをみる

ラングドックとプロヴァンス。ここでは、第一期ロマネスク以後、十

三世紀にいたるまで、様々な要素をはらむ教会堂が、絶え間なく再生産されてゆく。古代風の感覚が造形されているのも、かつての南ガリアという土地柄のせいというべきか。古代風切妻壁をもつローマ門が、教会堂にもうでる人々を迎えるのである。

巡礼寺院

ロマネスク教会堂の記念碑、クリュニーとヴェズレーをみる前に、もうひとつ、これは巡礼寺院と呼ばれる一群の教会堂に注目しなければならない。トゥールのサン・マルタン、ランスのサン・レミ、リモージュのサン・マルシアル、コンクのサント・フォア、トゥールーズのサン・セルナン、そして、スペインのガリシアのサン・チアゴ・デ・コンポステラ。いまはもうほとんどみるすべもないこれらのロマネスク聖堂は、内陣はこぢんまりと、木組みの天井や半円筒穹窿をいただく身廊は長大に作り、袖廊は肥大して、巡礼者を収容する側廊を抱く。コンクのそれは十一世紀もかなり早い時期のものと推定され、サン・セルナン寺は、これははっきりしている、その内陣が献堂されたのが一〇九六年である。

けっきょく、巡礼寺院の建立が、ロマネスク教会堂のかくも盛んな抬頭のわけを語っている。石材は、大部分、近在の石切場から運ばれた。石材を運ぶ運搬技術の普及、重い材質の素材を扱うに耐える肉体の力が備わってきたこと（そら豆栽培の普及がこのことと関係があると主張する向きもあるのだ）、教会堂建立という長期的プロジェクトを保証する地方的権力の成長、およそこういった物質的環境の充実は、これはたしかに必要条件ではあったろ

同修道院の身廊想像復元図（コナント教授による）

12世紀のクリューニー修道院の唯一の遺構，西側の主袖廊の南側の塔（1971年筆者撮影）

う。けれども、キリスト教信仰の情動が十一世紀の民衆をとらえたという事情があってこその、これは社会運動であったのだ。

クリューニー第三期聖堂

一〇八九年、クリューニー修道院長ユーグは、附属教会堂の建て直しを指令した。内陣は一〇九五年に献堂された。身廊の建設も、一一〇九年のユーグ死去の年までにかなり進行していたが、完成までにはなお数年を要した。しかも、プランはさらにふくれあがって、トラヴェ（柱と柱のあいだ）六個分の前部身廊を継ぎ足すことになり、けっきょく、全体の献堂は一一三二年にまでずれこんだのであった。クリューニー第三期聖堂である。

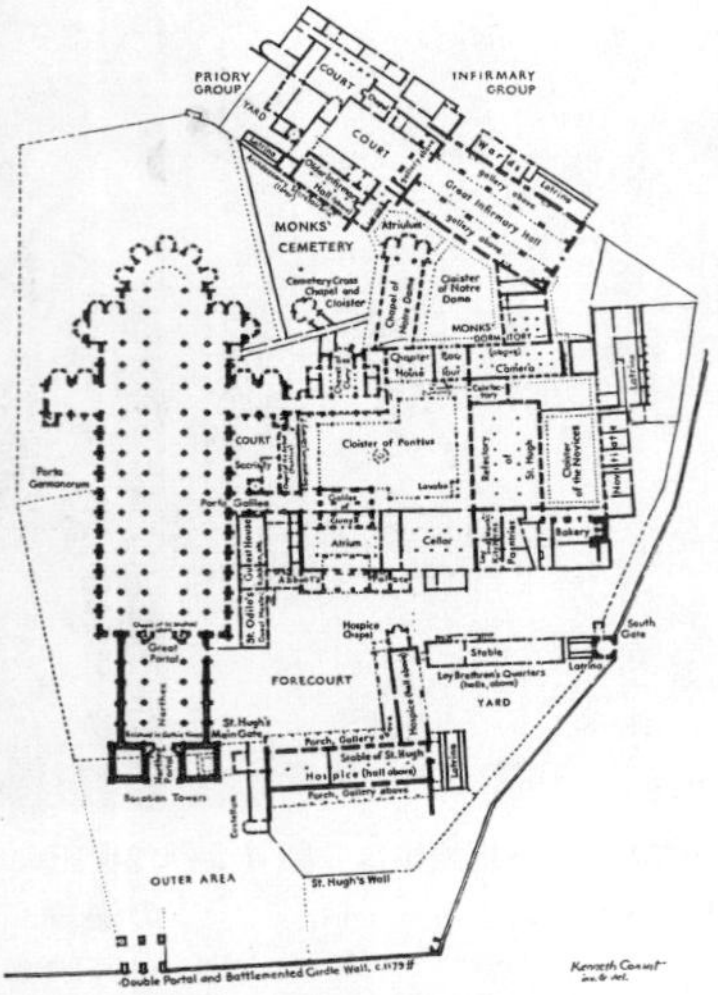

クリューニー修道院の平面プラン。左端に第三期聖堂のプラン（コナント教授による）

完成された第三期聖堂は、その後、大部分が失われたが、最近、イギリス人学者コナントが、その全容をあきらかにした。柱間一一の主身廊と前部副身廊。主身廊は二重に側廊を抱いている。内陣を左右に開く袖廊が、東西前後二段に構成され、教会堂は全体としてキ十字の形をとる。半円状にふくらみをもたせた教会堂最奥部の後陣（身廊と袖廊の交差部から奥に「聖歌隊席」が設けられるようになってから、交差部を「内陣」と呼び、この最奥部のスペースを「後陣」と呼ぶようになる）に五個の礼拝堂が張りだす。礼拝堂は二重の袖廊の東面および西側袖廊の南北端にも、全部で十個設けられた。教会堂の全長は二〇〇メートルに及び、身廊をおおう筒状穹窿の高さは三〇メートル。壁の最高部に、柱間に三個ずつの窓が開き、陽光を堂内にゆたかに導きいれる。

サン・ドニ修道院

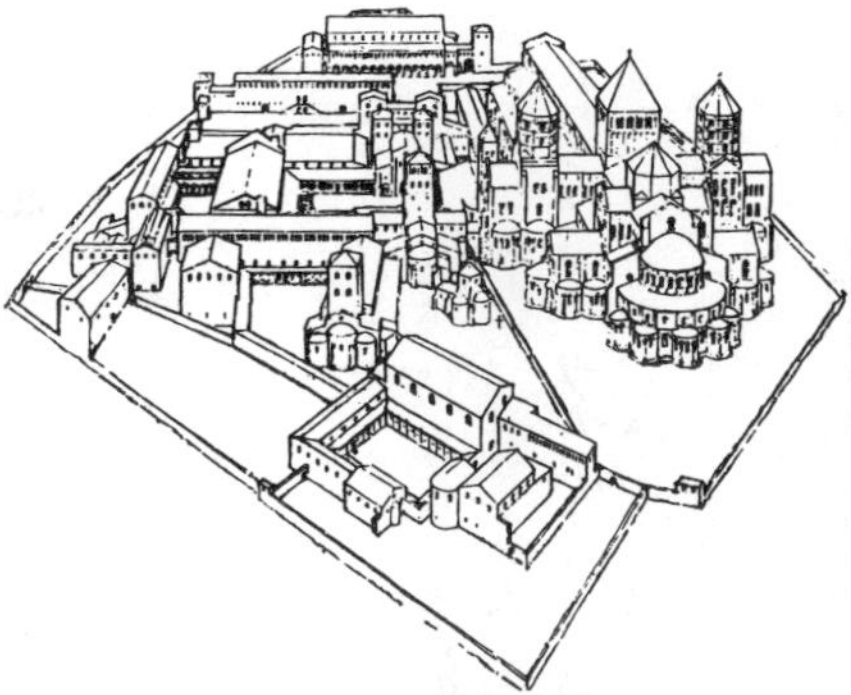

クリューニー修道院の想像立体復元図（コナント教授による）

クリューニー第三期聖堂が献堂されて間もなく、一一三五年、パリの北のサン・ドニ修道院長シュジェールは、修道院附属教会堂の西正面（ファサード）と、それにつながる身廊の柱間二個分をとりこわして建て直すことを指令した。これは、アングロ・ノルマン様式に範型を求めている。ついで、後陣の礼拝堂部分を建て直し、七個の放射状礼拝室を作って、窓に絵ガラスをはめこんだ。ゴシックにおける絵ガラスの最初の作例である。この放射状礼拝室のアイデアは、これはクリューニーに範型を求めたとみることができる。

サン・ドニ修道院のこの実験的事業のあと、サン・ドニ周辺の主だった教会堂は、またたくまに建て替えられた。やがてアベラールの妻になるエロイーズが、その叔父のパリのノートルダム聖堂参事会員フュルベールの家に住んで、日ごろ親しんでいたノートルダム教会堂も、エロイーズ死去の前後に建て替えられた。これが現在も残るゴシック様式のノートルダム聖堂である。

より大きく、より明るい教会堂をというのがシュジェールのねらいであった。サンス大司教座聖堂をはじめ、ノワイヨン、サンリス、ラーンの司教座聖堂が、この方針に沿って、より大きく、より明るく、十二世紀後半のうちに建て直された。十三世紀にはいれば、ランス大司教座聖堂をはじめ、シャルトル、アミアンの司教座聖堂が完工する。サン・ドニとパリを中心にゴシック様式が放射状にひろがる。

ロマネスクとゴシック

ゴシック教会堂は「フランス人の仕事」と呼ばれた。ドイツ人やイタリア人、あるいはイギリス人に対して「フランス人」といっているのではない。このばあいの「フランス」は、ノルマンディー、ブルゴーニュ、あるいはオーヴェルニュといった「地域」の呼称としての「フランス」であって、セーヌ川中流のパリを主邑とするカペー王家の支配地をいう。どの「地域」でもそうであるように、アメーバーのように伸び縮みする、地政学的な地域概念である。

アメリカ人の美術史家エルウィン・パノフスキーは、「一一三〇年ないし四〇年ごろから一二七〇年ごろまで、パリ周辺一〇〇マイル圏に、ある種の精神の『くせをつける力』がはたらいた。ピエール・アベラールにはじまる学問方法論と相呼応して、ゴシック建築の技法がそれを示している」と述べたが、ここにいう「パリ周辺一〇〇マイル圏」は、なにも物差しで測ってきちんと半径五〇マイル、キロメートルに直して八〇キロメートルの円を描いてという意味ではない。パリ東南一〇〇キロメートルでサンス、西南八〇キロメートルでシャルトル、北北東に九〇キロメートルでノワイヨンである。そのあたりまでである。ランスやラーンまでは一二〇キロメートルあって離れすぎている。アミアンは一一〇キロメートルだから、いくらか近い。サンリスは四〇キロメートルだから、「フランス」の心臓部だ。その程度の物の言い様である。

ゴシック様式は「フランス」のロマネスクである。「フランス」の教会堂建築の施主と建築家が、前代までに開発された建築の思想と技術のなかから選びとった建築のシステムであった。穹窿技法の洗練と身廊柱の強大化、パリの建築家たちが創案した飛梁（壁の外側からの支柱）の工夫とが、十三世紀の精神のねがう、より高く、より明るい内部空間の造作を許すであろう。壁を窓にかえ、絵ガラスをはめこんで、堂内に色と光の空間を演出するであろう。

ゴシックの頽廃

けれども、この意識的営為は、パノフスキーのいうように、十三世紀の後半、いちはやく頽廃《たいはい》する。巨大な屋根の重量を斜め下方に逃がすかの視覚的効果をみせた飛梁が、大地に足をつかず、途中で宙に浮く（ボーヴェ聖堂のばあい）とき、屋根の重量を支えるのは、やはり壁であったことが知れる。十三世紀なかごろに作られた、カペー王家のパリの王宮の礼拝堂、サント・シャペルは、頑丈な壁構造の下部室の上にのせられた絵ガラス箱の観がある。均斉のとれたロマネスクの教会堂空間は、どこにいってしまったのであろうか。

4　装飾的なるもの

王の扉口

ゴシックの代表的作例のひとつ、シャルトル聖堂。その正面入口は、一一四〇年代から五〇年代にかけて建てられたもので、これはもともと、シャルトル司教フルベールの代（一一一〇年代から二〇年代）の教会堂に建て加えられたものであった。この古い教会堂が、一一九四年、正面部分をのぞいて焼失したのち、十三世紀にはいって建て直されたのが、現在みられる聖堂である。この古い正面部分は、したがって、サン・ドニ修道院教会堂の建て直された正面部分と、製作時期がだいたい重なっている。

サン・ドニとシャルトルの正面入口、およびこれに類する諸例は、「王の扉口」と呼ばれる。シュジェールが、サン・ドニのそれに、旧約の預言者や諸王の彫像を彫らせたことに出る命名である。

ところで、サン・ドニの「王の扉口」彫刻群は、不幸にも十九世紀に「修復」されてしまって、原型がかなりくずされている。けれども、たとえば側柱の立像については、十八世紀の人の描いたデッサンが残っている。これと、他方、シャルトルの「王の扉口」中央左側の立像群とを較べて、アンリ・フォシヨンは述べている、「いずれにせよ、私たちは、ひとつの発展の始まりに立ち合うのではなく、ひとつの芸術の終着点にいるのである」、と。

ロマネスク彫刻の展開の帰結が、ここにみてとれる。サン・ドニの方は形体が動いている。石の素材が軽業を演じ、踊り、泳いでいる。シャルトルの方は動いていない。まさしく、その不動性においてロマネスクを越える。しかし、人体のプロポーション、腕の形のつくりだす共通のリズム、こういった諸点において、シャルトルの王の群像は、アキテーヌやブルゴーニュのロマネスク工房の伝統を継ぐものである。そして、全体の調性は石の眠りであって、素材から外に出ようとする形体ではなく、素材のなかに回帰しようとする形体である。

ロマネスク彫刻

シャルトルからサン・ドニへ線をひき、それを延長する地点に、ロマネスク・デコラティフの芸術が位置する。この旺盛に繁茂する装飾彫刻群の全容は、いったいどうすればわたし

サン・ドニ「王の扉口」立像

シャルトル西正面入口立像

たちの識知にはいるのであろうか。アンリ・フォションは、その著『ロマネスク彫刻』の序言に、こう記述している（辻佐保子氏訳）。

ロマネスク彫刻が私たちに告げるもろもろの夢は、空間の上でも歴史の流れのなかでも、いっそう奥深いところに沈んでおり、全く別の人類から発せられた信号のようにすら感じられる。

そしてまた、

モワサック修道院回廊　トゥールーズ・ボルドー街道沿いのクリューニー系修道院。ロマネスク様式の柱頭浮彫りがすばらしい

物語る柱頭

しばしば、村の小さな広場で、時の経るにまかせた教会の玄関口や正面（ファサード）の陰にたたずむ時、自由自在な組合せを示す装飾モティーフ、人体が同時に動物でも植物でもあるような、組紐文でも、雷文でもあるような浮彫は、私にとって理性のみでは手におえないもののように思われた。これらの浮彫のなかに、私はまず最初、不思議な妖精物語を見るように感じた。

けれども、たとえばオータンのサン・ラザール聖堂の正面入口半円形壁面（タンパン）や堂内の柱頭の梯形《ていけい》のスペースに浮彫りを刻んだのは妖精ではなかった。別の人類ではなかった。ギスルベルトゥスと署名を残した、アベラールと同世代の彫刻家である。オータンの聖堂は、一一二〇年から三二年にかけて建立された。ロマネスク彫刻は、建築と同様、その時代の人間の意識的営為だったのである。してみれば、彼らの造形の論理を、どうして解析し、認知することができなかろう。

ロマネスク教会堂正面の半円形壁面の構図、柱頭に繁茂する「人の住むつた模様」が伝えようとする物語はなにか。枠に従って姿態を変え、幾何学的なリズムに身振りをのせて、旧約の物語、黙示録の預言、キリストの生涯を「物語る柱頭」のメッセージを、どうきくか。

モワサック修道院の装飾　〔上〕回廊柱頭浮彫り。サン・マルタンの貧者への施しのテーマ。〔左下〕回廊柱列〔右下〕窓間壁浮彫り。動物紋様が交差している

　ロマネスクの時代が躍動する新生ヨーロッパの夜明けだったことを忘れてはなるまい。教会自体が創成の

季節を迎えていた。精神と自然の格闘する初期ヨーロッパの風土にあって、教会堂は人の魂の砦であった。砦であるべきだと、教会自体が戦っていた。その戦いのさまを教会堂が語り、語って意味を明らかにする。

「物語る柱頭」は、言葉を書き、読む習慣をもたない信者の聖書であったといわれる。ところが、じつのところ、教会自体が絵解きを必要としていたのである。聖書注釈学の実践、ロマネスク教会堂の総体の意味がここにあった。

第七章　新生のヨーロッパ社会

1　神の十字軍

主、それをのぞみたもう

九、十世紀の経験が、異教徒に対する不信をつちかったということなのであろうか。十一世紀以降、新生ヨーロッパは、周辺諸文明に対してはげしい敵意をもやす人間集団としてあらわれた。

あるいは、西方キリスト教会の思想体系のうちに、聖アウグスティヌスに出る義戦論、防衛のためと奪われた財産をとりもどすための戦いは正義の戦いであるとする見解が脈々として保たれ、ようやく信仰共同体としての体をとり、教会の精神指導が実効性をもちはじめたこの時期に、それが噴出したというべきであろうか。

聖都エルサレムを「奪われた財産」とみる思考があったからこそ、一〇九九年七月、エルサレムを占領した十字軍士は、殺戮《さつりく》の「血の海に 踝《くるぶし》まで漬《つ》かりながら」市民の財貨を掠奪し、しかるのちに手を清めて聖墳墓にもうでたおのが姿を醜と感じなかったのである。それにしても、柔和な信者集団のはずの巡礼行が一転して兇暴な武装集団へと変容したこの事態は、なにか薄気味わるい。

一〇九五年十一月二十七日、フランスのオーヴェルニュ地方のクレルモン（現在のクレルモン・フェラン）の東方門の外に特設された集会場に集まった数千の群衆を前に、法王ウルバヌス二世は語った。東方のキリスト教徒は異教徒の迫害を受けて苦しんでいる。天国への門である至聖のエルサレムに対する異教徒の瀆聖《とくせい》を許しておけようか。これは神の御業である。神の御業に参加するものは、罪をゆるされ、贖《あがな》いを免除される。こうウルバヌスは語り、聴衆は「主、それをのぞみたもう」と応唱したと伝えられる。

法王ウルバヌスの勧説

ウルバヌス二世は、北フランスのシャンパーニュの領主の家系の出である。一〇四〇年のころ生まれ、ランスの聖堂付助祭職を経て、一〇七三年、クリューニー修道院にはいり、一〇七七年、ローマ法王庁に招請された。グレゴリウス改革の火元に身を投じたのである。一〇八八年、法王の座についた。まだ五十前の少壮の教会人である。

ウルバヌスの胸中に、いつどのようにしてエルサレム遠征のアイデアが形成されたかははつきりしないが、一〇九五年初春、北イタリアのピアチェンツァに召集した公会議の席に、東ローマ皇帝アレクシウス・コムネヌス一世の使者が到着して、オスマン・トルコの小アジア進出に悩む東ローマ帝国と教会への援助を求めたことが、ウルバヌスに行動のきっかけを

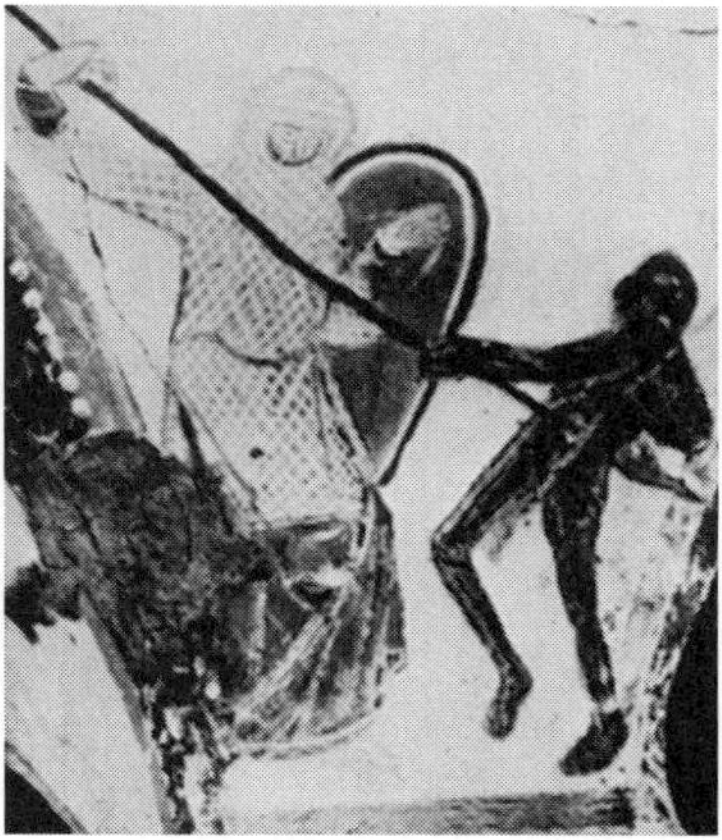

巡礼〔左〕と**十字軍の騎士**〔右〕　タヴァン（トゥーレーヌ，シノン近郊）のサン・ニコラ教会堂のフレスコ壁画（12世紀中葉）

与えたことだけはたしかである。彼は、この席上、コンスタンティノープルを助けようと呼びかけたという。

ウルバヌスは、早速、クレルモン公会議の召集令を発し、みずから南フランスをまわって、下準備を整えた。ル・ピュイ司教アデマールとトゥールーズ伯レーモンが、彼の相談役であった。

ウルバヌスは、前者を遠征の総指導者に、後者を軍司令にという腹案をあらかじめかためていたと思われる。クレルモン公会議と大集会ののち、ウルバヌスは、さらにロワール川流域を歴訪して、十字軍の勧説を行い、あるいは北フランス、フランドル、ネーデルラント、ロレーヌ諸地方に勧説使を派遣して、法王書簡を発した。

法王の勧説は、フランドル伯一族、ロレーヌ侯とその弟のブーローニュ伯、フランス王弟ヴェルマンドワ伯といった北フランス諸侯、両シチリア王国のアプリア侯などを動かした。法王代理アデマールに同行するトゥールーズ伯の軍勢を本隊として、封建領主軍隊の総勢は、騎士四五〇〇、歩兵三万という計算がある。総数六万と伝える証言もある。「十字軍」は、これに「民衆」を加えて、武装集団に守られた一大巡礼団の観を呈した。

民衆十字軍

じっさい、十字軍勧説は、正規の法王使節だけによって行われたのではない。クレルモン公会議の直後、ベリー地方で説教活動を展開し、「民衆」数千を集めて北フランスからライン沿岸にはいった隠者ピエールのような民間勧説使もまた、大きな役割を担ったのではないか。使徒的生活の情念が、「十字軍」の根元にあった。

一〇九六年の春以降、隠者ピエールの指導下に、ブルゴーニュあるいはラインラントの騎士にひきいられて、いわゆる「民衆十字軍」が陸続と出発した。彼らは「正規」十字軍のいわば露払いであって、ハンガリーからブルガリアを経てコンスタンティノープルにいたり、さらに一部は後続の「正規」十字軍に合流して、エルサレムにまでたどりついたのである。これはたしかに巡礼団であった。東ローマ皇帝アレクシウスも、彼らを巡礼者の一行とみなし、隠者ピエールを温かく迎えたのである。

エルサレムへ

「正規」十字軍にしても、歩兵、雑役の非戦闘員、彼らの家族、また同行した一般の巡礼の占める位置を大きく見積もるみかたが当然成立する。いったいなにが「正規」なのかという議論にまで、話は発展しよう。

コンスタンティノープルを集結点と定めた各軍勢は、あるいはドナウ川沿いの道をとり、あるいはイタリア南端からバルカン半島に渡って、半島部を横断し、一〇九七年の春、あい前後して入都した。皇帝アレクシウスは、武装した「フランク人」を嫌い、彼らをボスポラス海峡の対岸、小アジアへ押しだすことに専念した。彼らがイスラム教徒と戦って手にいれるであろう土地を、彼ら自身の領土とするであろうことを、彼ら諸侯の遠征の動機の、すくなくとも一半が領土欲にあることを、皇帝はみぬいていた。

他方、アラブ側の証言は、皇帝が十字軍を使ってアンティオキアの奪回をはかったとしている。各種の文明を重ねて幾層もの膜がはられ、みる位置によって、侵略者とみえ、防衛者とみえる。

アンティオキアが陥ち、法王代理アデマールが死んだ。アンティオキアをめぐる諸侯の領土欲の対立は、巡礼者のねがいのまえに一歩ゆずった。エルサレムへ。

レコンキスタ始動

スペインにおける対イスラム戦争が「レコンキスタ（再征服）」と呼ばれたのも、スペイン・イベリア半島を「奪われた財産」と観念したからこそであった。この方面でのローマ教会の指導は、クリューニー修道会の動きとともに際立っている。

十一世紀にはいって、一〇三一年、西カリフ国の滅亡以後、スペイン・イスラムのいわゆる「分派諸王」の代、北部のキリスト教諸国は活気づいた。カスチラ伯を兼ねたナバラ王サンチョ三世に先導されたキリスト教諸国の南進政策は、王の死後、レオン・カスチラ王国の主導権のもとで進展した。サンチョ大王の死後に自立したアラゴン王国は、レオン・カスチラの統制に抵抗しながら、レリダとサラゴサに拠点をおく「分派諸王」と戦い、エブロ河畔にまで、その勢力をひろげようとつとめた（三一六ページの地図を参照されたい）。

バルバストロの戦い

サラゴサの「分派諸王」と同盟を組んでまでアラゴンの南進を阻もうとしたレオン・カスチラに対抗し、サンチョ・ラミレス一世（在位一〇六三〜九四）は、カタロニアと南フランスの領主層に来援をたのみ、ローマ法王の支持をとりつけて、一〇六四年、エブロ川の一支流シンカ渓谷におりる要衝バルバストロにおいて、サラゴサの「分派諸王」軍に一大会戦を挑んだ。法王アレクサンデル二世は、これに参加したもの全員に贖宥《しょくゆう》（免罪）を予約したのである。

だが、結果はキリスト教徒側の敗北に終わり、レオン・カスチラの干渉をおそれたアラゴン王は、一〇六八年、アラゴンをローマ法王の封土として、あらためてこれを受ける形をとった。その後、彼はナバラ王をも兼ね、エブロ河畔への進出計画を推し進め、ついにはサラゴサを望む要衝に城砦を築くまでにいたったが、一〇九四年、戦場に倒れたのであった。

その息子ペドロは、カスチラ・サラゴサ連合に対して優位に立ち、シンカ渓谷上流のフエスカをとり、ついに一一〇〇年、血の記憶の地バルバストロをアラゴン領に確定したのである。翌年、彼は十字軍参加宣誓を行った。スペインの王侯で、これが最初の例である。そして、フランスの十字軍士の参軍をうけいれ、サラゴサ攻撃の作戦を立て、ついにはサラゴサの市壁のすぐ外側に城砦を築いた。この城砦に、彼は「主、それをのぞみたもう」という意味の呼称を与えた。

エルベの東

バルバストロの戦いは、いわば前十字軍であった。十字軍は、いわゆる第一回十字軍以前、すでに始動していたのである。その意味では、エルベ川以東、バルト沿海のスラヴ人、ヴェンド族に対するドイツ人の戦いはどうだろう。

オットー大帝からザクセン侯家に受け継がれたこの方面でのスラヴ順化政策がどのような態のものであったか、いかに度《たび》重ねての反乱が、これを不毛の努力に終わらせたか。リューベック近郊ボザウの司祭であって、一一七七年に死んだヘルモルトの年代記が語っている。

このころ、スラヴの地はまったく平穏であった。(ザクセン侯)コンラートが、あい次

ザーレの東へ　エルベの支流ザーレの対岸に領地を授封され，先住民スラヴ人征伐に向かうドイツ騎士。『ザクセンシュピーゲル』の14世紀初頭の写本飾絵

ぐ戦いにヴェンド人たちをすっかり弱らせてしまったからである。ところが、キリスト教と神の家での礼式は、すこしも進歩をみなかった。ザクセン侯とザクセン人たちの貪欲が、それを妨げたからである。彼らは、強欲ぶりを発揮して、教会や司祭たちに一物たりとも残さなかったのだ。

ヘルモルトのみかたはかたよっている。じっさいのところ、ザクセン侯権のこの方面での代理者は、ハンブルク・ブレーメン大司教アダルベルトであって、彼はスラヴ人の頭目格の男ゴットシャルクと組み、リューベック、オルデンブルク、メクレンブルクの各地に修道院を建設し、司教管区を設定していった。

ヴェンド人はあくまでドイツの教会になじまなかった。反乱は直接、教会に向けられたのである。ヘルモルトの記述は、この辺のことになると生き生きしてくる。

「遍歴を好むが故にアイルランドからザクセンにきた」老司祭ヨーハンは、「キリストへの信仰を告白したが故に紐鞭で打たれ、嘲けりを浴びて、スラヴ人の町から町へとひきまわされた。そして、キリストの聖職を捨てることを肯んじなかったが故に、両腕両脚を切りおとされ、胴体は道ばたにほうりだされた。頭は、野蛮人どもはこれを切りとり、槍につきさして、彼らの勝利のしるしとして、彼らの神レディガストにささげた」。

ヴェンド十字軍

「ヴェンド人の残虐」が、防衛としての正義の戦いという観念を醸成したということなのであろうか。彼らの未開性（あくまでもヨーロッパ的水準に照らしてのことだが）そのものが、より高次の文明に征服を正当化するとでも考えたのであろうか。まさか、彼らドイツ人のゲルマンの血の記憶が、ここ、バルト沿海を「奪われた財産」と観念せしめたということではあるまい。

一一四七年三月、フランクフルト・アム・マインに、ドイツ各地から十字軍士が集合した。ベルナール・ド・クレールヴォーの勧説した十字軍、いわゆる第二回十字軍に参加するためである。集会に出席した聖ベルナールに対して、ザクセン侯領の十字軍士のグループが、ベルナールの意表をつく申し出を行った。エルサレムへおもむくかわりに、ヴェンド人征討に出かけたいというのである。この間の事情ははっきりしてはいない。しかし、このとき、ベルナールの脳裡にひとつのアイデアがひらめいたことは想像にかたくない。

ベルナールは、法王エウゲニウスに断りなく、この申し出をうけいれた。すでにスペインの対イスラム戦が、法王の権威のもとに展開されているではないか。スペインとパレスチナ

銀貨極印〔右〕マグデブルク大司教ヴィッヒマン（径4cm）〔左〕ザクセンのハインリヒ獅子侯（径3.3cm）

と、そしていまここにバルト沿海の「十字軍」が、キリスト教王国の三つの前衛を形づくる。このアイデアは悪くない。法王も認めるはずだ。「ヴェンド人とその宗教は一掃さるべし」、ベルナールはスローガンを与えた。

法王エウゲニウスは認めた。ディジョンに滞在中の法王は、四月上旬、教書を発して、ヴェンド十字軍を公認した。

だれにせよ、ひとえに信心の故に、エルサレムにある神の教会を解放するために赴くならば、その行旅はすべての悔悛《かいしゅん》に値するものとみなされるべきである。

第一回十字軍にさいしてクレルモン公会議が決定した、いわゆる「全贖宥《しょくゆう》」の特典が、ヴェンド十字軍士全員に与えられた。罪の赦免のために必要な終油の秘蹟の手続きの一切を免除する特権である。戦場に死ぬ兵士は、たとえ罪のゆるしを乞う時間の余裕がなくとも、教会は彼を免赦するのである。

東方植民始動

ヴェンド十字軍は、マグデブルクに集結した。シュウァーベンの領主たち、チェック人、ポーランド人らも参加した。デンマークも、艦隊をバルト沿岸に浮かべた。ザクセン侯ハインリヒ（獅子侯）が総指揮をとった。前代未聞の軍勢であった。だが、ヴェンド人の指導者ニクロットは巧妙にドイツ人の隙《すき》をつき、リューベックから東部ホルシュタインの町々を襲撃した。十字軍はいたずらに疲れ、失望感が兵士の心を圧した。形だけの協定が結ばれ、十字軍は解体した。ヘルモルトは述べている、「スラヴ人は、その後、ますます悪くなるばかりであった」。

ついにドイツ人たちはさとった。スラヴ人を順化させることは不可能だ、と。マイセン辺境伯、ホルシュタイン伯、ブランデンブルク辺境伯、ザクセン侯、彼ら諸侯は知ったのである、エルベ川以東の土地をドイツ人のものにするには、ドイツ人を植民しなければならない、と。いわゆる「東方植民」の一大運動が、ここに始動した。

2　諸身分の胎動

「農民」からの解放

もともとローカルな体質をもつ領主制農村世界が、キリスト教会の唱導の下に、ヨーロッパ信仰共同体を志向し、十字軍という外延的運動を展開する。十字軍の中核は、騎士身分の領主層であって、この階層の旺盛な自己再生産が、十字軍の武断的活力を提供する。すなわち領主の次男以下の子弟が十字軍の主力であって、してみればノルマンディーのオートヴィ

農民から騎士へ　「バユーの壁掛け」にみる。〔上〕「おれはゆくぜ」〔右下〕「しっかり働けよ」〔左下〕宴席の給仕をすることもある

ル家の兄弟たちは、その典型なのであった。たしかに両シチリア王国の形成は、とくにシチリア島の征服は、これまた実質、前十字軍の名にあたいするのである。

　けれども、領主層の自己再生産は、「農民」層から上昇する部分をもふくむ。これもまた真実である。「農民」と括弧づきで呼ぶのはほかでもない、じつのところ彼らがひとつの身分を確定するのは、法的にみるかぎり、はやくて十三世紀、一般に十四世紀以降のことであって、新生ヨーロッパの躍動のこの時期には、「農民」は身分的に無規定な人間集団であり、現実態としてみれば、彼ら以外の諸身分へと上昇する願望と期

農民から騎士へ　〔右上〕主人の武具をかつぐ　〔右下〕弓射手として大活躍　〔左〕功を認められ，騎士に叙任される。武具と旗の授与

待の渦巻く身分以前の団体なのであった。

彼らは一般に領主領領主の人格的支配下におかれた不自由人である。彼らが村を出ることは、その不自由な状態から出ることを意味した。そして、十二世紀以降の農村人口は、もちろんけっして固定してはいなかったのである。ただし、その不自由な状態から出ることは、かならずしもそのまま、自由人になることを意味しはしない。別の形態の不自由人になることもふくんでいるのである。

十二世紀すえのイギリス人裁判官ラルフ・オブ・グラン

ヴィルは論じている。解放され、騎士に叙任された農民は、ただ彼の上級領主と他の農民たちに対して自由であるだけであって、他の諸身分のものに対して自由であるわけではない、と。

貴族と騎士身分

ここに含意されているのは、貴族と騎士の関係である。貴族と騎士身分との関係については、はなはだ錯綜した歴史がある。かいつまんでいえば、騎士すなわち貴族とはかぎらないという渾沌未分たる状況の数世紀を経て、ようやく騎士すなわち貴族身分という定式が固定するのである。

しかも、「貴族」はラテン語の「ノビレス」の訳語だが、「ノビレス」自体、後代の特権的身分団体をはじめからかためていたわけではない。「ノビレス」自体が混沌未分の状態にあったのである。

十三世紀のすえに死んだ同じくイギリスの法曹のヘンリー・オブ・ブライトンは、ラルフと逆のことを論じている。だいたいヘンリーのころには、騎士はすべて貴族という観念が確立され、騎士身分がその枠組みを完成したとみてよい。

これにはまた地域差もある。十二世紀ドイツ王家ホーエンシュタウヘン家の創出した国王直属の騎士官僚層、「ミニステリアーレス」の多くは、農民ないしは他の隷属的階層の出であった。十二世紀のすえ、皇帝ハインリヒ六世は、そのひとりに「自由を与え、ラヴェンナ侯領、ロマーニャ（教会領）およびアンコナ辺境伯領を授封した」。

ドイツのなかにも、とくに北東部に、この区別は頑固に残った。十三世紀に書かれた慣習法についての記述『ザクセンシュピーゲル』は、解放されたミニステリアーレスを貴族から排除している。他方、ホーエンシュタウヘン家の家領網のひろがるシュヴァーベンの慣習法は、騎士に叙任されたミニステリアーレスを貴族仲間に迎えいれているのである。

そういうしだいで、騎士身分といってもこれはいまだ渾沌未分の観があり、逆にいえば、だから、「農民」がそこにもぐりこみ、貴族身分に上昇する機会は十二分にあったのである。いずれ農民の出で、カペー王家の家政に奉公人として働いていたものたちに、一一二九年、ルイ六世は「解放状」を与えたが、この「解放」の意味を、王は、いまや望むところに従って、聖職者、騎士、あるいは都市民になることができる、と特定しているのである。

「都市民」になることができる

騎士になることができる。さればこそ、「農民」の次男、三男は、領主の城館に奉公し、厩《うまや》番、パン焼きかまど番、犬飼いの仕事をつとめたのであった。領主の息子の遊びともだちとして少年時代をすごし、若殿が騎士に叙任されれば、従者として初陣につき従う。若い騎士が十字軍に参加するとき、彼もまた、胸に十字の印を縫いつける。

ベルナール・ド・ヴァンタドゥールはリムーザンの人、ヴァンタドゥールの城館の人であった。門地は低く、パン焼き係で、館のパンを焼くかまど番の奉公人のせがれであった。

ベルナールはトルバドゥールである。彼は「解放された」のであろうか。それはわからない。だが、後世は彼を「農民」とはみない。彼は、詩文の世界に「解放された」人であった。

都市民になることができる。さればこそ、「農民」は都市に集まり、都市をつくった。

ブルゲンシス（ブルジョワ）という言葉の初出は十一世紀初頭、北フランスにおいてであったと前述した（第四章）。けれども、このばあいもまた、騎士身分のばあいと同様、「ブルゲンシス身分」の形成は、数世紀にわたる事業の成果であって、このばあいは、貴族（ノビレス）に対応する言葉といえば、それは「キヴェス」、すなわちローマ的伝統をもつ都市、とくにたとえば司教座都市の住人である。この「キヴェス」が自由人であって、その他の都市の居住者は不自由人であるという発想は、十三世紀にいたるまで、根強く残った。一二二三年、ヌヴェール伯がオーセールに与えた特許状は、キヴェスに対し自由相続を認めた。領主に対する相続税の支払いを免除する特権であって、一般に都市解放のひとつの指標とされる。同時にまた、「自由身分ではない、オーセールの他のキヴェス」に対しては、その身分を解放し、移住の自由を与えたのである。

十三世紀においても、都市には、不自由身分の部分がたえず再生産されていたということ

フランドルのシント・ウィノクスベルヘン鳥瞰　現在はフランス領ベルグ。ダンケルクの南。聖ウィノックの建てた修道院を核に円状に形成された町

である。十一、二世紀の都市の歴史は、都市的なる環境に集合する人間集団のうちから、「ブルゲンシス」と呼ばれる団体が形づくられ、「キヴェス」をとりこみ、「キヴェス」と同じ自由身分を獲ちとっていく、そういう過程であった。ブルゲンシスの形成は、騎士の形成と同質の現象なのであった。

中世都市

都市的なる環境に集まる、あるいはそれをつくってゆく。司教都市、あるいは、フランドルに顕著にみられたように、伯の城館を中心とする都市的環境、それらの市壁に隣接する旅商人の定住地、修道院を核に形成される、むしろ村的な居住区。都

市は、まず第一に都市自体を養う機構であった。だから都市の原型には、生活に必要な種々の職種がすでにふくまれていたのである。

そしてまた都市は、みずから養うための農村地帯をも周辺にふくむ。十三世紀以降、都市が「中世都市」としてのまったき姿をあらわしたとき、都市は、都市の経済的規制にしたがう農村地帯を、都市の行政司法の圏内にとりこんでいたのである。そこでは、原則として、生活に必要なあらゆる耕作物が生産される。混合作物地帯である。

この都市の自立性、地方性（ローカリズム）こそ、従来ともすれば軽視されがちな点であった。それほどまでに、やがて都市の指導的部分としてかたまってくる商人層のユニバーサリズムが、研究者の視線に印象的であったということなのだ。

北イタリア諸都市が多くの在地貴族を都市内部にとりこみ、これと対照的に、一般にアルプス以北の諸都市は、商人の誓約団体として成立し、周辺の領主貴族と対立関係にたったというみかた、この古典的な都市成立史観は、いまや大幅に訂正を要する。『ネーデルラント全史』は、中世都市の章を、「中世の都市は、その起源において、まず経済的地理的現象である」と書きはじめるのである。

騎士市民

「農民」が様々な方向に分極化し、あるいは十三世紀以降、「農奴」としての身分をつくってゆく。あるいは城館に集合して、騎士身分の形成に参加する。そして、都市的なる環境に集住して、市民身分（ブルゲンシス）の坏土《はいど》となる。

　ところでまた、ルイ六世の解放状が端的に述べているように、王侯の家政の奉公人として働く階層は、市民になることができる。ドイツのばあいについていえば、ミニステリアーレスが市民になることができる。それどころか、いまだ騎士身分の確立をみない十一、二世紀、騎士もまた市民になることができるのである。都市は様々な階層から「市民」を吸いあげる。都市が、その地方の都市として生活圏を確定し、政治的団体として自立するために。諸身分は、いまだ流動的であって、都市は身分以前の人間集団の混成体であった。

フランス王ルイ７世とオルレアン市民の特許状の交付をめぐる談合　『フランス大年代記』の13世紀の写稿の飾絵

　一一〇二年、中部フランスのピユイでは、その都市領主である修道院長との協定にもとづいて、「騎士」たちの住居に林立する塔が同じ高さにならされた。彼ら「騎士」とは、貨幣製造に従事する町のビジネス・エリートであった。

グランディと呼ばれた北イタリア諸都市の貴族たちのほうが、塔のことでは名高い。塔は、彼らの家門の象徴であり、高さを競う風潮は、騎士的誇りに裏打ちされていたのである。一一五四年、ピサを訪れたある旅行者は、一万本の塔をかぞえている。

十二世紀のすえ、ウォルムスの市参事会は、二八人のブルゲンシスと一二人のミニステリアーレスで構成されていた。ミニステリアーレスは市民身分を志向する。「商人であるカンブレー司教の従者たち」、こういったいいまわしには気をつけよう。司教の「ミニステリアーレス」が商人になったのであって、商人がたまたま司教の家政に奉公したという事態なのではない。騎士から市民身分へ、そういう社会的上昇運動がみられたということなのである。

北イタリア型と北西ヨーロッパ型

「騎士」が市民のなかまいりをするかどうかは、それぞれの地域における一二〇〇年ごろまでの王侯権力の強弱に関係していたようである。一一八四年、ポンティヴィ伯は布告を発した、「アブヴィルの市民は、わが家臣、またわが領国内に自由封地を有するものを彼らの団体(コムーン)にうけいれることはできない」。

トロワ伯も、カペー家も、この種の規制に熱心であった。ドイツ王フリードリヒ・バルバロッサもまた、トリエントに対して同様の規制を試み、領主貴族と市民との混血の進んでい

シエナ〔左〕とフィレンツェ〔右〕　14世紀初頭の写稿の飾絵

たフィレンツェに対してさえも、ハインリヒ六世の特許状（一一八七年）は、両者の法的相違を明確なものにしようとつとめているのである。

この種の規制の比較的弱いところ、北イタリア（ロンバルディア、トスカナ）、ライン流域、南西ドイツ、こういったところでは、一般に騎士が都市に入りこみ、強力な地方的政治団体を作ってゆく。逆に、サヴォワ伯領、北フランス、フランドル伯領とその周辺（ネーデルラント諸侯伯領）、あるいは王権の主導の下に植民の進められたスペインの中央台地、こういったところでは、都市は、騎士を排除することによって、都市の自治を確立しようとはかる。そこでは、「騎士」は、王侯によって騎士身分としてとらえられ、市民身分になるには、あまりに多くの身分的権利をしょいこみすぎている。

周辺の領主を騎士市民として都市内にとりこんだところには、北イタリア型の都市国家が形成される。それならば、フランドルとか北フランスとかの都市はどうかといえば、じつのところ、十三世紀以降の過程で、これまた、都市貴族的身分を創出してゆくのである。このばあいは、商人が主体となる上層市民が「貴族的に生活すること」を狙い、領主との姻戚関係を通じて、領地を保有し、貴族化してゆく。王侯権力は、この趨勢を押しとどめる力をもたない。むしろ、これを利用して、あらたな特権付与、ということは上納金徴収の機会としようとするのである。

3　都市と都市同盟

ポリスとしての都市

ルッカの人プトレミーは述べている、

いたるところ、ドイツであろうと、スキティアであろうと、フランスであろうと、都市はポリスとして生きている。ところが、それら諸都市は、王ないし皇帝の規制力の下に、法によって縛られているのだ。

「ポリスとして」と訳したのは、原文ポリティケであって、イタリア都市の市民としては当

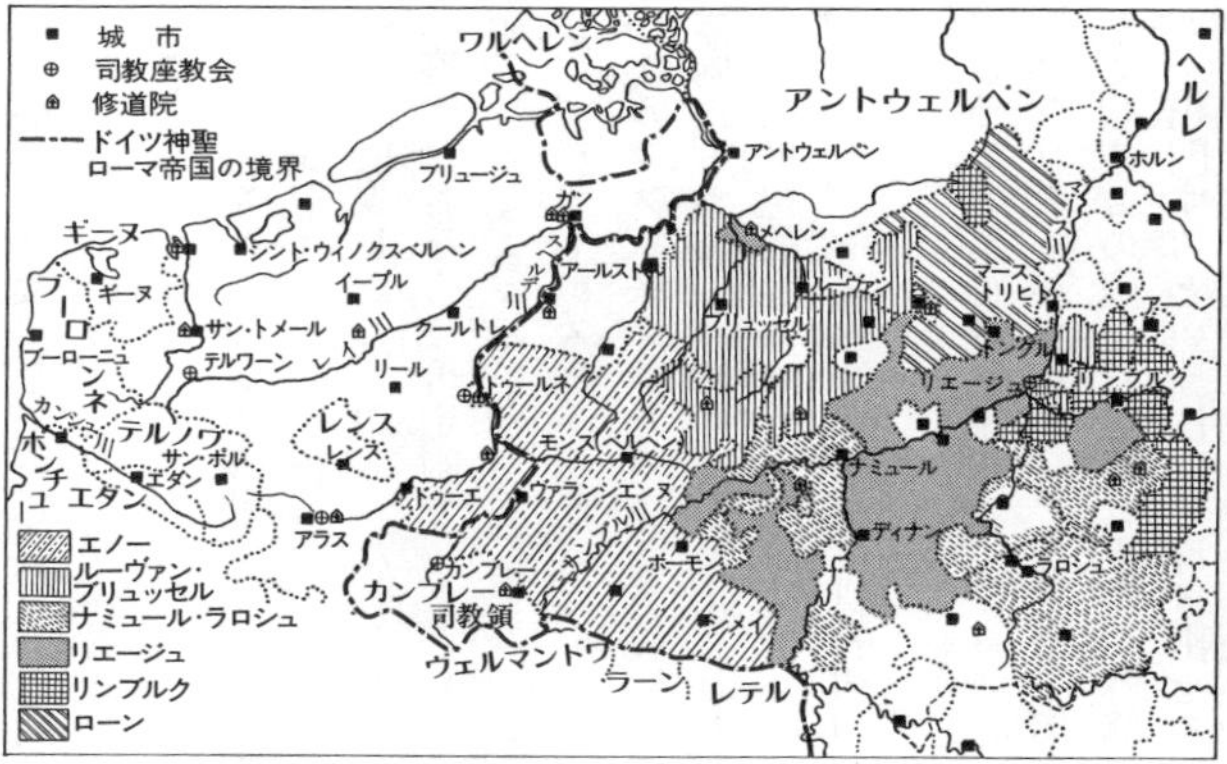

12世紀のフランドルとその周辺

然の、都市国家政体のイメージをはらんでいる。共和制をとりながら、王侯権力の統制に服する北ヨーロッパ諸都市の実情に、不審の眼を向けているのである。

プトレミーのお眼鏡にかなうのは、トゥールネだけであったかもしれない。このフランドルとエノーの境、スヘルデ川中流の一都市は、一一八七年に、トゥールネ司教の支配から自立して、フランス王を「裁判領主」にいただいた。実質、これは独立であって、のち、十四世紀初頭にフランドルに支配を及ぼしたヴァロワ家のフランス王も、これは認めざるをえなかったのである。

フランドル諸都市のばあい

フランドルの諸都市といえば、ガンもブリュージュもイープルも、ドゥーエも、リールも、だいたい十二世紀の第三四半期のうちに、都市法を獲得している。この時期は、アルザス家系のフランドル伯が、伯権を強調した時期であって、いわばその反作用として、都市のいわゆる「自治権」闘争が進行したのであった。

ところで、フランドル諸都市の市政府の成立については論争があって、その要は、いったいフランドルのばあいには、その成立事情からみて伯権から自立する、いわゆる「誓約団体」の成立したことがあったのかどうかという点にある。

答えはおそらく否定的で、もともとフランドル諸都市の大方は、フランドル伯によって任命される役人グループの統制下におかれていた。この役人層の家系集団がしだいに在地化し、メリオーレスとかサピエンティオーレスとか呼ばれる市政府執行部が形成される。これがアルザス家系の伯と対立し、妥協して、伯の統制権を縮小し、市民の「自由」を拡大する方向にもっていったのだと考えられるのである。

十三世紀前半には、市政府執行部の体制が整備されて、たとえばガンの三九人委員会が確立される。一三人の参事が、交替で市政を担当するというアイデアである。

フランドル伯権と都市

フランドルが北イタリアと同様、都市国家をつくっていったということであったならば、なにしろこの両地域こそヨーロッパ経済の二大拠点であったのだから、経済力と政治的自立とが相関するという法則を導き出せるのだが、事態はそれほど単純ではない。

北イタリアのばあいには、地方的王朝権力がフランドル伯権に較べて極度に弱かった。だから、ドイツ王権の介入をはねかえせば、都市の自立は保証されたわけで、一一八三年、フリードリヒ・バルバロッサとのコンスタンツの協定以後、大方の北イタリア都市は、事実上、一部は法的にも、独立政権となったのである。

フランドルのばあいには、ともかくも伯権が存在する。しかも、この伯権は、都市を守る権力であった。港を開いて町を建設し、運河を整備し、市場を開設する。ライン河口域へのフランドル商人の進出を、関税障壁を設けて妨害しようとしたホラント伯に対し、一度ならず戦いを挑む。ドイツ国王と交渉して、アーヘンその他でフランドル商人が年市を開く特権を手に入れる。ケルン大司教と談合し、ガンの商人の船がライン川を航行する保証をとりつける。

フランドル女伯ヨハンナの印章　在位1205〜44年。エノー，ナミュール伯も兼ねる。フランス王フィリップ尊厳とのあいだに様々な交渉があった

フランドル都市は伯権との妥協を選んだ。かくて、フランドル都市は、北イタリア都市のあずかり知らない独特のうねりをもった推移のうちに、その歴史を刻むことになる。

うねりをつくる脈動は、あるいはフランドル伯の上級領主たるカペー家の王権政策であり、あるいはフランドル都市の毛織物産業に原料の羊毛を提供

ミラノ市民の帰還　同市のローマ門（現在はない）の浮彫り（部分）。フリードリヒ・バルバロッサに移住を強制された市民たちが，1167年，市に帰還した故事を記念したもの

するイングランドとの利害関係であり、あるいはまた、ネーデルラント諸侯伯家とフランドル伯家との血脈の関係である。

十三世紀末から十四世紀にかけての、これは後述するが、一連の事態の推移のうちに、かつての「自由のフランドル」、その実体は七つの有力都市は、アルトワ地方のアラスとサン・トメール、さらにリールとドゥーエを王領に併合されて、残るはブリュージュ、ガン、イープルの三都市となっていた。

けれども、この三都市を核とするフランドル諸都市は、あらたに市政府の執権をにぎった毛織物生産業者の指導の下に、弱体化したフランドル伯権の頭越しに、フランス王権とじかに対《たい》峙《じ》する都市連合に変貌するのである。

かつてのメリオーレスは、この段階で失権し、「百合紋の人々」とあだなされる。百合紋はフランス王家の紋章である。

かつて、「自由」はフランドル伯の保護を意味した。いま、「自由」の実体が変化したといってもよいかもしれない。フランドル都市のその後については、なお後章に展望する機会があろう。

イタリア・ドイツ地図（13世紀）

北イタリアのばあい

十二世紀なかごろ、ドイツの年代記家オットー・フォン・フライジンクは、北イタリアの町々はコンスルをいただいて自治を行っていると記した。コンスルとは、都市の執政グループから互選された役職であり、このコンスル職の設定は、司教その他、いわゆる都市領主の権限の後退と対応している。

もっとも早い例で、ピサのばあい、一〇八一年ごろにはすでにコンスルが出ていた。だいたい十二世紀前半に、大方の北イタリア都市にコンスルが出そろった。このコンスルの指導下に、市民ないし市民の集会を意味する言葉として、「コムーネ」というのが定立された。十二世紀のすえ、ジェノヴァの年代記家は記している。

コムーネのコンスルになることをのぞんだ人々がたがいに嫉妬《しっと》し、市民の不和と忌むべき陰謀と分裂とが都市内部におこった。そこで、サピエンテスと参事会員たちが会合して、コンスル職を廃止することを決定し、ポデスタをおくことに全員が同意した。

そういうしだいで、十三世紀にはいると、ポデスタをいただくコムーネが、北イタリア都市のひとつの類型となる。

「ポデスタ」はラテン語の「ポテスタス（力）」に由来する言葉で、これは行政執行官であり、司法長官であって、都市参事会の権限の下におかれた。これは市民以外の人間であってもよかった。専門の職業であって、たとえばミラノのヴィスコンティ家のような家門は、多くのポデスタを各都市に提供したのである。コムーネの政治機構に変動はなかった。有力市民の構成する都市参事会、それに下属する各種委員会が、コムーネ政治の実権をにぎっていたのである。

コンスル職が設定される過程で、ドイツ王権・神聖ローマ帝権は、在地の都市領主から都市を「解放」する役割を果たした。ホーエンシュタウヘン家のイタリア政策は、けっきょくのところ、都市との協調にかかっていたのである。ジェノヴァは、一一六二年に、司法権とコンスル選出権、開戦、講和、同盟締結の全権能を皇帝に公認され、一一八三年のコンスタンツの和は、ロンバルディア都市同盟への皇帝の大いなる譲歩として、「犯罪と財政との両方に関する訴訟において」コンスルの裁判権を認め、都市領主の立場を大きく後退させた。

都市同盟

しかし、じっさいのところ、有力なコムーネにとっては、皇帝とは、自分たちの宗主であるというよりは、一個の巨大な軍事勢力にほかならなかった。フリードリヒ・バルバロッサが、ロンバルディア諸都市と都市領主の闘争にくさびを打ちこみ、割れ目を押し開いて皇帝権を北イタリアに接木《つぎき》しようとはかったとき、ロンバルディアの諸都市は同盟した。

一一六四年のヴェローナ、パドゥア等諸都市の軍事同盟にはじまり、さらにブレッシア、マントヴァ、ミラノ、フェラーラ、モデナ、パルマ、ボローニャ等々の参加をみた同盟体制である。この軍事同盟が、一一七六年、レニャーノの戦いにフリードリヒ・バルバロッサの軍勢を敗走せしめた。一一八三年、コンスタンツの和約は、事実上、皇帝の北イタリア支配の野望を、未然のうちにくじくものであったのである。

その後、ロンバルディア都市同盟は、数次にわたって更新され、あるいはこれをモデルとした都市同盟が結成された。そして、フリードリヒ二世の時代における法王と皇帝の対立は、この都市の軍事同盟に、法王党派的性格を帯びさせる。ひいては、フリードリヒ二世の死後、フランス王ルイ九世の弟シャルル・ダンジューがイタリアとシチリアに介入するに及んで、親アンジュー・法王党派としての都市同盟の成立をみる。

ギベリン対ゲルフ

十三世紀のイタリアは、皇帝権の後退に応じて、集合の論理性をしだいに失い、党派的対立の錯綜する様をみせる。都市の内部に醸成される皇帝派的フラクションと法王党派とを、それぞれギベリン、ゲルフと呼ぶ。もともとこれは、一二四〇年代、フリードリヒ二世晩年の法王との角逐の時期に、フィレンツェに形成されたふたつの党派の呼称であり、前者は、ホーエンシュタウヘン家の持城のひとつ、ワイブリンゲンの名から、後者は、ホーエンシュタウヘン家の宿敵、ヴェルフ家の家名に由来する。

十三世紀後半には、ゲルフの立場が親フランスの色合いを帯びるにいたり、ギベリンは、それに対抗する党派として、帝権の伝統をしのぶ。けっきょく、都市内部の党派的対立の色分けであり、これがまた、都市相互間の同盟反目にあらわれる。トスカナにおける対立の構図は、フィレンツェを中心に、ルッカ、オルヴィエト、ボローニャと、ゲルフ派都市が星座表を作り、ピサ、シエナ、アレッツォ、ピストイアが、ゲルフの牙城フィレンツェを囲む。こういった合従連衡の構図が、イタリア全土にみられたのであった。

対立はますます党派的様相を帯び、やがてフィレンツェの人ダンテのギベリン主義的論調は、それはそれなりにイタリアの国家主義的伝統の復古のかけ声ときかれはしたが、しかし、けっきょくダンテその人は、政争の犠牲者として、祖国追放の憂目に遭うであろう。なお、二五五ページの挿図をごらんねがいたい。一見どうということもないこの絵も、じつはギベリンとゲルフの対立を鋭く描きだしているのである。左のシエナはギベリンの牙城。そこから追いだされた人たちが、右のゲルフ党派のフィレンツェに迎えいれられている。ゲルフ党派の宣伝画とでもいうべきか。

ドイツのばあい

神聖ローマ帝国を中心にものを考えれば、北イタリア諸都市は、皇帝権の後退に乗じて分立した政権であり、都市同盟は相互保障の機構である。フリードリヒ二世後の混乱期に、一二四七年以降フリードリヒの対立国王であったホラント伯ウィレムに与《くみ》して同盟を結んだライン都市同盟もまた、北イタリアと同じく、小政権分立の政治的風土をみせるドイツ西部、ライン流域に固有の現象であった。

これは「平和のコンソルティウム（団体）」と呼ばれ、ザクセン、バイエルンといった大諸侯領（領邦）に対抗しうる国家的団体をめざすものであったといってもよいのである。ケルン・バーゼル、ブレーメン・チューリヒの両軸のあいだの諸都市、諸伯、領主領領主の多数を包括するこの相互保障機構は、けっきょく、ホラント伯ウィレムの死後、一二五七年の国王選挙がぶざまな結末を迎えたのち（法王とフランス王にかきまわされて、イングランド王弟リチャードとカスチラ王アルフォンソの両名をドイツ国王に選出してしまうという）、同盟としての実体を失うにいたる。

ハンザ同盟

ハンザ同盟もまた、ロンバルディア都市同盟、ライン平和団体と同じ水準に立つ都市同盟であるといえるだろうか。一二一〇年、リューベックとハンブルクの商業同盟が、のちのハンザの核となったといわれる。一二八五年、ノルウェー王は、西はブレーメン、ハンブルク、リューベック、東はウィスビ、リガにおよぶ一三都市について、これはひとつのウニヴエルシタス（団体ないし組合）だといったという。

このころには、リューベックの指導的地位は明らかで、諸都市は、北海バルト海貿易に関する協定にもとづくゆるやかな連合組織を作った。西はロンドン、ブリュージュ、東はリガ、ノヴゴロドに仲間商人の定住区を設け、十四世紀の隆盛を迎える。

ハンブルクの港　税関の前で談合する商人たち。15世紀に作られた同市法令集写本の飾絵

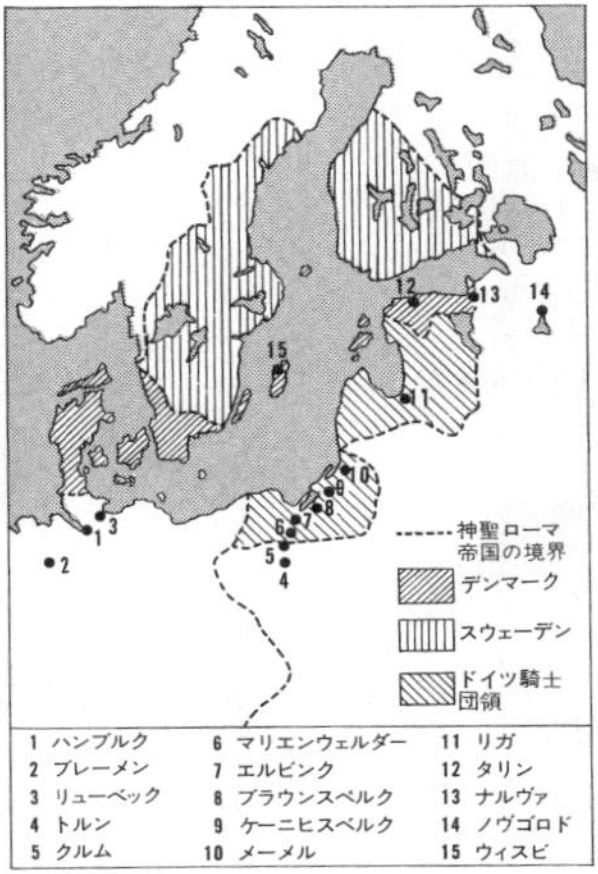

13世紀のバルト海

ハンザは、必要に応じての代表者集会を唯一つの意思決定機関とする特異な団体であった。そのハンザが、しかし、必要によっては軍事力をさえも行使するにいたる。

十四、五世紀のヨーロッパ諸政権は、ハンザを「国家」とみなし、交戦し、同盟を維持し、代表使節を招くのである。

都市同盟と「国家」

中世における「国家」は、けっしてひとつのきまった型をとるものではなかった。都市同盟もまた、ひとつの「国家」であり、あるいは潜在する「国家」であった。ロンバルディア都市同盟も、ライン平和団体も、ハンザも、ついに「近代国家」

へ展開する道を閉ざされた。けれども、スイスはどうだろう。これまた、じつのところ、十三世紀の過程において、ホーエンシュタウヘン帝権の衰弱に応じて生まれた、上シュヴァーベンの地方自治体と小都市の平和団体であったのである。

そして、また、フランドルとネーデルラントの都市連合は、なお数世紀の持続を経たのち、十六世紀後半、ネーデルラント連邦共和国へと変貌するであろう。そういった事態の推移については、なお章を改めて展望しなければならない。

4　ローマ――ヨーロッパの中枢

法王――ローマ第一市民

一一九八年、三十七歳の若さで法王座についたイノケンティウス三世以後、一三〇三年、ボニファティウス八世が、フランス王フィリップ四世との闘争の果てに憤死するまで、一八人の法王が交替した。そのうち、その前身が枢機卿ではなかったもの三人。出身地をみれば、フランス人三人、サヴォワ侯領出身一人、ポルトガル人一人をのぞいて、一三人がイタリア人。うち七人がローマ市民であった。コンティ・ディ・セグニ家からイノケンティウス三世をふくめて三人、サヴェルリ家、オルシーニ家、カエタニ家、そしてコロンナ家からそれぞれ一人という内訳である。

ネポティズムという言葉がある。同族びいきと訳す。これはローマ出身ではなく、ジェノヴァのフィエスキ・コンティ一族の出だが、イノケンティウス四世は、一二五四年、臨終の床で、嘆き悲しむ様をみせる周囲の親族のものたちに、「なぜ泣くのか、ろくでなしどもめ。みんな金持にしてやったではないか」といったという。これを伝えているのは、イノケンティウスに敵意をもやすイギリス人マシュー・パリスだから、あまりあてにはならないが。

ローマ　14世紀の作図。右下にサンタンジェロ城。中央の石段がカピトリーノの丘。その背後にコロセウム

イノケンティウス三世の代、ローマ市の中央、古代ローマの一画の「ネルヴァ帝のフォールム」にのぞんで、「コンティの塔」と呼ばれる巨大な塔が建てられた。市の東南のラテラン法王宮から西北のヴァチカン宮への道を扼《やく》す位置にある。この塔は、コンティ家の城砦であり、権勢の象徴であった。これは、イノケンティウス三世が法王庁の金を融通して建てたものだと取沙汰された。当主リカルド・コンティとイノケンティウスとは兄弟であった。

コンティ家は、イノケンティウス三世、グレゴリウス九世、アレクサンデル六世と三代にわたって三十八年半あまり、法王座を占拠した。コンティ家をふくめて、ローマの家系五家から出た法王七人の在位通算六十七年間。コンティ家とオルシーニ家とのヴェンデッタ（血縁集団間の争い）を中軸として、法王の選任は、ローマの有力家系の政争の因であり果であった。ローマの外から法王が入るばあいでも、ローマ市政と無縁ではありえなかった。法王座はローマ市政に直結していたのである。

ローマ元老院と法王庁

ローマ市政の最高機関は「元老院」である。ところがこれは、制度的にははなはだ定まらない機関であって、元老（セナトール）は、あるときはひとり、あるときは複数であり、イノケンティウス三世の時代には、五六人の元老団をかぞえたこともあった。選任の方式もあいまいであった。十二世紀のアルノルド・ダ・ブレッシアは、「二千のローマ市民」に選任されたと伝えられるが、確証はない。十三世紀を通じて、そもそも「市民」のカテゴリーが一定しなかったのである。

はっきりいえることは、元老は有力家系から出る。あるいは、その支持の下に外から招かれる。十三世紀後半のマンフレート、あるいはシャルル・ダンジューのばあいがそうである。そして、カピトールの丘（宮殿）で民衆の歓呼を受ける。それくらいのことである。

法王庁とローマ市政府とのあいだには、一一八八年に協定が成立していた。法王は、市壁維持負担分として、毎年一〇〇リラ、市の財政の三分の一、そして元老以下政府役人に慣行の報酬を支払う。市政府は、法王に忠誠を誓う。はなはだ漠然とした協定であって、その時々の法王庁と市政府との紛争のたねとなった。いずれにしても、法王は、市政府の実権をにぎる家系集団の持駒なのだから、けっきょくこの財政協定も、法王がローマ市政の一方の担当者であることを示している。

ローマ市政をめぐるバランス・オブ・パワー

十三世紀の法王庁と元老院とは、いわばセットになって、状況を決定する様々な動因に対応してゆれ動く。有力家系集団の対立抗争、ヨーロッパ各地の教会組織をバックとする外国人枢機卿の策動、ローマ民衆の時々の動き、ホーエンシュタウヘン家あるいはアンジュー家の皇帝権ないし王権の介入。

「元老」シャルル・ダンジュー　アルノルフォ・ディ・カンビオ作の彫像。カピトールの市庁舎

一二六三年にシャルル・ダンジューが元老に推戴されたとき、その背景には、コンティ家と結ぶアンニバルディ家の策動があった。だが、フランス人法王ウルバヌス四世、それを継いだ同じくフランス出身のクレメンス四世は、シャルルが完全に市政をコントロールすることを嫌い、シャルルの終身元老就任を阻止した。ローマ市政をめぐって、勢力のバランスをとろうとしたのである。シャルルは、代理元老を通じて、ロー

マを支配した。

一二七七年には、オルシーニ家出身の法王ニコラウス三世が法王座についた。ニコラウスは、ドイツで皇帝に選挙されたハプスブルク家のルドルフと結び、シャルルの元老コントロールをチェックしようとした。一二八一年、その反動で、ふたたびフランス人法王マルティヌス四世が登場した。

そのとき、ローマ元老職には、コンティ家のものとサヴェルリ家のものふたりがついていたが、彼らは、終身の元老職を、「法王としてではなく、一個人としての」マルティヌスそのひとに差し出し、マルティヌスは、これをシャルル・ダンジューに与えたのである。これに対し、シャルル・ダンジューの勢力衰退に乗じて、オルシーニ家を中心とする反動がおこり、コンティ・アンジュー同盟は崩壊する。

法王――教会国家の長

法王と元老とローマ有力諸家と、この三者は、たがいの係数となり、計算値となって十三世紀を推移する。法王権の問題は、まず都市ローマ内部の問題なのである。同時に、皇帝権との関係において、法王権は、イタリア半島全体の政治的動向に関与する。さらにはまた、西ヨーロッパの教会組織とのかかわりにおいて、ローマ法王は、ひとつの「国家」の長である。

教会は国家だと述べたのは、十四世紀前半のペンナ（中部イタリア、アドリア海岸の一市）の人ルーカスだが、このルーカスのころには、ローマ法王庁は、公会議における会議メンバーの区分けを、フランス、スペイン、ブリテン諸島、ドイツ、スカンディナヴィア、イタリアといった区分で行うことを検討しつつあった。この六区分が実際に適用されたのは、一三一一年のウィーン公会議でだが、その後、一三三五年の法王教書は、西欧のキリスト教圏を、フランス、イタリア、スペイン、そしてスカンディナヴィアとブリテン諸島をふくむドイツの四つに区分した。

教会は国家であるという理論が整備された段階で、世俗国家の単位を法王庁は認めざるをえなかったという事態が、ここに観察できる。

イノケンティウス３世　スビアコのサン・ベネデット修道院のフレスコ壁画（13世紀）

十三世紀以前、キリスト教圏の区分は、ローマ法王庁からみるかぎり、司教管区であり、これをいくつか束ねる大司教管区であり、とくに歴史的由来のある大司教座の統制圏であった。スペイン教会の総元締め、トレド。民族的ないし文化圏的特殊性に立つ大司教座、ヨーク、ルント、パレルモ。神聖ローマ皇帝権に接近してローマ法王庁に対抗する大司教座ミラノ。こういった有力大司教座を押

ボニファティウス８世　ローマのサン・ジョヴァンニ・イン・ラテラノ教会堂の壁画。ジョットー作（?）（14世紀初頭）

さえて、全西欧の司教教会や修道院に普遍的な統制の網をひろげる仕事が、十二世紀から十三世紀にかけて展開された。

イノケンティウスとボニファティウス

イノケンティウス三世のときには、法王の周囲には、叙任権闘争のときの革新の雰囲気が残っていた。枢機卿団の制度もまだきまったばかりで、「兄弟たち」という呼称にふさわしく、いわば「イノケンティウスと一二人のなかま」といおうか。十三世紀のなかばには、この枢機卿が教会の「蝶番《ちょうつがい》（カルド）」として、最高の位階を与えられ、赤い平帽をかぶって、一般の法王庁役人と区別されるようになった。十四世紀初頭までに、枢機卿は二〇人に増員され、法王庁役人の数も、そのころには四〇〇人を越した。

ボニファティウス八世の時代は、あらゆる意味でイノケンティウスの時代と対照的である。世俗国家との関係においてそうであり、法王と法王庁、つまり法王個人と教会組織との関係においてそうである。イノケンティウスは、やせぎすの少壮の教会人のイメージがあり、ボニファティウス八世といえば、だれしもほおの垂れ下がった太肉《ふとりじし》の老人を想像する。

イノケンティウスは、一二一五年の第四回ラテラン公会議に、ローマ教会の諸原則を確立し、ボニファティウスは、自家の政敵コロンナ家と争って、これを破門するという原則の逸脱をあえてしている。イノケンティウスは「可視的な神の代理人」であった。ボニファティウスは、法王宮殿の緞帳《どんちょう》の奥にかくれ、法王庁出入りの靴屋の若者との穏やかならざる噂を立てられる。

アナーニ事件

イノケンティウスは、カンタベリー大司教選任に容喙《ようかい》してイングランド王ジョンを破門し、これを屈服せしめた。ボニファティウスは、ナルボンヌ司教領のことで、フランス王フィリップ四世と紛争をおこし、法王権の絶対をうたう荘重な教書「きけ、最愛の子ら」と「唯一の聖なる」で脅したが、フィリップは屈服しなかった。ついにフィリップは、顧問官ノガレに手勢を与え、アナーニの別荘に滞在中の法王を襲わせた。けっきょく、これは失敗に終わったが、その一ヵ月後、ボニファティウスは急死したのである。いわゆる「アナーニ事件」である。

ボニファティウスが細工師に作らせた三段飾りの法王冠は、法王の至高の権威を象徴するものであった。イノケンティウスの帽子はもっと簡素なものであって、その下に彼の顔があった。ボニファティウスは法王冠にか
ぶられた。法王冠は、いまや法王庁のビューロークラシー（官僚統制）を表現する。英雄の時代がすぎて、組織の時代がはじまった。それは、世

俗国家においても同様だったのである。

聖職人事権の独占

十三世紀の法王の汎ヨーロッパ的な権威を支えた仕組みは、まず第一に、各地教会の司教や修道院長の任命権の掌握である。叙任権闘争は司教の叙任権が法王にあることを確認したが、実際にはこれは、各地教会の教会参事会の選出した候補者を認承する権限であって、十二世紀中葉にこのことが制度化された。しだいに司教選挙に対する法王の介入の度合が強まり、十三世紀中葉には立場が逆転した。

法王は、全聖職者のポストに対する統制権を公然と表明し、人事介入を行って、各地の司教の選任を事実上独占した。大学の発展が、法王の中央統制をたすけた。各地教会のローカリズムを打ち破って、大学は、その普遍的人事の体系を各地に扶植してゆく。大学は、托鉢《たくはつ》修道会とともに、法王の普遍的支配の道具であった。

聖人、聖遺物の認定権もまた、法王の強力な武器であった。なにしろ、聖遺物をもたない教会などは存在しなかったからである。また各地教会の法廷から法王庁への上訴のルールがしだいに整えられたこと、これをもちろん軽視することはできない。

法王庁の収入

各地教会の司教任命にともなう納付金、これはふつう当該司教座初年度の収入とされるが、一律にきまっていたわけではない。その他、任命にあたって特別に法王に謁見する恩典に対する支払いがある。たとえば、一三〇二年、イングランドのセント・オールバンズ修道院長は、ローマに出向いて叙任をうけた折、初年度収入分納付金一〇〇〇金マルク、特別謁見料一二〇〇マルク、その他三二五マルクを法王庁財務部に納めている。フィレンツェで発行され、もっとも信用度の高かった金貨フローリンの枚数でかぞえれば、一万を越す。

法王は司教の「参勤交代」を要求した。トレド司教など、キリスト教圏の「辺境」に位置する司教は特免をうけた。また、貨幣代納の慣行が成立した。一三〇〇年前後、ルーアン大司教、ランス大司教は、この分として、一年おきに二〇〇〇フローリンを、カンタベリー大司教は、三年に一度、一五〇〇フローリンを納入している。

当初は十字軍費用負担のための特別納付が、しだいに固定した。教会収入のうち一定の割合で納付を要求されたのだが、その率もしだいに高くなった。一二一五年の第四回ラテラン公会議は、三年間にわたり教会収入の二〇分の一の納入を決定した。フリードリヒ二世死後の法王権高揚の時期、三〇年足らずのあいだに、二〇回余も、一〇分の一の納付が命ぜられた。

しかも十字軍は事実上終わり、法王庁の会計簿には、フローリン貨で一〇〇万台の金が、この口座だけで流れこんだのである。このいわゆる法王十分の一税（これは世俗の王侯の課税権に属する、いわゆる教会十分の一税とはちがう）は、当時もっとも整った一般課税のモデルであったのである。

第八章　王国の経営

1　シチリアの冬

シチリアへ

一一九〇年七月四日の朝、フランス王フィリップ尊厳とイングランド王リチャード獅子心の両名は、ヴェズレーを出立して十字軍の途についた。馬を並べて南にリヨンへの道をとったふたりが道中なにを語らったか、それはだれも知らない。随行の人数さえも記録されていないのである。リヨンでわかれて、フィリップはジェノヴァへの道をとり、リチャードは、ローヌ渓谷を下って、マルセイユに出た。

マルセイユには、ジブラルタルをまわって地中海にはいった船団が待ちうけているはずであった。ところが、その船団は、彼らよりも一足先に出発したフリーセンやデンマーク人十字軍団と同様、ポルトガルでちょっとした道草をくっていたのである。リチャードは、やむなく土地の船を傭用してジェノヴァに向かった。ジェノヴァに着いたのが八月十三日。着いてみると、先行したフランス王が病気でねていた。

ヴェズレーの丘　ここブルゴーニュの丘の上のロマネスク聖堂は，第2回十字軍のときも十字軍宣誓の儀典の場であった

リチャードは陸路、イタリア西岸を南下した。ナポリやサレルノに滞在して、サレルノ大学の医学の博士から健康のアドヴァイスをうけたりした。そうこうするうちに、フランス王がメッシナに到着したと情報がはいった。九月二十二日、リチャードはメッシナ郊外に宿営し、翌日、市内にはいった。

シチリア王の立場

当時シチリア王国の王はタンクレッドといった。一一八九年、両シチリア王ギヨーム二世が子なくして死に、王位は、本来ならばその叔母にあたるコンスタンス（つまり、両シチリア王国の創建者ロジェ二世の娘）のものになるところが、シチリア領民に支持されて、ギヨーム二世のいとこにあたる、アプリアのレッチェの伯タンクレッドのものになっていたのである。このタンクレッドは庶出の身であって、異端児のイメージが濃い。

ところが、死んだギヨーム二世の妻は、リチャード

シチリア王座のハインリヒと転落のタンクレッド　ハインリヒ頌辞の写稿の飾絵（13世紀）

の妹ジョーンであって、リチャードは妹の婚資の返還を請求しうる立場にあった。さらに、排斥されたコンスタンスは、神聖ローマ帝国皇帝フリードリヒ一世赤髯《あかひげ》王（バルバロッサ）の長子であり、十一歳年下のハインリヒと結婚していた。

話がこみいってきて申しわけないが、その皇帝フリードリヒ・バルバロッサは、じつは、イングランド・フランス王と別行動をとって十字軍行に先発し、両王がヴェズレーに会同して十字軍行へと足をふみだした、その一ヵ月ほどまえ、一一九〇年六月十日に、小アジアを進軍中、川にはまって死んでしまっていたのである。

だから、この時点では、そのハインリヒが、ドイツ国王、神聖ローマ帝国皇帝ハインリヒ六世として、コンスタンスの権利を擁護する立場に立っていたのであって、シチリアをめぐる国際情勢は、じっさいただならぬ様相をみせていたのである。

タンクレッドの立場は微妙であった。コンスタンスとハインリヒの王位要求に対しては、リチャードと組まなければならない。ハインリヒのホーエンシュタウヘン家は、フランスのカペー王家と協調関係に立っていたからである。とはいっても、ジョーンの婚資を返すのはいかにも惜しい。できれば、ここはひとつフィリップと組んで、リチャードの要求をはねつけたいところである。

フィリップとしては、いまこの段階でドイツ国王と事を構えたくはない。そういったもやもやした肚《はら》のさぐりあいの果てに、けっきょくタンクレッドは、リチャードと妥協し、金四〇〇〇オンスの支払いで手を打つことにした。

「オンス」はラテン語の「ウンキア」から出て、原義は十二分の一。「リブラ」の十二分の一の目方ということで、ほぼ二七グラムをいった。中世の「オンス」は三〇グラムほどで、「金四〇〇〇オンス」は一二〇キログラムほどの金塊に当たる。

懸案の処理

ところで、リチャードとフィリップとは、遠征行の利得は、なんであれ、たがいに分けあうという約束をしていた。そこでフィリップは分け前を要求し、二対一の割ということでリチャードと手を打った。フィリップは、おもわぬかねを手に入れ、その年のクリスマスに、随行したブルゴーニュ侯やヌヴェール伯にかねを与え、王の贈与という面目をたてることができた。そんなこんなで、年も明けて、一一九一年にはいった。両王はまだメッシナに滞在している。

もうひとつ問題があった。リチャードの結婚問題である。リチャードは、フィリップの異母姉アレスと婚約していた。だが、彼はアレスをすてようとしていた。このいきさつは、なおのちに述べる。リチャードは、結婚相手の選択を、母アリエノールにまかせていた。そのアリエノールが、息子の嫁に選んだナヴァラ王サンチョ六世の娘ベレンガリアをともなって、フランドル伯フィリップ・ダルザスにエスコートされて、メッシナに向かいつつあった。

アレスの処遇を、フィリップととりきめなければならない。先行してメッシナにはいったフランドル伯の老練の手さばきが、ふたりの若者のあいだに協定を成立せしめた。フィリップは、補償金一万マール（一マールは八オンス）の支払いの約束のほか、所領数個所の割譲の約束をとりつけた上で（これは、のちに述べるヴェクサン帰属の問題に関連し、フィリップは、このとき、ジゾールほか数個所の領主領をアンジュー王家からとりかえしたのである）、アレスを引きとることにした。

こうして問題をかたづけたフィリップは、三月三十日、メッシナを発って東に向かった。入れかわりに、アリエノールとベレンガリアがメッシナにはいった。数日後、アリエノールは、ルーアン大司教ウォルター・オブ・クータンスとともに、メッシナを北に去った。リチャードは、本国イングランドの不穏な情勢を知って、目付役にルーアン大司教を派遣したのである。

四月十日、リチャードの船団は、メッシナ港を出て東に向かった。第三回十字軍の序幕「シチリアの冬」がここに幕を下ろしたのである。

2　アンジュー王国

アンジュー伯家

リチャードは根っからの武人で、じっさいこのときメッシナで展開したような細かな外交術数は、彼の性に合わないものであったろう。イニシアティヴはフィリップのほうがにぎっていた。

リチャードは重荷を背負っていた。アンジュー王国である。別名プランタジネット王国という。リチャードの父方の祖父にあたるアンジュー伯ジョフロワが、プランタ・ゲニスタ（えにしだの花枝）を兜《かぶと》の飾りにしたと伝えられる故事に由来する。えにしだの花枝の王朝である。

アンジュー伯ジョフロワ　墓碑生地彫り七宝（部分）(1160年ごろ)

アンジュー伯家は、カペー家の国王推挙に加担した諸侯伯のリストに名を連ねた家門で、本来の家領アンジューに加えて、ジョフロワの母アランビュルジスの血縁からメーヌを、隣国のブロワ伯に対して臣従礼をたててトゥーレーヌを領していた。ジョフロワは、ノルマンディー侯にしてイング

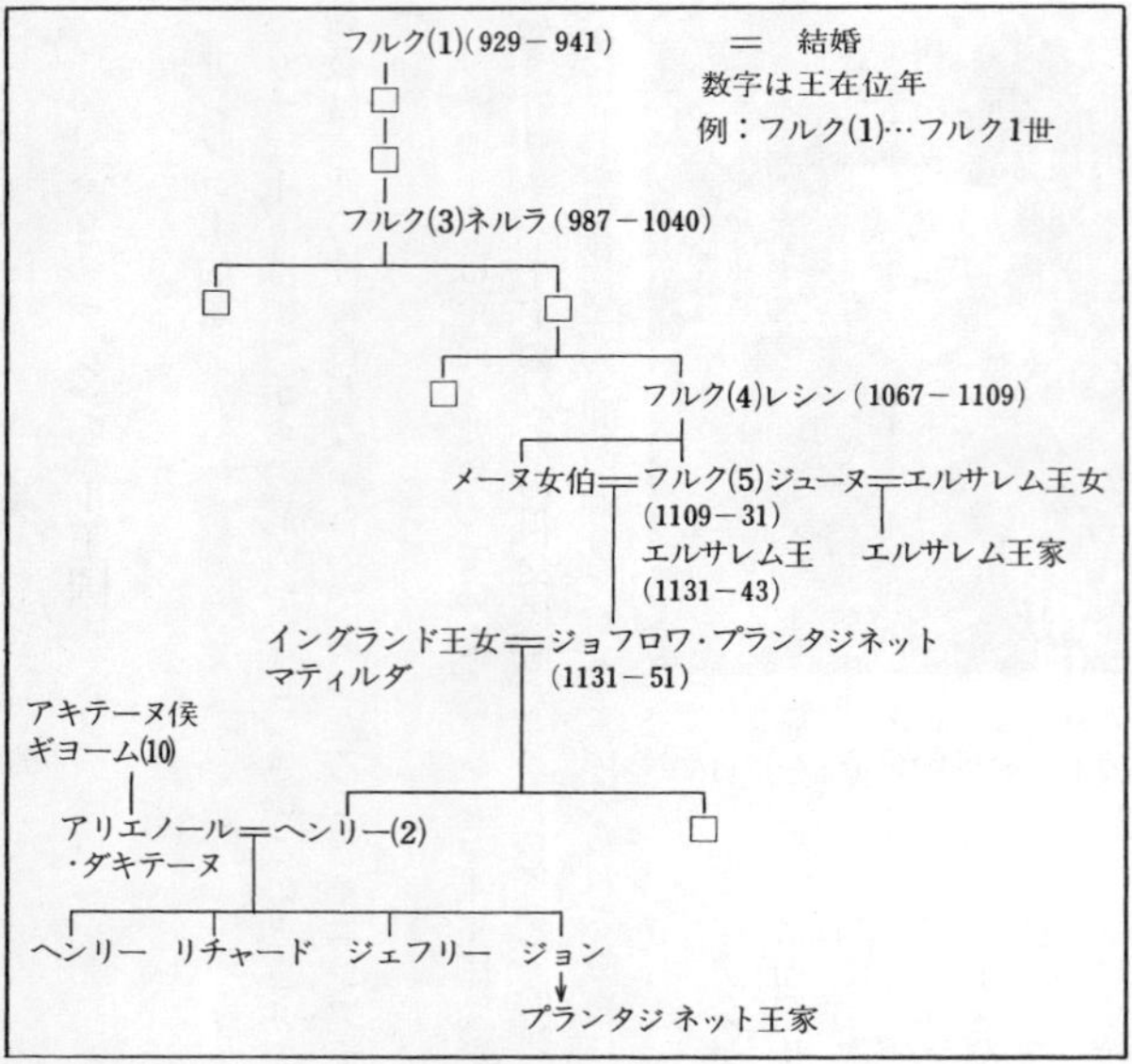

アンジュー家系図

ランド王のヘンリー一世（ウィリアム征服王の第三子）の娘マティルダを妻にしたが、そのヘンリーの甥にあたるブロワ伯スティーヴン（フランス名エチエンヌ）の野望が、イングランド・ノルマンディー王家（ノルマン王朝）末期の混乱を結果した。

一一三五年、ヘンリーの死後、スティーヴンがノルマン王朝の王位についた。後世のイギリス人が声をひそめて噂する「スティーヴン王の治世」、アナーキーの記憶の時代である。

イングランド王ヘンリー二世

マティルダは、夫ジョフロワに助けられて、王位請求の戦いをくりひろげた。やがて、内乱のはじまった年には二歳の幼児であった、ふたりのあいだの子ヘンリーも、騎士叙任を受ける年頃になり、一一四九年、ノルマンディー侯を称し、さらに父ジョフロワの死後、一一五二年、スティーヴン王と協定を結んで、イングランド王位継承権を確保した。しかもこの年、ヘンリーは、アキテーヌ女侯アリエノールと結婚し、妻を介してアキテーヌ侯領を領するにいたった。

この立場は、トゥールーズ伯に対する上級領主権をふくむ。しかも、ノルマンディー侯としては、ブルターニュ侯に対して上級領主権を行使する。ヘンリーは、いまやフランス西部諸侯領を総轄する大諸侯である。

一一五四年十二月十九日、ヘンリーとアリエノールは、ウェストミンスター修道院で、カンタベリー大司教シオバルドから王と王妃の冠をうけた。えにしだの花枝の王朝が花開いたのである。

イングランドの諸侯が、かくもやすやすとヘンリーの王位継承を認めたのは、じっさいふしぎである。ノルマンディーは、イングランド諸侯の所領と利権の宝庫であった。そのノルマンディーをがっちり押さえているアンジュー家に対して用心ぶかく構えた。案外、この辺が真相ではなかったか。

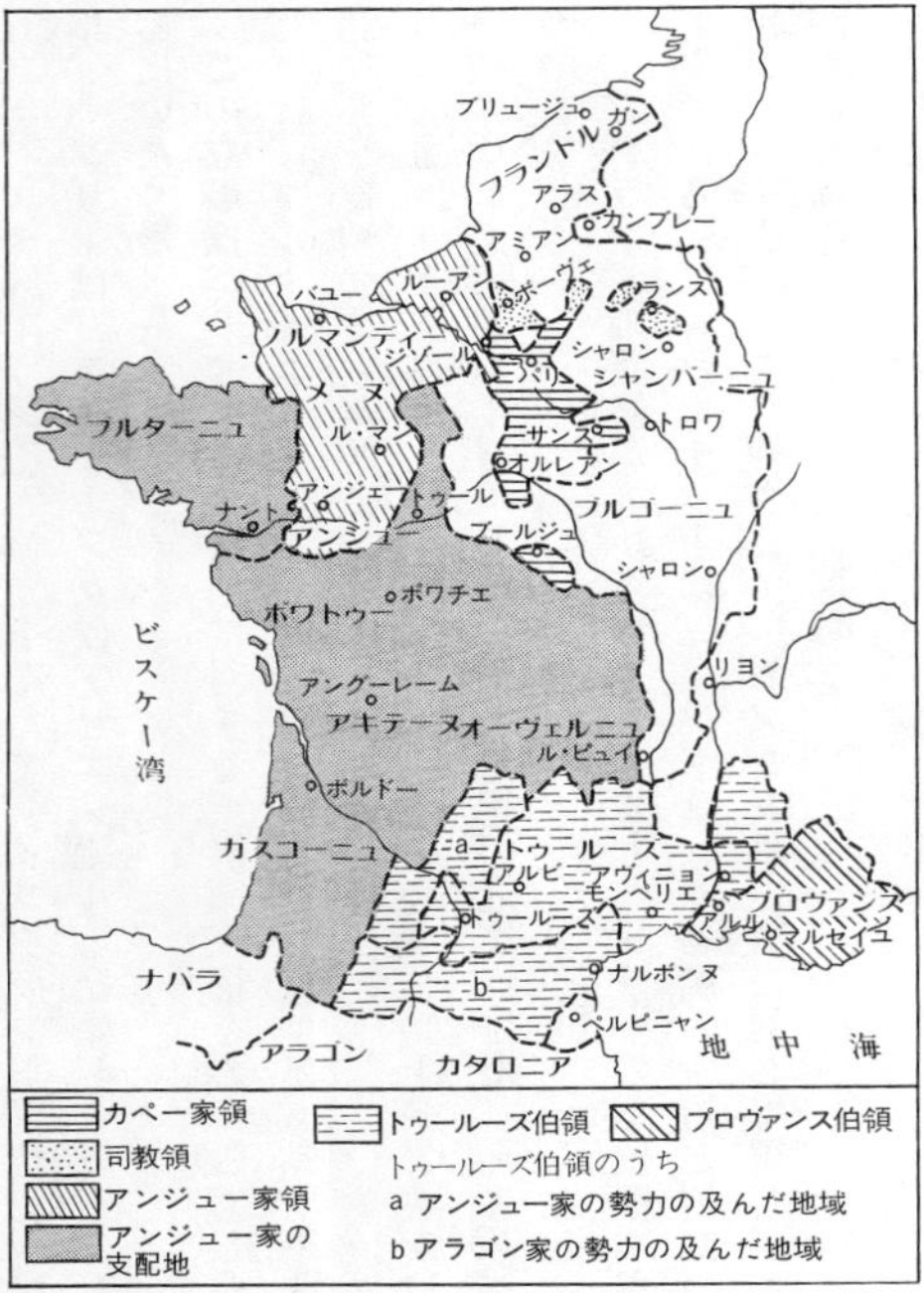

1180年代のフランス

王の支配

じっさい、十二世紀前半のイングランドは、ドイツやフランスのばあいと同様、諸侯分立の気運もあったのである。とりわけ問題であったのは、およそ一〇〇ほどの有力諸侯が、征服王の遺産である行政機構、シェリフ（州長官）職を私物化する傾向のみられたことである。ロンドン、エセックス、ミドルセックス、ハートフォードシャーの州管理権を在地化させたマンデヴィル家のジョフリーのばあいが、その筆頭である。

ヘンリー二世は、州長官職体系の建て直しをはかり、州長官を通じて州内の騎士（下級領主あるいは領地をもたぬ平騎士）を把握し、王権の支持基盤をこれに求めた。一一六六年の「クラレンドン条令」は、王の巡回裁判法廷が在地の領主裁判権に優越することを明確に定め、騎士あるいは領民一般に、領主裁判を越えて王の法廷に上訴する道を開いた。あるいは、領主領内に対するシェリフの立入り調査権を認めている。封建領主のもつ不入権（インムニテート）の原理的否定である。

さらに王の法廷での判例が、各地の慣習法の不均衡を排除しつつ、王国全土に通用する法、コモン・ロウ（普通法）の体系をつくりだしてゆく。法制的側面からみるとき、イギリスの封建王政は、コモン・ロウの普及を通じての騎士層の王権による直接把握という形をみせるのである。

王権の支持層を「騎士」身分に求めるこの政策の展開は、やがて軍役代納金制の普及とあいまって、下級領主層の、いわば貴族離れを結果する。いわゆるジェントリー層の形成である。これに対応する「市民」、この団体もまた、ヘンリー親子の代にイングランドに根付いた。だいたい十三世紀初頭までに、七〇ほどの都市が特許状を獲得している。

アリエノール・ダキテーヌ

ヘンリー二世の妻、アキテーヌ女侯アリエノールは、もとフランス王ルイ七世の妻であった。アキテーヌ侯ギヨーム十世の娘、ということはトルバドゥールの頭目ギヨーム九世の孫娘で、爛熟したアキテーヌの宮廷文化のただなかに成長したアキテーヌ侯家のひとり娘アリエノールは、十五歳の春に父侯を失い、父侯の遺志によって、カペー家の長子ルイのもとに嫁いだ。

アキテーヌ侯家は、カペー王家を推戴した諸侯中の最長老格であったが、その後、両家はたがいに疎遠で、この嫁取りをきっかけに一挙に西南部フランス、アキテーヌの地に王権が伸びたという格好であった。じっさい、この話がパリにもちこまれたとき、フランス王ルイ六世とその重臣、サン・ドニ修道院長シュジェールは、ためらうことなく行動を開始したのである。シュジェール自身が、王太子ルイをともなって南下し、ボルドーの木蔭の館の十五歳の少女を拉《らっ》し去った。まったくそんな感じであった。

それにしても運命の変転は、この黒い瞳の少女の上にめまぐるしかった。北国の都パリへ向かう途上、ポワチエで、ルイ王死去の報がはいり、アキテーヌ侯国第二の首都ポワチエは、アキテーヌ女侯およびフランス王妃に対するの礼をもってアリエノール・ダキテーヌを見送ったのであった。

フランス王妃からイングランド王妃へ

こうしてアリエノールは、フランス王妃としての十五年間をすごし、ルイとのあいだに二女をもうけた。男の子の生まれなかったことが、相続者を欲しがるルイを苛立《いらだ》たせたのか。当時しきりに噂されたように、夫の十字軍行（第二回十字軍）に同行したさいの振舞いに不貞の嫌疑がかけられたのか、それはわからない。公表された理由は、血族結婚であったからということであった。十五年も連れ添ったあげくに！　一一五二年、アリエノールはフランス王妃の座を失った。

アリエノールの宮廷は、南の宮廷文化を北に移植したものであった。娘のシャンパーニュ伯妃をはじめ、彼女のまわりに集まる貴族サークルのムードは、やがて北フランスに騎士道物語文化圏を醸成してゆく。おそらく、アリエノールの周辺の雰囲気は、十二世紀前半の北フランスには、いまだ異質のものであった。そういう生活感覚のずれが、この離婚事件の背景をつくっている。

むしろ、アリエノールの方からカペー家を捨てたのであった。そう思い切ることができるだけの権勢が、アキテーヌ女侯アリエノールには備わっていた。けれども、アキテーヌもまた、いってみればフランス王領と変わらず、自生的領主権力の混成体である。アキテーヌ侯家がなんの不安もなく管理しえた土地といえば、わずかにポワチエを中心とする侯家の家領があるだけであった。ベリー、オーヴェルニュなどの諸伯と侯家との結びつきは、いわばカペー家とアキテーヌ家との関係の縮図であったといってよい。

だからこそ、父侯は、アリエノールのために配慮し、カペー家を娘の保護者に選んだのであった。いまカペー家との関係を絶つとき、アリエノールは有能な同盟者が欲しかった。元王妃アキテーヌ女侯を高く売りつけたかった。そのアリエノールの視線がアンジュー家のヘンリーを選んだ。彼女の眼力に狂いはなかった。

アリエノール・ダキテーヌ　シノンのサント・ラドゴンド礼拝堂の壁画

トルバドゥールの女王

世界がぜんぶおれのものならば、
大海からラインの岸辺まで、
ぜんぶくれてやろうぞ、
もしもイングランドの女王を
この腕に抱けるのなら。

「放浪学生（ヴァガンテスあるいはゴリアルディ）」のラテン詩歌集『カルミナ・ブラーナ』に収録された歌の断片である。たぶんドイツ出身の学生が、アリエノールをかいまみて即興に作ったものであったろう。

ヘンリーとアリエノールのあいだには、こどもが八人生まれた。末子ジョンは一一六七年に生まれ、その直後、ふたりは別居生活にはいっている。アリエノールは、いちばんかわいがっていた息子リチャードを連れて、ポワチエの城館に住んだ。トルバドゥール、ジョングルール、若い遊び人の騎士が、彼女の宮廷サークルを作る。アリエノール、トルバドゥールの女王、この年、四十五歳。

いったいどんな女だったのだろう。絵は、つい最近、シノンのある礼拝堂で発見された壁絵で、右側の若い女性は、イザベル・ダングーレームと推定される。アングーレーム家のイザベルは、一二〇〇年、その前年兄王リチャードの死によって王位についた末子ジョンと結婚した。してみると、この壁画は、どうやら一二〇〇年前後のものであり、アリエノールは一一二二年の生まれだから、なんと七十歳台の後半！　とても信じられない。

アリエノールの息子たち

トルバドゥールの女王は、ポワチエの城におとなしくひきこもってはいなかった。息子たちがそうはさせなかったということもある。長子ヘンリーは、一一七〇年以降、王位継承者に指名され、父王と共同統治の形をとった。それなのに、なお処遇に不満で、父王に叛逆した。

そのヘンリーが、一一八三年、若死にした。次子リチャードは、すでに母の所領アキテーヌ侯領を受封していたが、それを弟のジョンにわけるようにいわれて、これまた父王にそむいた。末子ジョンもまた、父王の死期のせまったぎりぎりの段階で、兄

運命女神の車輪　ラテン詩歌集『カルミナ・ブラーナ』写本第一葉の飾絵。車輪は運命の変転を象徴する（13世紀）

リチャードの尻馬に乗り、陰謀加担の誓文に署名した。

第三子ジェフリーは、表立って事をおこすことこそしなかったが、世人は、彼こそがアンジュー王家内紛の元凶とみた。陰の狂言廻しという役どころである。これは、ブルターニュ侯領を相続したが、早世し、一子アーサーを残した。

けっきょく、兄弟四人とも、父王ヘンリーを生涯悩ませた。それだけ個性的な連中だったといえる。けれども、彼らの背後に、母親アリエノールがいた。そして、アリエノールの前夫ルイ七世と、そのルイ七世を一一八〇年に継いだフランス王フィリップ・オーギュストがいたのである。

3 カペー戦略

カペー家の立場

ルイ王にしても、一一八〇年に父王を継いだフィリップにしても、アリエノールがカペー家を去ってアンジュー家についたことを、それほどの損失とは考えていなかった。もともとアキテーヌは婚資としてもたらされた領土だ。それに、アキテーヌ女侯がアンジュー家と組んだとしても、侯領がフランス王家の封土であることに変わりはない。アキテーヌ侯は、カペー家に対して臣従礼をたてるのである。カペー家を王家に推戴した諸侯は、王家に対する誠実の義務を、将来にわたって負うたのであった。

婚資の領土であろうが臣下の領土であろうが、カペー家の侯領に対する立場は、それほど変わりはしない。要は、実をどうとるかなのだ。王領はまだ小さい。資力の点でも、大諸侯のだれにもおそらく劣る。フィリップの年収入は、リチャードのイングランドからの収入の半分ほどであったという数字がある。いわばゼロから出発する強みで、封建的アナーキーのただなかに、カペー家のリアリズム（現実政治）が突き進む。

のち、十三世紀後半、ボーヴェジス（西北フランスのボーヴェ周辺）の慣習法について書いて、ボーマノワールは喝破する、「君主、とここでいうのは、王の名があげられていないばあいには、諸侯領をもつものすべてをいう。というのは、諸侯は諸侯領の内部において君主だからである」。これが現実だといちばんよく承知していたのがカペー家の王たちであった。諸侯伯どころか領主領領主が、都市が、村が、それぞれ自立する政権だと観念する。カペー家の戦略はそこに根差していた。

パリをのぞむ　フロワサールの『年代記』写本飾絵。フィリップ尊厳の時代から２世紀後のパリの景観である（15世紀）

国王塗油　『戴冠儀式次第』の写本の飾絵。塗油の秘蹟が王を聖別し，神の権能を王に分与する。戴冠儀式の核心である（14世紀初頭）

王であること

王であること、たしかにこれはカペー家の当主たちの最大の強みであった。王であること、その意味は三点に要約される。超自然的権能を有すること（「瘰癧《るいれき》を癒《いや》す王」のイメージ）、教会の保護者であること（カロリング的観念の持続）、そして封建宗主であること（封建制度の論理的帰結）。

ドイツの王権のように、なまじ強力な政権であるばあいには、対教会の問題で紛争が生じる。教会そのものが叛逆するのである。けれども、カペー家が直接、任免を左右しえた高位聖職者は、フランス全土で七七人のうち二六人にすぎなかったという数字がある。教会は、むしろ、カペー家を保護者として諸侯伯の統制から離脱しようとはかるのである。

なにしろ神を代理して超自然的権能を発揮するのだから、その実効性はともあれ、道徳的訓令を発することができる。王の平和令である。これが、諸侯領主層の次元をつきぬけて、一般民衆に正義の王のイメージを植えつける。

封建宗主としての立場は、それほど単純なものではない。カペー家のリアリズムは、ここにこそ発揮される。王直属の封臣は、王領以外の諸侯伯領内部にも散在する。教会領主もその一部だが、そういった家臣網を拡大する努力とともに、諸侯伯の封臣の権利闘争に仲介者として介入する。ばあいによっては、一介の領主に臣従誓約をたてる立場に立ちながら、その領主領の経営を分担する。在地の伯あるいは教会と提携して、村や町を建設する。ばあいによっては、たとえばアキテーヌやガスコーニュ地方では、イングランド王やトゥールーズ伯との共同事業として建設される。総じてフランスに特徴的なパリアージュ（領主権共有）である。そういう錯綜した領主権の網目をぬって、王権の拠点を設定してゆく。

実質的には一諸侯の行動と変わりはないのである。だが、一介の城持ち領主に臣従礼をたてる立場を容認しながら、王は、臣従礼の儀式をたくみに回避してゆく。王はなんぴとにも臣従しないのである。この明らかに矛盾する行動が様々な紛争をひきおこす。けれども、現実には、いつのまにか王の役人が駐在し、王権の拠点の分布がしだいに密になってきて、やがては諸侯領主の統制網をゆるませ、しめつけるにいたる。

アンジュー家との闘争が一段落し、西部諸侯領が王領として確定するとき、その政権移動は、いともスムースに行われた。実質、西部諸侯領は、カペー家によって侵蝕されていたのである。

アキテーヌ経営

けっきょくアンジュー王家はどちらかを選択しなければならなかったのである。イングラ

ヘンリー２世とアレス　（映画「冬のライオン」から）

ンドか、フランス西部諸侯領か。

アンジュー家の本領アンジュー、メーヌ、トゥーレーヌ、それにノルマン王家の旧領ノルマンディーに対してはともかく、広大にひろがるポワトゥー以南の諸侯伯領、それにオーヴェルニュ、すなわちアリエノールを介して領有するアキテーヌ侯領に対しては、アンジュー王家としてもほとんど手の下しようがなかった。

リチャードは、一一七九年、母の所領を譲りうけ、正式にアキテーヌ侯号をとった。けれども、アキテーヌの諸侯は、アンジュー王権に対してきびしかった。この地は「かつて矯《た》められたことのない土地」と、イギリス人の年代記家はしるしている。

リチャードは、ネーデルラントから徴募した傭兵隊を使って、臣従を拒否する領主の城を次々に陥れていった。リチャードの厳しい軍律に、家臣団のあいだにも反感が醸成され、教会はリチャードを断罪した。つまり、リチャードのアキテーヌ経営は、実質、アンジュー家による武力制圧だったのである。ちょうどウェールズに対するヘンリー二世の政策展開と軌を一にして、アンジュー王家の対辺境政策の表現であった。もっともウェールズのばあいは、末っ子ジョンのみじめな失敗によって、企画は挫折したが。

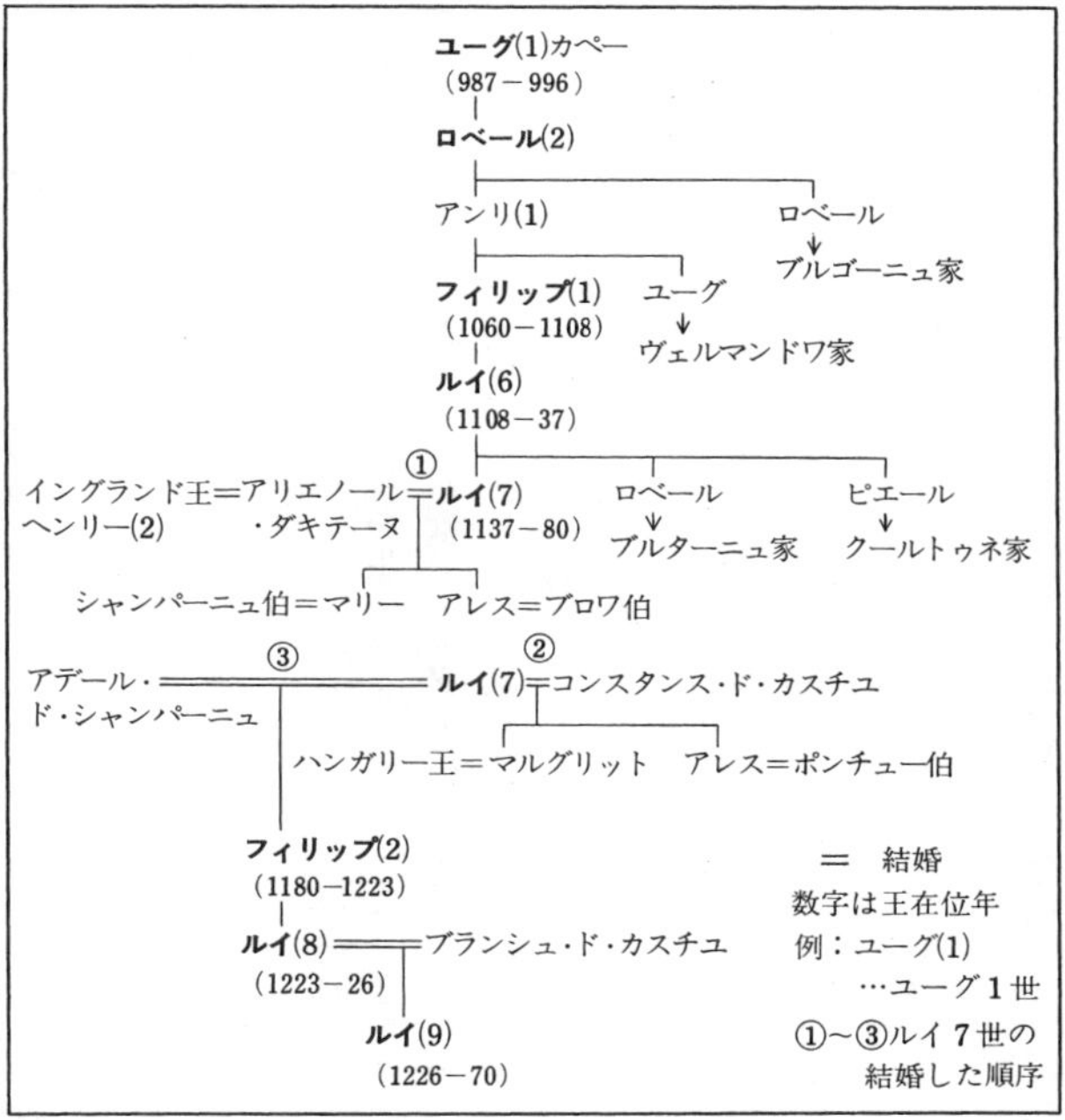

カペー家系図

野の花、アレス

このリチャードと父王ヘンリーとの仲は、うまくいっていなかった。ひとつにはヘンリーが末子ジョンを溺愛していたということがあったし、またリチャードの許婚者アレスと父王とのあいだにはとかくの噂もあった。

　アレス、あるいはアリス。トルバドゥールの女王アリエノールの宮廷の片隅の野の花。兄弟いがみあって父王と争い、捕囚の母アリエノールが冷やかな眼付でかたわらにひかえる、家族再会の陰鬱《いんうつ》のシノン城の孤児。アリエノールは、息子たちの謀叛をそそのかしたというので、イングランドに軟禁され、クリスマスに、ロワール中流のシノン城に送られて、夫や息子たちと再会する。「冬のライオン」という映画をご記憶だろうか。この映画の筋立てがそれである。

フランス王ルイ七世は、アリエノールが女腹だというので離婚した。ふたりめの妻、カスチラ王女コンスタンスも女児を生んだ。マルグリット。ふたりめも女の子だった。アレス。アレスを生んですぐ、あわれなコンスタンスはみまかった。一一六〇年。

九年後、モンミライユにアンジュー家一族とカペー家一族が会同した。ルイ七世は、この九歳の少女を、ポワトゥー伯であり、アキテーヌ侯を約束されたリチャードにくれてやった。婚資にベリーをつけて。アリエノールはこの孤児を引きとった。ポワチエの宮廷で野の花を華麗に花開かせようと。

姉のマルグリットは、アレスの生まれた年、ということはまだ三歳の幼児だというのに、五歳の少年ヘンリーと結婚させられていた。婚資に、ジゾールをふくむヴェクサン・ノルマンを背負わされて。

ヴェクサン伯領

ヴェクサンは、ノルマンディーと「フランス」にはさまれた地方で、エプト川の西をヴェクサン・ノルマン、東をヴェクサン・フランセと呼ぶ。ヴェクサン・フランセは、オワーズ川を境にパリジスと接している。

以上は、しかし、地名辞典的ないいかたで、歴史的位相において説明すれば、こうなる。十一世紀に、カペー家の家領の北から西にかけて、いいかえればオワーズ・セーヌのあいだに、アミアン・ヴァロワ・ヴェクサンを統轄する伯権が形成されていた。これは、しかし、フランク王国時代以来の「伯」権であって、十一世紀の過程で、これがいくつかの領主領に分解してゆく。

この分解のプロセスが、一〇七七年、伯シモンが世を捨てて修道院にはいり、伯領を放棄したという故事として記憶された。じっさい、そうだったのかもしれない。そのとき、ヴェクサンがサン・ドニ修道院に寄進されたのかもしれない。というのは、十二世紀にはいるとカペー家がこのヴェクサンを保有しているのだが、これは、一一二六年のエピソード（前出）が示すように、サン・ドニ修道院からの受封としてであった。修道院長シュジェールが、そう証言しているのである。

このヴェクサン伯領（この「伯」は、もはやフランク王国的イメージを清算している）のエプト川沿いの要衝ジゾール領主領から西を、マルグリットの婚資として、ノルマンディー侯たるヘンリーがあずかったのである。

話がますます細かくなって恐縮だが、じつは少年ヘンリーとマルグリットの結婚話は、アンジュー王家の玉璽《ぎょくじ》尚書であり、イングランド教会最大の実力者、のちにカンタベリー大司

ジゾールの城砦の遺構　八角の天守。11世紀末に建造

教としてヘンリーに対立し、謀殺されることになるトマス・ベケットの発意に出たものであって、マルグリットが生まれたばかりの一一五八年に、すでに約束されていた。

ルイ七世は、母コンスタンスから無情にも赤児をひきはなし、テンプル騎士団の一員ロベール某に保育をまかせ、あわせてヴェクサンの管理を同騎士団にあずけた。ところが、ヘンリーは、ふたりの長ずるのを待つことにしびれをきらし、一一六〇年、強引にふたりを結婚させ、ヴェクサンを差し押さえたのであった。

ヴェクサン帰属問題

そういう因縁の土地、プランタジネットとカペー両家の抗争の集約点、それがヴェクサンであった。両家の政策的取引の道具に使われた姉妹、それがマルグリットとアレスであった。ふたりを生みながら、その手に赤児を抱くことなく、あえなくみまかった母親、それがコンスタンス・ド・カスチユであった。そうしむけた夫、それがルイ七世であった。アリエノールがルイのもとを去ったのはなぜか。その答えはここにある。

ところが、若い王ヘンリーが一一八三年に死んだ。マルグリットはカペー家に返され、三年後、ハンガリー王ベラのもとに嫁した。こうしてヴェクサンの帰属が問題になり、ルイ七世を継いだフィリップは、これを有効な武器として使える立場に立ったのである。

これをアレスの婚資に振り替えたらどうだろう。だが、それならベリーはどうなる。だいいち、リチャードはアレスとの結婚を嫌っていた。いったいなぜなのか。これも不明である。リチャードは女を愛することができなかった。一説にはそういう。フィリップとのあいだにミニョン関係があった。そうも推測されている。そういうわけで、アレスは好奇の眼差しの下にさらされた。そんなアレスが、どうして宮廷女の装いをとりえよう。

老王ヘンリーの死

一一八八年、事態はいささか芝居がかった様相をみせた。リチャードとフィリップのあいだに密約が成った。フィリップが攻勢に出て、ベリーに兵をいれた。アレスの婚資を差し押さえたのである。十一月、ボンムーランでの話し合いはみものであった。「小僧っ子」フィリップに対し、なんとリチャードが臣従礼をたててみせたのである。老王ヘンリーは、なすすべもなくひき下がった。

なお事態の成行は、半年ほどのあいだ凍結された。リチャードは、ポワトゥーの領主たちの叛乱に対処するのにいそがしく、くわえてトゥールーズ伯とのあいだに紛争が生じた。十字軍行のことが提起されたのは、この間のことである。生涯の終わりを聖地十字軍で飾りたいというねがいが、老人の気力をかきたてた。ヘンリーは精力的に対策をたて、彼の生まれた土地ル・マンの城から号令を発し、イングランドとノルマンディーから、「サラディン十分の一税」をかき集めた。

リチャードは根っからの武人である。遠征行は彼ののぞむところであった。ただひとつ、心配の種があった。弟ジョンの件である。リチャードの王位継承は、いまだはっきり約束されたわけではない。父王の「末っ子」ジョンへの愛情の深さが、リチャードの猜疑心《さいぎ》をかきたてる。リチャードは、ジョンも遠征行に参加させるよう要求した。ヘンリーは拒否した。

リチャードは肚《はら》をきめた。父王を捕らえ、一一八九年七月四日、トゥール近郊コロンビエールにフランス王との会同の場をもうけたのである。アンジュー家対策の持駒リチャードの要求は、そのままフィリップの要求である。老王ヘンリーの気力もここにつきた。しかも、フィリップとリチャード・ド・カペーに加担した諸侯の名簿の筆頭に、愛するジョンの名を見出したヘンリーであった。リチャードは王位継承者に指名された。フィリップ・ド・カペーに対して、金二万四〇〇〇マールの賠償金支払いが約された。

虚脱した老人はシノンに送られた。この城での家族会同の想い出が、臨終の床のヘンリーの胸に去来したことでもあろう。二日後、老人は息をひきとった。


そして一年後……

コロンビエールの会合の日からちょうど一年後、フィリップと馬をならべてヴェズレーを発し、十字軍行の途についた日の朝、リチャードは、父王ヘンリーのことを想起したであろうか。

4　皇帝の野心

ホーエンシュタウヘン家

もちろん形の上だけでの類似だが、アンジュー王国のヘンリー二世とその息子たちの役どころを、ドイツ神聖ローマ帝国では、フリードリヒ・バルバロッサとその息子ハインリヒ六世が担った。アンジュー王国のばあいのイングランドとフランス西部諸侯領が、このばあいはドイツ本国とイタリア諸侯領ということになる。

アンジュー王国のばあいは、ヘンリーの息子たちの代に、フランス西部諸侯領を放棄することがイングランドの国家的成熟を保証したが、ホーエンシュタウヘンの王たちについていえば、いわばその逆で、ハインリヒ六世とその子フリードリヒ二世は、ドイツ本国を放棄してまで、イタリア経営に執念をもやした。アンジュー家とホーエンシュタウヘン家と、この両家の描いた軌跡に、イギリスとドイツのその後の歴史の推移が、あざやかに刻印された。

ハインリヒの相続

一一九〇年六月、父王フリードリヒ・バルバロッサが、十字軍行の途上、小アジアで不慮の死をとげたあと、二十三歳の長子ハインリヒには三つの課題が与えられた。ドイツとシチ

ハインリヒの相続　フリードリヒ・バルバロッサの十字軍行。小アジアでの事故死。ハインリヒ6世のシチリア遠征。1197年に作られた写稿の飾絵

リア、そして十字軍である。

　父王死去の報らせがはいったとき、彼はすでに、タンクレッドに簒奪された妻コンスタンスの権利を回復しようと、シチリア遠征を準備中であった。この計画は変えないし、変える必要もない。彼はすでに父王と王冠を共有していた。シチリアへの途上、ローマに立ち寄って、法王から皇帝の冠をもらう手間がふえただけだ。

だが、彼は出鼻をくじかれた。父王とともに十字軍に出かけたある諸侯が死去し、後継者を欠くその伯領を、彼は帝国領に吸収し、ミニステリアーレス（国王直属の騎士官僚）に経営させようとした。ドイツ諸侯は、いっせいにこれに異をとなえた。そのことのわけは後述する。このさわぎで、ハインリヒの計画は、半年ほどおくれた。

　翌一一九一年春、ハインリヒはイタリアに入り、ローマで戴冠したのち、ナポリ城壁にまでせまった。だが、ドイツ本国の政情不安が、八月のすえにはナポリ攻囲陣を解かしめた。つぎの機会は一一九四年にきた。この年初頭、両シチリア王タンクレッドが死んだ。南下し

たハインリヒは、その年のうちに南イタリアとシチリアを制圧し、クリスマスの日に、パレルモの聖堂においてシチリア王の冠をうけた。ここに、ノルマンディーのオートヴィル家に出る両シチリア王権が、ドイツのホーエンシュタウヘン家に接木《つぎき》されたのである。

そのころ、ハインリヒの妻コンスタンスは、中部イタリア、アドリア海沿岸のアンコーナ辺境領のイエシという町で、産の床についていた。結婚後九年、四十歳の彼女は、いま、オートヴィル家とホーエンシュタウヘン家の血脈をひとつに合わせせようとしている。夫の戴冠式の翌日、彼女は男の子を生んだ。洗礼名はフリードリヒとつけられた。のちのフリードリヒ二世である。

ハインリヒとコンスタンス　銀貨極印。径2.6cm

シチリア王家の東方政策

ノルマン・シチリア王家の政策路線は三方向に伸びていた。北アフリカ、とくにチュニジアのイスラム政権、コンスタンティノープル、そしてパレスチナである。いま、ハインリヒは、シチリア王として、これらの路線、まとめれば東部地中海への進出計画を踏襲する。

チュニジアのイスラム政権に対し、すでにコンスタンスの甥にあたる先代のシチリア王ギヨーム二世は、有利な立場をつくっていた。これを継承し、通商関係を維持する。東ローマ帝国については、一一八〇年、皇帝マヌエル・コムネヌス

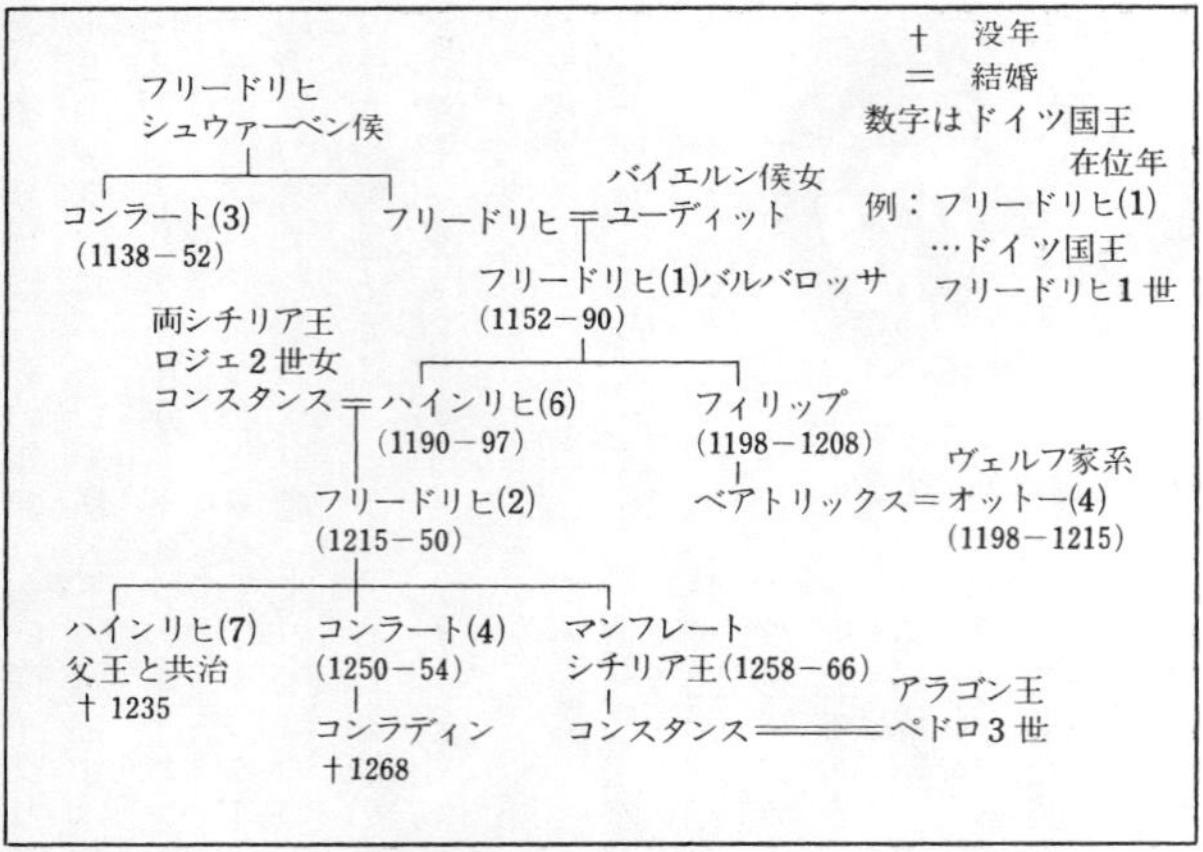

ホーエンシュタウヘン家系図

の死後生じた内紛に乗じて、その甥アレクシウスの立場を楯に、ギヨーム二世は、バルカン半島攻略を試みていた。

この企図は、一一八五年のテッサロニケ制圧を輝かしい記念として、けっきょくは実り薄いものに終わったが、海上では、シチリア艦隊は執拗にバルカンから小アジア沿岸に軍事的干渉を続け、第三回十字軍の動きと交錯して、複雑な軌跡を描いたのである。

ハインリヒは、この東ローマへの干渉を政策として継承した。これは、父王フリードリヒの無念の十字軍行の遺志達成という動機とからみあう。ハインリヒの十字軍計画は、東部地中海の情勢に大きな変化を及ぼす可能性をひめるものであった。

ハインリヒの「十字軍」

ハインリヒは、一一九五年春には、いちはやく十字軍宣誓を行い、同時に東ローマ皇帝イサキウスに対して、バルカン半島の「返還」と、父王が東ローマ帝国領内通過のさい受けた損害に対する補償、およびパレスチナ遠征に対する東ローマ艦隊の支援を要求した。この交渉の途中、イサキウスは、その弟アレクシウス三世に位を簒奪され、眼球をつぶされたが、要求はいぜん持続され、けっきょく、金一六〇〇タレントの支払いということで協定が成立した。なお、「タレント」は古代ギリシアの「タレントゥム」からで、標準はほぼ二五・八六キログラムである。

この年十月、ドイツに帰ったハインリヒは、ゲルンハウゼンに諸侯会議を召集し、ドイツ諸侯に十字軍参加を要請した。この席に、キプロスの支配者であるフランスのルジニャン家のエムリの使者が到着し、キプロスをハインリヒの封土として受封したいむねを申し入れた。このことは、ドイツ国王のパレスチナ遠征にますます現実味をもたせるものとなった。十一世紀のすえに、小アジア半島のキプロスの対岸から北シリアにかけて成立した、チリチアのルーペニド朝アルメニア王国のレオン二世もまた、同様の提案を行っている。

父王の召集した軍勢を上廻る規模の遠征軍が組織された。諸侯は、軍勢をひきいて続々と南下した。一一九七年以降、彼らは南イタリアの諸港を次々に出航した。リューベックの覚書記者は、軍勢の総数を、「リューベックの市民軍四〇〇をふくめて」六万と報告している。

全軍の指揮権は、マインツ大司教コンラートに委任され、ハインリヒ自身はシチリアにと

ハインリヒ獅子侯とその妻マティルダ　マティルダはイングランド王ヘンリー２世の息女。ザクセン侯領の首都ブラウンシュヴァイクの聖堂の墓碑彫像

どまったが、ハインリヒ直属の騎士隊一五〇〇が全軍の中核を作った。

夏から秋にかけて、船団の主力はアッコンに到着した。

ハインリヒの死

ところが、一一九七年九月二十八日、メッシナでハインリヒは持病の熱病に倒れたのである。親子二代、あいつぐ十字軍企図中の不慮の死であった。ドイツ軍は、アッコンからベイルート方面に展開していた。アッコンを代理首府とするエルサレム王国を、北シリアのトリポリ伯領に連結しようという作戦であった。現地のフランス人、イギリス人十字軍士のいやがらせを克服して、新参のドイツ人勢力がしだいにのびる。

この過程で、エルサレム王アンリ・ド・シャンパーニュが死去し、キプロス王エムリが王に選ばれた。これまたドイツ十字軍の成果であった。かくて、アルメニアからエルサレム（実際はアッコン）にかけて、シリア・パレスチナ海岸にドイツ王権の手が伸びひろがりかけた。この時点でのハインリヒの死である。

ティルスから内陸に入ってトロンにまで進出していたドイツ軍は、皇帝死去の確報に接して崩壊した。この年の冬から翌年にかけてドイツ人十字軍士は蒼惶《そうこう》として本国にひきあげた。ドイツ本国では、王位継承をめぐる諸侯の対立が荒れ狂う。フリードリヒ・バルバロッサの強大な帝権を受けついで、シチリア・東部地中海に展開しようとしたハインリヒ六世の帝権は、その基盤のもろさを一挙にさらけだしたのである。

法王イノケンティウスの介入

だれが国王になるか、諸侯の関心はここに集中した。フリードリヒ・バルバロッサは、生前ハインリヒを共同国王にしておいたから、ハインリヒの王位相続は既成の事実であった。だが、ハインリヒの遺児フリードリヒのばあいはどうか。

ハインリヒは、自分の短い生涯を予感したのか、一一九六年初頭のマインツの諸侯会議に、皇帝世襲の提案を行い、ホーエンシュタウヘン家の王位独占を認める代償として、国王の封土であり、原理的には相続の自由をもたないはずの諸侯の家領について、親族による相続の権利をほぼ全面的に認め、聖職諸侯についても、それにみあう権利の容認を提案した。けっきょくこれは諸侯の反発をかい、ローマ法王もこれを認めなかったので、流産してしまったのであった。

そういうわけで、幼児フリードリヒの権利は、さしあたり母方の遺産であるシチリア王位にだけ限定された。母コンスタンスは、翌一一九八年、わずか三歳のフリードリヒをシチリア王に戴冠させ、ローマ法王の後見の下においた。両シチリア王国は法王の封土である（第五章参照)。法王は、同年初頭登位したばかりのイノケンティウス三世であった。

国王選挙

他方ドイツ本国で行われた国王選挙は、ハインリヒの弟のシュヴァーベン侯フィリップと、バイエルン侯ハインリヒ・デア・レーヴェ(獅子侯)の第三子オットー両名の対立に終わった。オットーの母は、アンジュー王家のヘンリー二世の娘、つまりリチャード獅子心王の姉マティルダであって、オットーはリチャードの側近にあり、アキテーヌ侯の称号をもっていた。アンジュー王家がドイツ国王選挙に介入したという形なのである。

法王イノケンティウスは、ホーエンシュタウヘン・ヴェルフ両家の争いにまきこまれた。法王は、一二〇一年、オットーを神聖ローマ皇帝と認めた。けれども、一二〇八年、対立国王フィリップ横死後、フランクフルトの諸侯会議で再度国王に選出され、翌年法王から帝冠をうけるまで、オットーの帝位は保留されたとみる見方もあり、この辺の事情の推移は混乱している。

ところが法王は、一二一〇年、オットーがシチリア王国に干渉したことを理由に、オットーを破門した。ホーエンシュタウヘン側の諸侯は、あらたにシチリア王フリードリヒをドイツ国王に推戴した。フリードリヒは、一二〇八年、法王の後見から解かれて、シチリア王として親政にはいっていたのである。

ブーヴィーヌの戦い

またもや内乱がはじまった。フリードリヒの立場は、フランス王フィリップ・オーギュストに支持された。法王はフランス王権と組んだのである。ここにオットーは、ネーデルラントのブラバントほか諸侯やイングランド王ジョンと組んで、ホーエンシュタウヘン・法王・フランス王連合と対決した。一二一四年七月二十七日、フランドルのリール東方の沼地ブーヴィーヌでの戦いである。

ジョン王の率いる傭兵隊は、七月初旬、ラ・ロッシュ・オ・モワーヌでフィリップの息ルイ（のちのルイ八世）の軍勢に粉粋されていたので、実際には、オットーの率いるフランドル伯、ブーローニュ伯、そしてジョンの名代ソールズベリ伯といった諸侯連合軍と、フィリップ・オーギュストの組織したフランス王軍との対決であった。北フランス都市の市民軍が参加したことも特筆にあたいする。

兵を進めるフィリップ・オーギュスト『エノー年代記』写本の飾絵（14世紀）

戦闘はフランス王軍の勝利に終わり、オットーは戦場を脱出したのち、ケルンに身を潜め、フリードリヒは、翌年、法王から帝冠をうけてホーエンシュタウヘン王家を再興したのであった。

そういうわけで、この

たびの内乱は、一場の幕間劇であるかにみえる。ホーエンシュタウヘン・ドイツ王権は、なお諸侯を圧するだけの強みをもつかにみえる。だが、じつのところ、フリードリヒの王権は、アルザス、シュウァーベン、ブルグンド方面の家領と、シチリア王国を基盤とするものであって、ヴェルフ家の家領、ザクセンとバイエルン両侯領をはじめ、北ドイツのほとんどは、王権の統制から離脱していたのである。

フリードリヒ・バルバロッサの「帝国構想」

北イタリアの諸都市も皇帝（このばあいはドイツ王としての資格でのぞむわけではない）の支配に抵抗してすでに久しい。フリードリヒ・バルバロッサは、一一七六年、法王アレクサンデル三世のイニシアティヴの下に結集したロンバルディア諸都市の同盟軍と戦っている。ちなみに、この北イタリア遠征にさいして、フリードリヒは、ヴェルフ家のハインリヒ獅子侯に対して援助を要請したが、獅子侯は、それに応ずるどころか、公然と法王を支持したのである。

もともとフリードリヒ・バルバロッサは、ヴェルフ家を先頭とするドイツ諸侯との困難な闘争のはてに、解体しかかった神聖ローマ帝国の再建者として登場したのであった。あらたに領域的支配を確立した諸侯は、長い闘争のすえに、平和を号令するものとしてフリードリヒに期待した。フリードリヒは、まず平和令を発し、ローマ法の執行者としてドイツおよびイタリア全土にのぞむ姿勢を明らかにした。だが、他方彼は、自家のための現実的配慮も忘れなかった。

彼は、シュウァーベン、ブルグンド、そしてロンバルディアを自家の直接統治下におき、諸侯領に対しては、これを封建制的原理にたって再編成しようと試みた。諸侯領を王の封土として諸侯に封ずるという形を制度化したのである。同時に、それら諸侯領の内部にも、王領地を可能なかぎり設置し（たとえばザクセン、フランケン、バイエルンの三侯領について、国王直営地八一という数字がある）、その管理を一般に「ミニステリアーレス」層にゆだねる措置をとった。フランクフルト、ニュルンベルク、ゴスラールなどの王城が、その拠点として記念される。

同時に、都市に対する特権付与、都市ないし村の建設援助も積極的に展開され、とくにザーレ川（エルベ支流）上流地域、のちのライプツィヒの南の地域の植民事業は、ホーエンシュタウヘン家の手によって推進されたのである。

フリードリヒ・バルバロッサとフライジンク司教アルベルト　フライジンク教会堂正面入口の扉側柱の彫像（1200年ごろ）

帝国諸侯の立場

このいわゆるフリードリヒ・バルバロッサの「帝国構想」は、しかし、けっきょくは諸侯対王家の力関係によって変動する素地をもつものであった。たしかにフリードリヒは、一一八〇年、ハインリヒ獅子侯に対する裁判を主催し、その所領没収を宣言したが、いざその判決を実行するための出陣を前にして、バイエルン、ザクセン両侯領を、この判決を支持した諸侯に分配しなければならない立場に追いこまれた。王領に吸収することができなかったのである。

彼ら諸侯は「帝国諸侯」として連帯をかため、王権の伸張を押さえる方法を発見した。ドイツ国制のいわゆる封建化は、けっきょく諸侯の側に有利に作用したのである。彼ら「帝国諸侯」、すなわち国王と直接封関係を結ぶ諸侯（聖職諸侯九〇、世俗諸侯二〇あまり）は、この権利（相続者を欠く諸侯の所領は、だれか別の諸侯に授封されるべきであるという国王に対する強制）を慣行として確立してゆく。ハインリヒも、フリードリヒも、この慣行的権利の堅陣を抜くことがついにできなかったのである。

フリードリヒ二世のドイツ王権

実際には、ドイツ国王は、ドイツ本国の統制力を失ったのであった。ハインリヒ六世のばあいには、そのシチリアへの関心は、なお帝国全体の経営という構想との関連を失ってはいなかった。

けれども、フリードリヒ二世が、なおドイツ本国の統制を狙っていたとするならば、いったいなぜ彼は、即位早々の一連の勅令において、ドイツ諸侯をその領国の主（ドミヌス）と認めたのか。勅令のひとつは Statutum in favorem principum と題される。「プリンケプスのためになる法令」という意味であり、「プリンケプス」を、ふつうわたしたちは「君主」と訳すのである。

ホーエンシュタウヘン歴代の王の時代に、ドイツ国王は死んだ。「皇帝」だけが生き残った。そうみきりをつけてしまってもよいようである。ホーエンシュタウヘン歴代の王は南部ドイツに家領を有し、アルプスを介してつながる北イタリアからシチリアにかけて、領土的野望をもった。それが同時に、理念としての皇帝権力のあるべき姿と重なった。

理念と現実とがけっして調和することを得ないドイツ民族の歴史の一断面がここにみられる。この力の現実と皇帝理念とがイタリア半島の諸政権を刺激するとき、ロンバルディア都市同盟との紛争が生じる、皇帝党対法王党の対立抗争を醸成する、シチリアをめぐる国際紛争を誘い出すのである。

5　アンダルシアへ

サラゴサ十字軍

サラゴサを！　一一〇四年、アラゴン・ナバラ王位についたアルフォンゾ戦争王の狙いは固定していた。

一〇八六年、北アフリカからスペインにはいったアル・ムラビド朝は、マグリブ・サハラの好戦的なベルベル諸族に戦闘員の供給源を確保して、スペインを着実に北上しつつあっ

1150〜1250年のスペイン

た。キリスト教諸国の南進政策は、「分派諸王」にかわる強大な敵に直面したのである。

それがまた、キリスト教戦士の聖戦の熱情をかきたてた。「バルバストロ十字軍」以後、ローマ教会の指導が一貫していた。ウルバヌス二世以後、度《たび》重ねて贖《しょく》宥《ゆう》の教書が「スペイン十字軍士」にあてられた。

一一一一年、アル・ムラビド朝軍がサラゴサを押さえた。一一一八年初頭、トゥールーズ公会議は、アルル大司教出席の下に、サラゴサ十字軍の計画を決定した。より正確にいえば、「スペインを経由して」聖地エルサレムにおもむくのだと考えるよう要請されたのである。スペインがパレスチナに重ねられた。アラゴン、ナバラ、カタロニア、南フランスの領主貴族たちが結集した。第一回十字軍に参加した騎士たちもはせ参じた。サラゴサは、その年のうちに、キリスト教徒の手中にもどった。

スペインの情勢はヨーロッパ信仰共同体全体の問題だという意識の高まりがみられた。レコンキスタは、じつに後年の「スペイン内乱」なのであった。そして、パレスチナ十字軍経験者、ベアルン準伯ガストンが運んできた攻城機がエブロ河畔に据えられて威力を発揮したことからもわかるように、「外人部隊」の参加は、軍事史的にみれば、技術的先進地帯から優秀な軍事技術が導入されることを意味したのである。

第一にこの攻城機であり、とりわけ坑道掘りの技術である。第二に、兵員物資の輸送と防塞化された港の攻撃のための船舶である。第三に、重装騎兵隊である。軽装の歩兵を主力としていたスペインのキリスト教諸国の軍勢が、北ヨーロッパの封建騎士団によって補強された。

カタロニア奪取

一一四〇年ごろには、このアラゴンとカタロニアの諸伯（バルセロナ伯とかウルヘル伯）連合、カスチラ・レオン王国、そしてカスチラから自立したポルトガル王国と、三つの対イスラム前線が形作られていた。

ポルトガルは、コインブラの南のレイリアに強固な城砦を築いてリスボンを狙い、すでにアルフォンゾ六世の代にトレドを併合していた（一〇八五年）カスチラは、アルフォンゾ七世の代に、タホ川流域の制圧を進め、一一四〇年代にはいると、タホ川中流から南に進出し、ラ・マンチャ地方を経て、シエラ・モレナ山脈の峠越しにアンダルシアをうかがう構えをみせていた。一一四七年には、サンタ・エレナ峠への道を扼《やく》する要衝、カラトラーバの城砦を確保した。アンダルシアへの道が開けたかにみえた。

聖ベルナールの十字軍、いわゆる第二回十字軍の脈動がスペインに伝わったのは、まさしくこの時期であった。聖ベルナールの召集に対し、カスチラ王アルフォンゾ七世は、スペインの局面を十字軍の一翼とみなすよう要請し、法王エウゲニウスはこれを容れた。一一四七年四月の教書が、スペインの対アル・ムラビド戦を十字軍と呼び、続く教書に、イタリアのジェノヴァに対し、スペイン十字軍支援を要請した。翌年、アラゴン王レイモンド・ベレンガーのトルトサ攻囲作戦に対し、十字軍教書を発した。

ポルトガルはリスボンを狙い、パレスチナにおもむく途中のイングランド・フランドル・ドイツの混成十字軍団に協力を求めて、四ヵ月の攻囲ののち、これをおとした。カスチラとアラゴン・カタロニア・ジェノヴァ連合は、アルメリアを目標にとった。ジェノヴァの目論《もくろ》見《み》は西部地中海の航路確保にあり、カスチラとしては、アンダルシア制圧の拠点として、また、念願の地中海への出口としてアルメリアを考えていた。そういう思惑《おもわく》のちがいを越えて、アルメリアはキリスト教徒の町となり、アラゴン・ジェノヴァ連合は、ついで鋒先を北に転じて、トルトサを攻囲し、四八年のすえには、これをおとした。さらに翌年、アラゴン・カタロニア諸侯伯勢は、レリダをおとし、ここにカタロニアの解放が完了した。

カタロニア対アンダルシア

リスボン、アルメリア、トルトサ、レリダの奪取は、たしかにスペイン十字軍の大きな成果であった。だが、すでにスペイン十字軍開始の前年、一一四六年、北アフリカのアル・ムラビド朝に代わったアル・ムワヒド朝の軍勢が、海峡を渡ってスペインに侵入を開始していた。

アンダルシアに展開したこの新興のベルベル人王朝と、タホ川以北のキリスト教徒勢が、あいだに荒涼たる台地帯をはさんで相対峙《たいじ》する形勢が続く。長路の旅のはての小競り合い、たがいに戦果の得られぬ遭遇戦が、時折、スペインの赤い土をけちらし、白い岩肌を血に染める。

一一八〇年代、情勢が動きはじめる。アル・ムワヒド朝カリフ・ユースフの軍勢が、リスボンの北サンタレムを攻める。これをからくも撃退したポルトガルは、新王サンチョ一世の代、一一八五年、おりからパレスチナ十字軍（第三回十字軍）におもむく途中、リスボンに立ち寄ったフリーセン、デンマークの十字軍士一万二〇〇〇を誘って、海路、サン・ヴィンセント岬をまわって、アルガルベ海岸の都市アルボル、シルベスを攻略した。現在、アルボルは、ポルティマオ近郊の小村となっている。

アル・ムワヒド朝カリフ・ヤークブは、報復の軍勢をポルトガル領内に動かす。けれども、この間、カスチラ王アルフォンゾ八世がアンダルシアに侵入し、コルドバを攻囲して、セビリアにまで兵を進めた。カリフ・ヤークブは、逆にタホ河畔に侵入する。この錯綜した形勢のうちに、一一九五年七月、ガディアーナ河畔アラルコスの決戦を迎える。この会戦は、けっきょくカスチラ軍の敗北に終わったが、これがじつは、スペインにおけるイスラムの最後の勝利の記憶となったのである。

アラルコスの町はイスラムの軍勢に荒らされたが、その跡地に、その後、シウダット・レアルが建設された。現在、その近郊にエルミタ・デ・アラルコスの地名が残っている。

この世紀の末にヤークブを継いだカリフ・ムハマッドは、やがて一二一〇年、北征の軍を動かす。アンダルシアの峠道の一つ、カラトラーバ峠にカスチラ王家が建造したサルバティエラ城が、翌年、イスラムの軍門にくだった。

ラス・ナバス・デ・トロサの戦い

ここに、ローマ法王イノケンティウス三世は、スペイン、フランスの諸王、諸侯に教書を発し、スペイン十字軍への参加を要請したのである。トレドが集合の地とされた。カスチラの封建騎士軍、都市の軍勢、騎士団員が中核をつくり、これをアラゴン、ポルトガル、レオン、ナバラの軍勢がかこむ。南フランス領主貴族の十字軍士数千も加わって、一二一二年六月、これまでのうち最大規模のスペイン十字軍が、トレドをあとに出立した。

ラス・ナバス・デ・トロサの戦い〔上〕トレドから南をのぞむ
〔中〕サンタ・エレナの峠道〔下〕峠を下ってアンダルシアをのぞむ

ところが、十字軍熱はもはや冷めかけていたのだろうか。スペイン台地の炎暑と糧食補給の不備にたえかねて、ピレネーの北の十字軍士たちは途中で引き返した。スペイン勢はなおも前進し、サンタ・エレナの峠道をとって、アンダルシアをめざした。すでに峠はイスラム教徒勢に封鎖されていた。スペイン勢は峠を迂回し、山路を辿《たど》って、峠の反対側、アンダルシア平野をのぞむなだらかな斜面の上に出た。ラス・ナバス・デ・トロサである。

一二一二年七月十六日、赤い天幕の前に、黒衣を羽織り、剣とコラーンを手にひかえるカリフ・ムハマッドの主力隊を、軽装のベルベル騎兵、アラブ騎兵、弓射手隊がかこむ。キリスト教徒勢は、カスチラ勢を主軸に、左翼をアラゴン王が、右翼をナバラ王があずかる。キリスト教徒勢が先制の攻撃をかけ、形勢不利とみたカリフ・ムハマッドが控えの軍勢を投入する。ここに、カスチラ王アルフォンゾは、勝利か死かと思い定め、全軍あげての総攻撃を指令した。イスラム勢にパニックが発生した。カリフ・ムハマッドは、かろうじて馬の背にすがった。

かくて、ラス・ナバス・デ・トロサの戦いは、スペインのキリスト教徒勢だけの力でかちとられた。アンダルシアへの道が、いまや確実にキリスト教徒のものとなった。イノケンティウスの十字軍教書が彼らの気力を支えたとはたしかにいえよう。けれども、イノケンティウスが動かそうとした南フランスの領主貴族たちは、この戦いについに参加しなかったのである。

第九章　展開の十三世紀

1　議会のなかの王のイングランド王国

アンジュー王国の王からイングランドの王へ

リチャード獅子心王とフィリップ尊厳王の蜜月は、一一九九年、リチャードの不慮の死とともに終わりを告げた。

「蜜月」といったのは、ひとつには両人が一時はミニョン関係にあったらしいことからの言葉のあそびだが、むろんそれだけの意味ではない。リチャードの時代までは、アンジュー王権のフランス西部諸侯領に対する統制はゆるがなかった。攻める、押し返すの連続であったが、諸侯領の領主たちも、どちらにつくべきか、はかりかねた。そういう形でバランスがとれていた。そういう意味である。

リチャードの弟のジョンは、一時は、兄の留守中、先に帰国したフィリップの手玉にとられるという失態を演じはしたが、だいたいにおいてリチャードをよく補佐し、父王在命中の失点をとりかえした。だから、リチャードは「ジョンを王とせよ」といいのこし、イング

ガイヤール城　セーヌ下流のこの城はリチャードの築いた城で，アンジュー王権の軍事的象徴であった

ランドの諸侯も、ジョンの登位をごく自然に受け入れた。

というよりは、これはイングランド諸侯の関心事ではなかったといってもよい。リチャードは、わずか半年ほどしかイングランドにいたことがなかった。リチャードもジョンも、いってみれば「アンジュー家の王」である。フランス西部諸侯領の統制に専念するがままにまかせよ。そんなふうな眼でみられていたといってもよい。

だから、一二〇三年のすえ、フィリップ尊厳王との闘争に敗れたジョンがついにノルマンディーから撤退したあとは、話がちがった。彼は「イングランドの王」である。

ジョンの勝負

大陸から撤退してブリテン本島に収斂してゆく。この過程がイングランド王国の国家としての成熟につながる。イギリス封建王政が純粋培養されてゆく。

ジョンは失地回復をあきらめはしなかった。ドイツのヴェルフ家と組んでブーヴィーヌにフィリップ尊厳の王軍と戦った。そして、また敗れた。カンタベリー大司教の選任をめぐって、フランス王権と結ぶローマ法王と事を構えた。

そして、法王の破門の脅迫の前に屈した。イングランド諸侯は、ジョンの発作的狂態を冷ややかにみていた。破門は、彼ら諸侯のジョンに対する誠実の義務を解除する。諸侯は舌なめずりし、ジョンはひるんだ。

ブーヴィーヌの勝負は、ひとつにはイングランド諸侯に対する軍事的威圧を狙ったものと思われる。この勝負に敗れたジョンを待っていたのは、一二一五年、カンタベリー大司教スティーヴン・ラングトンを先頭とする諸侯の反抗であった。

イングランド古図　13世紀中葉，マシュー・パリスのスケッチ。テムズ河口が南に向いている

そして、ランニミードの協約において、ジョンは諸侯の立場の尊重を約す証書をもぎとられた。

マグナ・カルタ、いわゆる大憲章である。

王権対諸侯

この結果、たしかに、ヘンリー二世在世時にくらべて、十三世紀の諸侯は、一時勢力をもりかえしたの観がある。たとえば、ある州では、十二世紀のすえ、州裁判所の三分の二が王権の統制下にあった。それが十三世紀中葉には、三分の一以下に後退したという。北部および西部の諸侯の復権がめだった。そのかぎりでは、たしかに王権にとってひとつの危機であった。

けれども、じつのところ、ランニミードに集合した諸侯は、北部イングランドから多く、中部からは少ないという地方差もあり、総数一九七の諸侯領のうち、三九の諸侯領を占める四五諸侯が叛逆者名簿にかぞえられただけだという計算もある。

ジョンを継いだヘンリー三世の晩年、シモン・ド・モンフォールを頭目とする諸侯連合が、ふたたび王権に反抗した。次代エドワード一世の晩年、彼らはみたび王政をチェックしようとした。一二九七年に彼らが獲ちとった特権確認状は、たしかに彼らの勝利ではあったかもしれない。けれども、かつて十二世紀に隆盛した諸侯の家門二三のうち、この時点になお強大を誇ったのは、ただの七家にすぎなかったという数字がある。

ジョン王の印章　1215年，ランニミードで締結された「諸侯協定」，いわゆるマグナ・カルタに用いられた印章

王国共同体

王国の分割を要求したドイツの諸侯とはちがう。イングランド諸侯は、いわば王の王国統治を補完する役割を果たしたという皮肉なみかたもできる。イングランド国制の主骨格は、王政府と地方自治体「州（シャイア）」との関係であり、後者における行政司法を託された騎士層が、ひとつの身分団体として王権を支える。彼らのあいだから、また、中央政府の官僚が提供される。そういう仕組みが、十三世紀のヘンリー三世とエドワード一世の時代を通じて、しだいに整えられた。

シモン・ド・モンフォールら叛逆諸侯は、この騎士層と都市市民層の協力を計算にいれなければならなかった。一二六五年に彼が召集したと伝えられる会議には、各州から騎士代表二名ずつが参加したという。彼らは「王国共同体（コムニタス・アングリアエ）」の理念をかかげ、州長官職の独占を主張したという。議会がここにはじまったとされる。だから、イギリスの議会は、「王国共同体」の表現と理解され、諸侯はもとより、王権そのものをも包みこむ優位の概念である。のちの「コモンウェルス」の観念は、まっすぐ十三世紀につながるのである。

十四世紀の初頭、諸侯はエドワード二世に対して建白し、こう述べた。「王が王冠にふさわしくなくなるようなことのあらんか、その臣下は、まさしく彼らが王冠に対してたてた誓いの故に、王を正道にもどし、王の領土をもとにもどすべく縛られるのである。これを怠れば、誓いはふみにじられることになろう」。

2　正義の王のフランス王国

ブーヴィーヌ以後

こぢんまりとまとまってゆくイングランドにくらべると、フランス王国は、これはまた奇妙にも中央集権と地方の立場のバランス・ゲームであった。

領主領、村、町、都市へのカペー王権の浸透は、一二〇〇年以降、つぎつぎと実を結び、アンジュー王家との闘争の過程で、ノルマンディー、アンジュー、ポワトゥーの諸地方に広範に王領が設定された。

ブーヴィーヌの戦いののち、カペー王軍はフランドルに進出した。フランドル伯はカペー家の軍門に降り、しばらくのあいだ、フランドルはフランス王の直接統制下におかれたのである。けっきょく、フランドル伯は、伯領の重要な一部分を構成していたアルトワ地方を失うことになる。

アルビジョワ十字軍

南フランスの征服も、フィリップ尊厳王の代に手がつけられた。とはいっても、フィリップが直接手をつけたわけではない。一二〇八年、対カタリ派十字軍を提唱した法王イノケンティウス三世に対して、フィリップは、当初、頭から拒絶反応をみせた。けれども、けっき

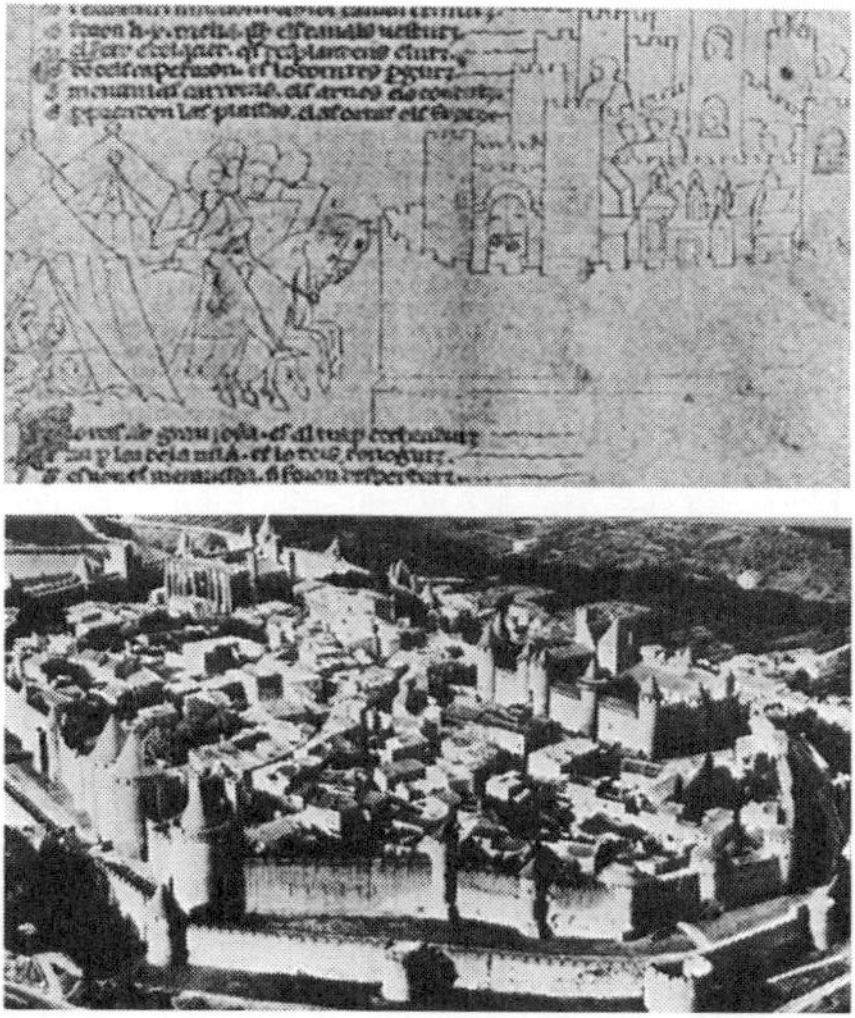

カルカソンヌ攻防（1209）『アルビジョワ十字軍の歌』写稿の飾絵。下はカルカソンヌ鳥瞰

ょくフィリップは、パリ近郊の小領主シモン・ド・モンフォール（前出のシモンの父）を首領とする北フランスの領主たちの遠征行を黙認したのである。彼ら「アルビジョワ十字軍」は、オック語地方に死と荒廃をもたらした。

ローマ法王は、法王特使殺害事件をきっかけとして、南フランス諸侯の奪封（封相続の権利喪失）を宣言したのだったが、これは、この地方最大の領主トゥールーズ伯をはじめ南フランス諸侯に対する宗主権を主張するカペー家の反発を招いたといえる。イノケンティウス三世のヨーロッパ政策と、フランス王家の王権政策とが衝突したという恰好である。

スペインのアラゴン王が、トゥールーズ伯家に味方し、来援したが、これも、一二一三年、トゥールーズ南郊ミュレで戦死し、一時は、シモン・ド・モンフォールがトゥールーズ伯を名乗るにいたった。

カペー王家の軍事介入

シモンはまもなく失権し、トゥールーズ伯家は、シモン一派にかわってあらたに軍事介入にのりだしたカペー家の強大な圧力に抵抗を続けた。フィリップを継いだルイ八世の代のことである。だが、ルイは即位後わずか三年で急逝し、その妻であったカスチラ王女、ブランシュ・ド・カスチユの後見下に、弱冠十二歳の王位相続者ルイを残した。

諸侯は王家の転覆をはかる。この危機の状況下に、トゥールーズ伯家もまた、からくもその家系をつなぐことに成功した。一二二九年、パリで結ばれた協約で、ともかくもレーモン七世は、トゥールーズのほかアルビジョワ北部その他の所領を確保したのである。けれどもこれは、いずれは伯の相続人である一人娘ジャンヌの婚資として、王弟アルフォンスの所領となるという但し書つきであった。

「ラングドック」

アルフォンスは、ポワトゥーとオーヴェルニュに広大な所領を親王領として預かり、これにやがてトゥールーズ伯領が加わった。ふつうアルフォンス・ド・ポワチエと呼ばれる。彼は兄王ルイ九世の側近にあり、一二七〇年、妻とともに、兄の十字軍行であるチュニジア遠征に参加して、その途上、ともに死去した。彼らには子がなかったので、その遺領は、めでい、たくフランス王領に吸収された。

南フランスは、王の行政官セネシャルの管轄下に入った。「ラングドック」という地方名が、しだいに公文書のなかで幅をきかせ一般に普及するにいたる。かつての優位の文化圏、オック語圏を意味する概念が、北フランスの王権の一行政単位の呼称に押しちぢめられた。「近代国家」への信頼のくずれた昨今、南フランス出身のフランス人歴史家は、アルジェリアあるいはパレスチナの人々に連帯の感情を表白して、「オクシタニア」独立を志向する。「オクシタニア」、すなわち「オック語の土地」である。十三世紀は現代にまっすぐつながり、現代は十三世紀に回帰して、「国家」にかわる優位の概念を求める。キー・ワードは「地方の立場（ローカリズム）」である。

アンジュー王領の吸収

カペー王家は無法に領土を奪ったのではなかった。トゥールーズ伯領についても、これは婚資としての正当の取得であると説明がついた。アンジュー王家の大陸領土のばあいも、これは十分正当化される取得であると、カペー王家の法律専門家たち（レジスト）は主張した。

かつてジョン王は、封臣の許婚者《いいなずけ》を奪って、妻とした。第八章に紹介したイザベル・ダングーレームである。彼女と婚約していたポワトゥーの有力な一領主ルジニャン家のヒュー・ル・ブランが、この件を、共通の上級領主であるカペー家の王フィリップ尊厳に訴えた。これがジョン王の大陸領土喪失の発端となった。

シャンパーニュの風光　ここはなだらかな起伏の土地である。手前は冬枯れのぶどう畑

フィリップ尊厳は、一二〇四年春、パリで開かれる封建会議への出頭を、アキテーヌ侯、ポワトゥー伯、アンジュー伯としてのジョンに対して命じた。ジョンはこれを無視した。そこでフィリップは、封建法にもとづいてジョンの封土を没収したのである。実際の決着は武力でつけられた。けれども、法的にみるとき、ジョンはこの時点で大陸領土を喪失したのである。

やがて、一二五九年、パリでそのことが確認された。イングランド王ヘンリー三世は、フランス王ルイ九世に対し、ノルマンディー、メーヌ、アンジュー、トゥーレーヌおよびポワトゥーに対するあらゆる権利を放棄した。その代償として、ルイは、ヘンリーのアキテーヌ領有を、地域を限定して認め、ヘンリーは、アキテーヌ侯としてルイ王に臣従した。

なお「アキテーヌ」は、一世紀後、ジャン・フロワサールの『年代記』の「アミアン写本」に、「ギーアン」と書かれていて、「アキテーヌ」がもともとどう発音されていたか、示唆を与えてくれる。「アクィテーン」ないし「アクィターン」である。どうやら十四世紀に入って、綴りと発音が変化していったらしい。フロワサール以後、さらに変化して、近代フランス語の発音のシステムでは「ギュイエンヌ」としか読めない語になった。「アキテーヌ」に限らない。他の地名や人名についても、程度の差こそあれ、それは同じことだが。

シャンパーニュ取得

封建法にもとづく上級領主としての権限が、相続人を欠いたアミアン、ヴァロワ等の伯領の取得を正当化した。相続人が女性であるばあいには、王家の息のかかったものと結婚させて、仲介手数料として、どこかの所領をうけとる。モンタルジとかジアンとかの取得が、その例である。ブルゴーニュ侯からゆずりうけたマーコン伯領もまた、ブルゴーニュ侯に対する授封者としての権限の行使であって、筋は通っている。

こういった王領拡大政策の、いわばつめとして、ルイ九世の孫フィリップ四世のシャンパーニュ取得がある。これは、一三八五年、まだ登位以前に、フィリップがシャンパーニュ伯の一人娘ジャンヌと結婚することによって実現した。

そもそもの家領「フランス」の西のノルマンディーをすでに王領に確定していたカペー家は、ここに東のシャンパーニュを得て、神聖ローマ帝国の圏内に属するロートリンゲン（ロレーヌ）と接触する。シャンパーニュ取得にあたっても、これをラングル司教からフィリッ

パルルマンでの審理の光景　15世紀の図版だが，雰囲気はよくうかがえる。ここはパリの王宮の一室である

プが受封するという形をとり、あくまで封建法の枠内で行動しているという体裁をとることを忘れない。

正義の王はこちら

筋を通すこと、これがカペー王家の表看板であった。パリの王宮の大広間の入口にこの看板がかかっていたし、ルイ九世が樫《かし》の木の下で法廷を開いたと伝えられるパリ郊外ヴァンセンヌの森の小径の案内板にも、「正義の王はこちら」と読めた。

王の宮廷の訴訟談合の場というのが「パルルマン」という言葉のもともとの意味であった。これを「国王裁判所」と訳すことにする。ルイ九世の時代に、この法廷は、専門家の集団として恒常的に運営されるようになった。フィリップ四世の代にかけて、これがいくつもの部局にわかれ、地方の領主裁判所からあがってくる訴訟が王の法廷でとりあつかわれるのにふさわしいかどうかを調べ、手続きを行い、予審判決を下し、記録するというシステムが整えられてくる。

注目すべきは、王の法廷にかけられるまでの手続きの部分、予審に重心がかけられていることである。一三一九年の数字では、パルルマンの裁判官六九人のうち、じつに四〇人がこの部局に所属していた。パルルマンの裁判は、ひとつの固定した成文法にのっとって行われるのではない。フランスは慣習法の土地である。各地の慣習法のなかから正しい判決を発見すること、これが王の裁判の正義であった。

ローマ法と王の法

成文法といえば、それは「ローマ法」を意味する。ローマ法の研学はイタリア人の仕事であって、十三世紀もかなり押しつまらなければアルプスを越えなかった。ローマ法王の強力な思想統制下にあるパリ大学では、ローマ法の研究は行われなかった。ようやくローマ法がアルプス以北に浸透するとき、各地方の知的拠点、とくにオルレアンが研修の中心地となったのである。

したがって、フランスにおけるローマ法の普及は、各地の慣習法を成文化する方向に作用したのである。ボーマノワールの『クレルモン・アン・ボーヴェジス慣習法』とか、あるいはその父親が書いた『正義と訴訟の書』とかがそれである。

王の法廷も、こういったフランス社会の法的体質を尊重せざるを得なかった。一三一二年の王令は、王の裁判が成文法（ローマ法）を使用するのは、それが成文法であるが故ではない。各地の慣習法になじむ、ローマ法をモデルとするひとつの慣習法としてであると釈明しているのである。さらに、ローマ法の研学は、学生の精神を鋭くし、各地の法を理解する能力を養うためであると、ローマ法の研究に枠をはめているのである。

地方協議体の形成

こういった法制の状況は、フランス王権の中央集権の実相を、かなり鮮明にみせているものだと思われる。カペー家は、大諸侯の勢力をそぐために、都市、村、領主、教会との共同作戦をとった。王政が充実すればするほど、彼ら地方の自治団体の立場が強まるという逆説がそこに生じた。

一二七八年、ピレネー南麓の有力な領主フォワ伯は、トゥールーズの王の代官（セネシャル）の命に服さず、私闘を止めなかった。私闘（自力救済権の発動）を認める王の特認を得ているといいたてて。かつてトゥールーズ伯を倒すべく、カペー家は、フォワ伯をはじめ、在地の領主層を支援した。その清算勘定がこれであったという次第。

彼ら地方の自治団体は、しだいに協議体をつくる方向に進む。イングランドでは全国的規模でみられた事態が、フランスでは地方単位に推移したのである。

すでに一二五四年、ルイ九世は、ローヌ下流ボーケール（トゥールーズ伯家解体ののち、ここにもひとつの代官管区―セネショセ―が設定された）の聖職者、領主貴族、そして都市と村の代表の集会を命じ、ぶどう酒の輸出に関して協議せしめている。王権と地方協議体の交渉は、十四世紀以降、王家の財政の窮迫と関連して密になる。いわゆる地方三部会（等族会議）と王家官僚との交渉である。

中央の立場と地方の立場

十三世紀のカペー王権は、地方的諸団体との蜜月のうちに、伸張した。十四世紀の王権は、地方の立場の逆潮に洗われて、苦労する。けれども、中央の立場は、地方の立場を王国の協議機関として組織づける方向にねばり強く作用し、ついにそれに成功する。ごくおおざっぱにいえば、十五世紀の後半、ルイ十一世にいたるフランス王権の歩みは、こう約言できる。十三世紀から十四世紀へ、この潮の変わり目に、一三〇二年、フィリップ四世の全国三部会の試みがあったのは、なんとしてもおもしろい。フィリップ四世以後のフランス王政については、とりわけ王家財政の問題は、なお章を改めて展望しよう。

3　帝権のゆくえ

フリードリヒ二世の死

一二五〇年の暮、神聖ローマ帝国皇帝フリードリヒ二世が南イタリアで死去した。

フリードリヒの息コンラートは、ヴェルフ家側に擁立された対立国王、ホラント伯ウィレムに与《くみ》するローマ法王イノケンティウス四世から破門の宣告を受けながらも、強引にイタリアを南下して、シチリアに入り、フリードリヒなきあとを守っていた庶出の兄マンフレートと協力して、シチリア王国を確保した。本来シチリア王国はローマ法王の封土であって、こ

ホラント伯ウィレムの戴冠　15世紀のミニアチュール

れは、シチリア王権というローカルな権力体が、封建的秩序に対し、法王の普遍的支配に対して抵抗したという意味をもつ。

次代法王アレクサンデル四世も、そのあとを襲ったウルバヌス四世も、シチリア奪回をあきらめはしなかった。フリードリヒ・バルバロッサ以降の、法王対皇帝の壮大な対立が、いまやシチリア王位をめぐる闘争、ひいてはイタリア半島における両陣営の陣取り合戦に矮小化されたの観がある。けれども、これはいぜん理念闘争の残映をはらんでいて、十三世紀後半のヨーロッパ世界は、これをひとつの軸とする国際関係を現出するのであった。

ヘンリー三世の干渉

アレクサンデルは、イングランド王ヘンリー三世にはたらきかけ、その息エドモンドにシチリア王位を約束した。一二五八年から六五年にかけてのイングランドの内乱は、これをきっかけとしておきたのである。ヘンリー三世は、さらにドイツ王位の相続にも干渉し、一二五七年のドイツ国王選挙に、弟リチャードを候補者に立てた。

法王は、イングランド王権が、シチリアのみならずドイツ本国にまで伸張することをおそれ、逆に、ホーエンシュタウヘン家の血筋をひくカスチラ王アルフォンゾを擁立した。法王とヘンリー三世との連携は、こうして崩れるべくして崩れた。ドイツ王位もまた宙に浮き、ドイツ本国は、長い王位空白の期間を迎えるのである。

聖王ルイの干渉

この間、コンラートを病に失ったマンフレートのシチリア経営は着実に進み、北イタリアのロンバルディア、トスカナの諸都市と呼応して、ローマ法王領を包囲する態勢がととのえられつつあった。ここに、フランス出身の法王ウルバヌス四世は、ヘンリー三世との提携をフランス王ルイ九世にのりかえようとした。

ルイ九世としては、当時聖地十字軍を企画していたことではあったし、シチリアを手に入れることに異論のあろうはずはなかった。が、なにしろ正義の王である。じつは、ドイツ本国にコンラートの遺児コンラディンがいた。ホーエンシュタウヘン家の正当な権利は守られねばならぬ。王みずから、あるいは王位相続権者がシチリア征討の軍を動かすわけにはいかぬ。そこで、王弟シャルル、アンジュー伯シャルルが登場することになった。

シャルル・ダンジュー

シャルルは、フランス王ルイ八世とその妻ブランシュ・ド・カスチユとのあいだに一二二

タリアコッツォの戦い　コンラディン〔右〕とシャルルが相対している。13世紀末の写稿断片飾絵

七年に生まれた末っ子であり、二十歳に達したとき、アンジュー伯領を親王領として受封した。シャルル・ダンジューの名はここに出る。けれども、彼はその前年、プロヴァンス伯領の相続権者である伯の四女ベアトリスをめとっていた。ここに生じた資格のほうが、このばあい重要である。

プロヴァンスは、神聖ローマ帝国皇帝の宗主権下にあるアルル・ブルグンド王国の一伯領である。当時の伯に男子がなく、相続権は、伯の意志によって四女のベアトリスに与えられていた。ベアトリスの姉アリエノールはイングランド王ヘンリー三世の妻であって、ヘンリーは、アラゴン王と組んで、トゥールーズ伯とこのベアトリスを結婚させ、アラゴン・トゥールーズ・プロヴァンスと、地中海岸の環状同盟を結成せしめ、これをイングランドの大陸領土回復の道具に使おうとした。これはけっきょくフランス王ルイ九世によって切断され、ベアトリスの手はシャルルに与えられたのであった。

ここにはじめてフランス王家の勢力がローヌ川の東に及んだのであった。シャルルは、伯領の統制に手腕をふるい、さらにアルプスの東、ピエモンテにまで、しだいに勢力をひろげた。ピエモンテの領主たちの多くが、彼に誠実の誓いをたてた。フランスとイタリアにまたがる中間地帯に王国を建設する。シャルルは明らかにそれを狙っていた。それはいいかえれば、かつてのブルグンド王国の再建を狙うものであった。

ホーエンシュタウヘン断絶

ルイ九世が替玉として使ったシャルルは、だから神聖ローマ帝国皇帝の宗主権下にたつ一諸侯としてのシャルルであって、ルイ九世の正義王のイメージはいささかも崩れない。けれども、シャルルのその後の動きは、フランス王権の地中海進出の企図とみごとに呼吸が合っていて、わたしたちの溜息なり、感動なりを誘うのである。

一二六三年、シャルルは、シチリア征討の教書をウルバヌス四世から受けた。翌年、彼はマルセイユから海路ローマに入り、法王クレメンス四世の手でシチリア王に封じられた。一二六六年、シャルルは、ピエモンテ経由で大軍をイタリアに動かし、ベネヴェントの戦いにマンフレートを倒した。このとき、コンラートの遺児コンラディンは十四歳の少年であった。マンフレートの遺臣は、続々とドイツに向かい、イタリアのギベリン党諸都市は、ホーエンシュタウヘン家最後の当主コンラディンの権利を支持した。ここにコンラディンは、一二六八年夏、南イタリアはタリアコッツォというところでシャルル・ダンジューと対決し、やぶれた。

シャルル・ダンジューの軍勢を求めて南下する以前、法王の破門の脅迫をものともせずローマに入城したコンラディンの、いかにもういういしい若武者ぶりに、ローマ市民は歓呼の声をあわせたという。いま、敗残の身をローマに返した彼に、ローマは冷たかった。やがてシャルルの手中におちた少年は、ナポリに送られ、広場の処刑台上に斬首された。これは殺人であった。封建法は捕虜になった君侯の処刑を禁じている。それはシャルルの意に介するところではなかった。それはわかる。だが、ルイ王は？ ホーエンシュタウヘン家の血筋は、カペー家によって切断された。これはたしかなところである。

4　衰運の十字軍

第四回十字軍

シチリア王位を確保したシャルルは、つぎの目標を東部地中海に向けた。シチリアを支配するものは東部地中海を狙う。これはすでにオートヴィル家系の両シチリア王国の指針であり、これに接木されたホーエンシュタウヘン家のハインリヒ六世、さらにはフリードリヒ二世の政策であった。カペー家のシャルルが、いまこの伝統の政策を受け継ぐ。

シャルルののぞみた東部地中海は、どのような現実であったか。もはやハインリヒ六世、フリードリヒ二世の時代ではない。ハインリヒ六世の「十字軍」以後、近東の情勢はどのように推移したか。

ハインリヒ六世の無念の十字軍の直後、法王イノケンティウス三世の唱導する十字軍が、ヴェネツィアの商業を背景に展開された。この十字軍は、遠征先をエジプトのスルタン政権

十字軍船団の出帆準備　第４回十字軍の船団がヴェネツィアの港に集結している。ヴィルアルドゥアンの『コンスタンティノープルの征服』写本の飾絵。この写本は15世紀にヴェネツィアで作られた

（サラディンにはじまるアイユーブ朝）と定め、北フランスの諸侯を中核とする軍勢が、ヴェネツィアの請負う船団に乗りこんだのだが、当のヴェネツィアの統領エンリコ・ダンドロは、スルタンの特命大使に対し、エジプト征討の意図は毛頭ないと明言していたという。

ことほどさように事態は混乱をきわめ、十字軍士は知らぬまにコンスタンティノープルに運ばれて、東ローマ帝国のお家騒動に介入するかたちとなった。一二〇三年夏のことである。翌年春、東ローマ帝室は小アジア半島に逃げて、ニケア帝国を建て、コンスタンティノープルには「ラテン帝国」が成立した。ヴェネツィアは、コンスタンティノープルの八分の三の地域と沿海諸地方の交易権を手中に納め、これは大成功であった。

まずバビロニアを

これがいわゆる第四回十字軍だが、十字軍の回数

のかぞえかたには異論もあって、かならずしも一定していない。ハインリヒ六世のそれとか、その直後にみられた、いわゆる「少年十字軍」をどうかぞえるかという問題もある。しかも、いわゆる第五回十字軍は、一二一五年の第四回ラテラン公会議で決定された十字軍勧説に応じて、各地の王侯が展開した遠征行の総称である。その最後のしめくくりが、フリードリヒ二世の「十字軍」であって、このばあい、鍵括弧つきで呼ぶにはそれだけの理由がある。

第四回十字軍に同行したシャンパーニュ伯の一家臣ジョフロワ・ド・ヴィルアルドゥアンは、その覚書『コンスタンティノープルの征服』のなかで、「聖地を回復せんとするものは、まずバビロニアを」と喝破《かっぱ》した。バビロニアとは、このばあい、アイユーブ朝の本拠エジプトのカイロのことである。こと志とたがい、カイロ変じてコンスタンティノープルになってしまったが。

第一回十字軍のときに成立した二大騎士団、テンプル、聖ヨハネ両騎士団、それに、ハインリヒ六世の十字軍を機に結成されたドイツ騎士団の精鋭をひきいた新エルサレム王国の王、その前身はシャンパーニュの一領主、騎士ジャンは、ヴィルアルドゥアンの戦略をふまえて、一二一八年五月、ナイル川デルタの城砦都市ダミエッタ攻略に向かった。狙いは大成功だった。アイユーブ朝スルタンは、エルサレムの返還を提案し、エルサレム王国勢にお引き取りをねがった。

ところがそこに、第四回ラテラン公会議の呼びかけに応じて集合したヨーロッパの助っ人

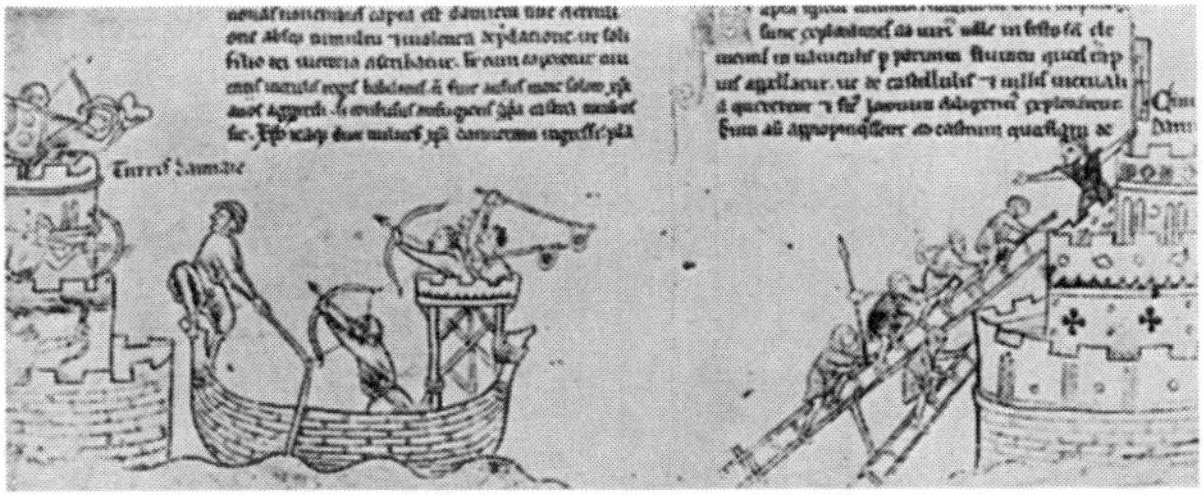

ダミエッタ攻囲（1219）　マシュー・パリスの『大年代記』飾絵。パリス自身のスケッチ

勢が、スペイン出身の枢機卿ペラギウスの総指揮の下に来援し、よせばいいのに火をかきたてた。アイユーブ朝の首都カイロを攻めて、エジプトとエルサレムを一挙にいただこうというのである。

ひどいことになった。スルタン側は妥協から反攻に転じ、騎士ジャンは、愚かものたちの戦場を去って、けっきょく、一二二一年、ペラギウス以下全員が捕虜になるという醜態をさらしたのである。この強気の失敗の原因は、フリードリヒ二世の背信にあったとする説がある。

フリードリヒの「十字軍」

フリードリヒは、一二一五年ドイツ王冠をとった折に十字軍誓約をたてていて、一二二〇年ごろから遠征の準備にとりかかってはいた。だが、おそらくエジプトの状況をみて、参加する気になれなかったというのがことの真相であろう。彼の十字軍思想に一点のくもりもなかったにせよ、戦略家としての彼が、この時点での遠征を無意味と判断した。

その後、フリードリヒは、新エルサレム王国の王女、すなわち騎士ジャン・ド・ブリュエンヌの娘をイタリアに呼んで、強引に結婚した。エルサレム王国の王冠を狙ったのである。このころ、彼はカイロのスルタン政権とひそかに取引を進めていた。アイユーブ朝は内紛の季節を迎え、カイロに対抗して、アレッポとダマスクスにもスルタンがたっていた。

一二二六年、ダマスクスのスルタンが、当時バグダードのカリフ領の実権をにぎっていた、コラズム・トルコ族のスルタンと手をにぎった。危機を感じたカイロのスルタンは、ここにフリードリヒとの提携を考えたのである。条件は、エルサレムの返還をふくむ望外のものであった。

密約はなった。フリードリヒは、一二二八年、条約の締結を求めるべく、アッコンにおもむいた。形からみれば、これは立派な十字軍である。けれども、彼はその前年、彼を敵視する法王グレゴリウス九世によって破門されていた。十字軍誓約をたてながら遅延を重ねたことへの懲罰であり、これ自体、そう不当なことではない。かくて、これは破門された十字軍であり、しかもイスラム側との協定の上にたつ遠征行であった。

一二二九年、カイロのスルタンとの協定（ヤッファ協定）が正式に成立し、三月、フリードリヒはエルサレムに入城して、エルサレム王冠をいただいた。エルサレムと同時に、ナザレト、ベトレヘムなども返還され、キリスト教徒の自由通行が保証された。

潮の変わり目

ひとりフリードリヒのみが十字軍熱から醒《さ》め、現実感覚に富む政治家であったかのように喧伝《けんでん》するのは、どうやら見当ちがいのようである。彼の十字軍思想は生まじめなものであり、同時にまた、彼にはイスラムの立場を理解することができたということだと思う。イスラムとビザンティンの文化の波が洗うシチリアの国王としての政治家気質の当然の発現であった。東部地中海に食指を動かすヴェネツィアの商人たちの志向とよくなじむ。だからといって、ヴェネツィア人は不信心ものであり、十字軍計画を冷笑していたとみてはなるまい。

エーギュ・モルト　城壁と鳥瞰。下の写真の右上の水面は現在は内湖。13世紀には外洋にひらいていた

　法王グレゴリウスは、いぜんがんこにヤッファ協定を認めず、正統の十字軍発動を呼号し、これに応えて、シャンパーニュ伯をはじめ、フランス諸侯の軍団

が、一二三九年に出向しているが、これもまた、というよりは、これはフリードリヒのばあい以上に、イスラムとの交渉を通じて大成果を収めたのである。一時は、ここに、第三回十字軍以前の領土がキリスト教徒の手に回復された。

東部地中海に潮の変わり目がみられたということである。第一回十字軍士の、あるいは聖ベルナールの奉じた義戦論は後退し、イスラムとの協調の上にたつ東部地中海の利用と聖地の管理という発想が、むしろ地中海世界のキリスト教徒全体のものになりつつあった。フリードリヒの行動は、むしろ時代になじんでいたのである。

聖王ルイの十字軍

ところが、一二四四年、事態はいささかドラマティックな展開をみせた。エルサレム王国と手を組むダマスクスのスルタンに対抗するカイロのスルタンが、たまたまシリア北部にたむろしていたトルコ系コラズム族民の戦士集団を傭兵にやといいれ、エルサレムを攻撃させたのである。キリスト教徒が虐殺され、聖墳墓教会も焼失した。西ヨーロッパは色めきたった。ここに登場するのが聖王ルイ九世である。

ちょうどフリードリヒがイスラムとの協調の潮に乗ったのに対して、聖王ルイの遠征行は、逆潮に竿《さお》をさしたの観がある。病気平癒《へいゆ》の奇蹟を体験して十字軍宣誓を行った彼は、慎重に準備を整えて、六年後の一二四八年、南フランスのカマルグ地方の海岸に建設した十字軍基地エーギュ・モルトを発して、キプロス島経由で、ナイル河口のダミエッタ攻略に向かった。

ダミエッタはかんたんに陥ち、カイロのスルタン政権は、またもやエルサレムの返還をふくむ、西ヨーロッパ側にとって有利な条件での和議を申し出た。ルイはこれを拒絶した。「蛇を殺すには、その頭を打て」、同行した王弟アルトワ伯の言葉である。

たしかに、だから、かつての新エルサレム国王ジャンと同様、戦略的には一理ある対応であった。けれども、事態は前と変わらず、ナイル・デルタ戦線は膠着《こうちゃく》し、愚かものの戦場がまたもや現出したのである。一二五〇年、十字軍団にチフスが発生し、聖王ルイは、全軍あげて降伏した。

パレスチナ喪失

聖王ルイの十字軍、公式にいう第六回十字軍は無意味に終わった。しかも、ルイが捕虜になった直後、カイロのスルタン政権は崩壊し、叛乱をおこした奴隷身分の軍団マムルークを主体とする政権が成立し、シリアの十字軍国家は、イスラムとの共存の可能性を奪われた。ルイは、身代金半分の支払いののち、釈放されて、シリアにおもむき、現地キリスト教徒のあいだにあって、調停者の役割を果たす数年ののち帰国したが、その後のシリアは、一言でいえば、崩壊に向かう植民地といおうか、末期の時期を迎えるのである。

騎士団の城砦、都市の防備が強化される。折しも西進して北シリアに入り、アレッポを占拠したモンゴル軍との共闘をはかりダマスクスを攻撃する。カイロのマムルーク軍団がシリアに侵入して、モンゴル軍と対決する。モンゴル軍を後退せしめたマムルークは、いよいよシリア海岸からキリスト教徒を海に掃いおとす作戦にのりだす。一二六〇年代のことである。

5 シチリアの晩禱

蛇の頭はコンスタンティノープル

シャルル・ダンジューが視線を東部地中海に向けたとき、シリア・パレスチナの十字軍国家は、そういった状況下におかれていたのである。兄王ルイの身代わりとして、イタリア、シチリアにおけるホーエンシュタウヘン家にとどめを刺したシャルルが、ここに聖地の守護者としての役割を引受けるかどうか。それは、フリードリヒ二世によっていったんは成就されたホーエンシュタウヘン家長年の宿願を受け継ぐものであり、兄王ルイの無念をはらす機会ともなる。世人はそう期待したが、当のシャルルの心理には、いささか屈折したものがあった。シャルルは、じかにシリア・パレスチナをめざしはしなかった。コンスタンティノープルを狙ったのである。「蛇の頭」は、彼のばあい、はじめからコンスタンティノープルであった。

コンスタンティノープルのラテン帝国は、シリア・パレスチナの十字軍国家の衰退に歩調を合わせて崩壊への道を歩み、小アジアのニケア帝国の勢力が、この世紀なかばには、バルカン半島北部にのびていた。一二六一年、ニケア帝国の実権をにぎったミカエル・パレオロゴスの代、コンスタンティノープルは西ヨーロッパ人の支配者を追い出し、パレオロゴス朝東ローマ帝国が再興された。

このパレオロゴス朝を倒し、コンスタンティノープルにアンジュー家の旗をかかげ、シチリア王国の首都ナポリとコンスタンティノープルを楕円のふたつの焦点とする東地中海帝国を建設する。シャルル・ダンジューの夢は壮大であった。

だからシャルルは、一二六〇年代から七〇年代にかけて、シリア・パレスチナのなかまの苦境を横目に、もっぱらバルカン半島西部のエピルス、ペロポネソス半島のアカイア両王国に勢力を扶植し、さらにバルカン北部のボスニアにまでのびていたハンガリーとの同盟体制をかためることに腐心していたのである。

イスラム船　バグダード流派の手になる写本飾絵（1230年ごろ）

シャルル・ダンジューを阻止せよ

このシャルルの計画を阻止しようとする動きは各方面から出た。法王は、いったんは彼をイタリアにおける皇帝代理に指名したが、シャルルがセナトール（元老）職について事実上ローマを支配し、さらにロンバルディアのゲルフ党諸都市を足場に北イタリアにまで勢力をのばすにいたるや、しだいに警戒の色を深め、一二七一年に法王座についたグレゴリウス十世は、徹底して反シャルルの路線に転じた。

一二七四年のリヨン公会議が、東ローマ教会との合同を原則的に決定したことも、シャルルの動きを封ずる効果をもった。シャルルのコンスタンティノープル遠征は、教会への叛逆を意味することになったのである。

他方、ドイツ本国では、一二七三年、長い空白の期間もあけて、ハプスブルク家のルドルフが国王に選ばれた。北イタリアのギベリン諸都市は活気づき、プロヴァンスでは、反シャルルの動きがふたたび頭をもたげた。シャルルのプロヴァンス支配は、じつのところ法的に承認されたものではなかったのである。ルドルフの勢力がプロヴァンス、ロンバルディアに南下する。シャルルはこれに対抗しなければならなかった。

アラゴン王国

さらにスペインのアラゴン王国が、シャルルの動きに警戒の視線をそそいでいた。アラゴンは、十二世紀中葉、地中海岸のカタロニアを領するバルセロナ伯領と合体してのち、十三世紀のハイメ征服王の代に、南のバレンシア、ムルシアおよびマホルカ島を併合し、南フランスに対する領土要求も打ち切って、一個の領域国家として大きく成長し、国家発展の方向を、カタロニアの商人の志向に合わせて、地中海貿易に定め、視線を東に向けていた。その視線をさえぎったのが、地中海の交易路をふたつに分断する形のシャルルのシチリア王国で

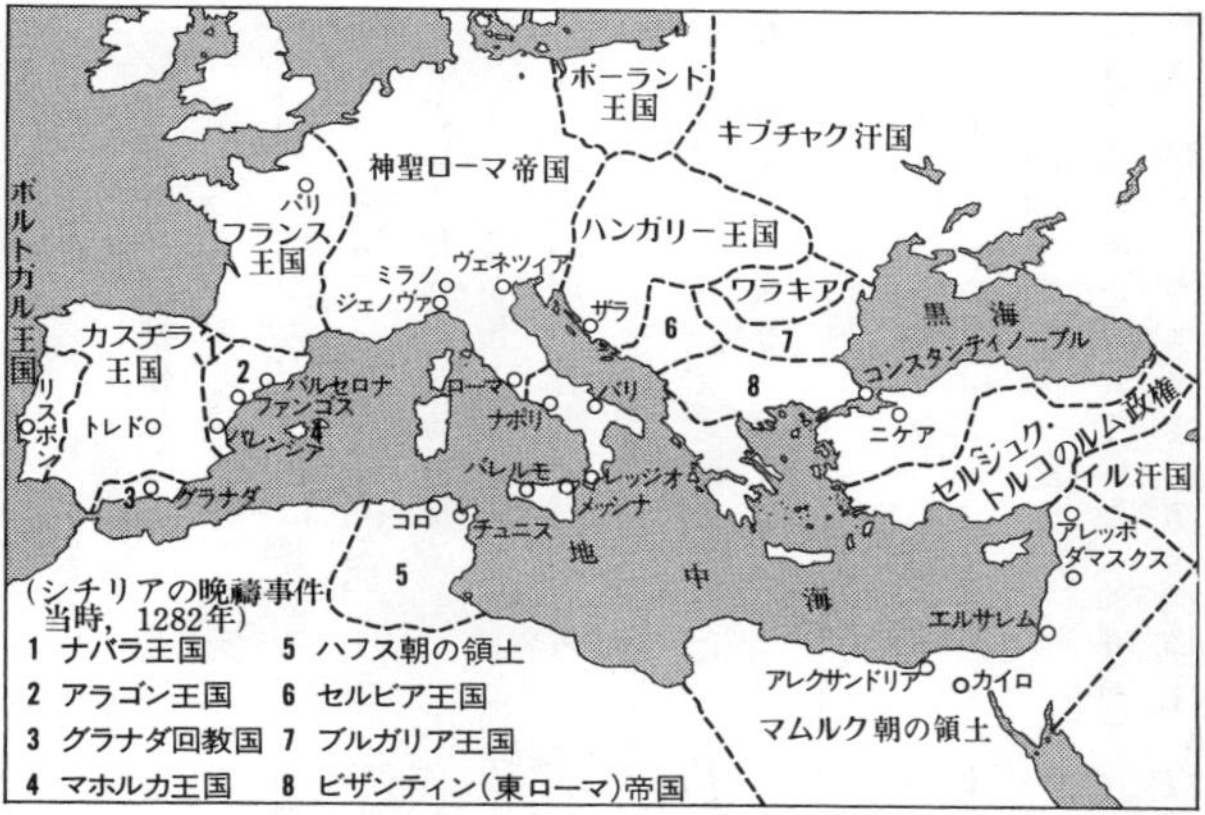

地中海地図

あった。

ハイメ征服王を継いだペドロ三世の代、大法官の地位にあったのが、かつてフリードリヒ二世の重用した侍医、サレルノ生まれのジョヴァンニ・ダ・プロチダであった。ペドロの妻コンスタンスは、ホーエンシュタウヘン家最後のシチリア王マンフレートの娘である。ここに反シャルルの動きの核が形成されなかったとしたら、話の説明がつかなくなるというものだ。

伝説では、ジョヴァンニ・ダ・プロチダが高齢の身をおして地中海をかけめぐり、コンスタンティノープルのミカエル・パレオロゴス、さらにイタリアのジェノヴァと連絡をとったという。一説では、ジェノヴァの提督ベネデット・ザカリアが動いたともいう。真相はいまだ不明だが、ともかく、この三者のあいだに密約が成ったことはたしかである。

シャルル、行動をおこす

一二八〇年、グレゴリウス同様、シャルルの動きに制約をくわえてきた法王ニコラウス三世が死去したのち、事態はドラスティックに展開した。翌八一年初頭、シャルルは、法王選挙の会場を軍勢をもって囲み、フランス人法王マルティヌス四世を選出せしめた。ルドルフとのあいだには、妥協が成立した。シャルルは、プロヴァンス伯領をルドルフから受封し、ということはルドルフを封建宗主と認め、北イタリアから手をひいた。そのかわり、ルドルフは、シャルルの計画を黙認することにした。

シャルルは、その年の夏、ヴェネツィアとのあいだに、コンスタンティノープル攻撃の密約をとりかわした。遠征の発向は一二八二年の四月と決定された。法王マルティヌスは、その年の秋、新法王への挨拶にやってきたミカエル・パレオロゴスの使節団に対し、ミカエルを異端ときめつけ、明年の五月一日までの期限つきで、東ローマ帝国を法王にさしだせという脅迫状をつきつけたのである。

法王とルドルフは、シャルルにフリーハンドを与えた。けれども、アラゴンとジェノヴァという西地中海の海上勢力が、シャルルの背後を脅《おびや》かす。しかも、ペドロはアルジェリアのイスラム政権と結んでいた。シチリア王国は、後背にかくれた敵をもっていたのである。一二八二年春、ヴェネツィアとの協定に従って、シャルルが艦隊をバルカン半島沖合のコルフ島に向けて出発せしめたとき、すでにアラゴン王ペドロは、エブロ河口のファンゴス湾に艦船を集結せしめていた。

シチリア島民、立つ

けれども、シャルルの計画を挫折に導いた直接のきっかけは、シチリア王国の内ぶところで生じた。いわゆる「シチリアの晩禱」事件である。一二八二年の復活祭の翌日、三月三十日の夕方、シチリアのパレルモの広場で、民衆とシャルルの手勢とのあいだにけんかがおこり、夕べの祈りの鐘の音が合図となったかのように、全市が暴動の渦にのみこまれたという事件である。シャルルの駐屯軍がほとんど全滅し、民衆は、アンジュー伯家の旗をひきずりおろして、ホーエンシュタウヘン家の鷲紋様の旗をかかげた。

ホーエンシュタウヘン王軍　祖父フリードリヒ２世の鷲紋様の旗がここに甦る

この事件は、じつにタイミングよくおきたの観があり、十九世紀のロマンティシズムは、これを陰謀劇と脚色したが、どうやらこれは、シャルルの圧政に対するシチリア島民の反感に根差す偶発的な暴動であったらしい。やがてメッシナも叛乱の旗をかかげ、そこに駐在していたシャルルのシチリア代官を島から追い出した。

ペドロにシチリア王冠を

シャルルは、メッシナがパレルモに呼応するにいたって、ようやく事の重大を覚《さと》り、東方遠征の艦船を呼びもどして、メッシナ攻囲にのりだした。他方、ペドロも、ことが一都市パレルモの叛乱にとどまらず、シチリア全島がシャルルの統制にそむいたと判断して、ファンゴス湾を出て、北アフリカのチュニジアに向かい、そこで待機する構えをとった。法王は、パレルモ市政府の送った使節団に対し、シチリア島民の破門を宣告した。

シャルルのメッシナ包囲は一ヵ月を越えた。一都市、またシチリア島だけで決着をつけることはできない。パレルモ市政府は、ここにアラゴン王ペドロとの同盟にふみきった。アラゴン王妃コンスタンスに王冠をさしだすという形で、アラゴン王の武力を借りようとしたのである。

ペドロはこれをひきうけた。八月のすえ、アラゴンの大艦隊はシチリアへ向かい、九月二日、ペドロはパレルモに入り、コンスタンスとともにシチリア王の冠をうけた。シャルルはペドロとの決戦を避けて、南イタリアにひきあげた。

事件の終わり

これで終わりであった。シャルルの仕掛けた歯車は、音をたてて解体した。ペドロは東部地中海に関心をもたない。第一、ペドロのシチリア作戦を財政的に支えたカタロニアの商人たちが、これ以上の冒険を許さなかった。シチリアを足場に、地中海の交易路を彼らのために確保すること、これがペドロの役割であった。

ミカエル・パレオロゴスにとって、危機は去った。西方世界に関心を寄せる理由を彼はもたない。北イタリア都市にしても同様であった。ジェノヴァは、ヴェネツィア・シャルル同盟の東部地中海支配をおそれて、アラゴンに肩入れした。それだけのことである。その危険が去ったいま、ジェノヴァはジェノヴァ独自の路線をたどる。ヴェネツィアは、シャルルの利用価値にみきりをつけた。

ペドロのシチリア支配はゆるがなかった。有能な提督ロジェール・ロリアのひきいるアラゴン艦隊は、シチリア奪回を試みるシャルルを撃退した。ナポリでは、反シャルル暴動が発生した。シャルルは、一歩また一歩と後退し、一二八五年初頭、アドリア海岸のフォッジアで病没した。

甥のフランス王フィリップ三世は、まだひとり歯車をまわしている気の法王マルティヌスの誘いにのって、アラゴン懲罰の十字軍をおこし、同年十月、ピレネー山麓のペルピニャンで没した。アラゴン十字軍とはなにごとか。異端だというのならばともかく、アラゴン教会は、ローマ教会の忠実な分枝である。この十字軍は、法王の俗世的執念のあらわれ以外のなにものでもなかったのである。

第十章　黒死病以後

1　アヴィニョン法王庁

アヴィニョン——パリ

充実と展開の時代につづいて、ノスタルジアと停滞の時代がきた。十四、五世紀のヨーロッパは、先立つ時代を見直し、結論を出した。

法王至上の理念を格調高くうたいあげたボニファティウス八世が、都市ローマの政争の陰に憤死したのち、法王座は南フランスのアヴィニョンに移った。一三〇五年、クレメンス五世登位のときから、一三七七年、グレゴリウス十一世がローマに帰るまで約七十年間。これを「法王のバビロン捕囚」という。すなわち、法王はフランス王の傀儡《かいらい》になったという。このみかたには異議ありと、最近は抗議の声もあがっている。

伝統のペテロの座であるローマへの帰還は、ミラノのヴィスコンティ家、それと結託した神聖ローマ皇帝ルートヴィヒ・デア・バイエルに阻まれ、流浪の法王はアヴィニョン滞留を余儀なくされた。クレメンス六世の代にいたって、一三四八年、法王庁はプロヴァンス伯か

ローヌ川の対岸からアヴィニョンの法王庁をのぞむ　18世紀のスケッチ

らアヴィニョンを買収し、荘麗な宮殿を建立した。法王は、ローマ帰還をあきらめたかにみえた。

けれどもアヴィニョンの法王庁とアヴィニョン以前の法王庁のあいだには、なんの断絶もない。むしろ、ローマ市政の派閥闘争から解放されたというメリットがあった。枢機卿は主に南フランスの司教から登用され、法王の指導性が強まった。歴代の法王座自体が、南フランス、とくにリムーザン出身者によって占められた。

このことは、アヴィニョンに対するフランス王の統制を意味しはしない。むしろ逆である。北のカペー王権に対する南フランスの立場の従来からのいきさつを考えるならば、むしろ法王庁における南フランス的立場の強調ということこそがいわれなければならない。アヴィニョン法王は、ローマ、ミラノ、ミュンヘンに対してと同様、パリに対しても、一歩しりぞいて構える立場を貫いた。

テンプル騎士団事件

この構えは、すでにクレメンス五世とフランス王フィリップ四世との関係において認められる。フィリップは、彼の好敵手ボニファティウス八世の断罪を、その死後においても追求し、ボニファティウスがその前任者を殺したという風評（むしろフィリップの流した）をつかまえて、その裁判をクレメンスに要求した。クレメンスは、この脅迫の前に妥協の道を選び、アナーニ事件についてはは全面的にフィリップに譲った。ボニファティウスの教勅をすべて撤回し、ノガレほか関係者全員の破門を解いたのである。

フィリップは、なお執拗にクレメンスを悩ませた。テンプル騎士団事件である。テンプル騎士団はフランスに本拠を移していた。フィリップはその財産の収公を狙い、その道具に法王を使おうとした。異端の嫌疑で団員を拘束し、クレメンスに異端審問を強要したのである。むろんいいがかりにすぎない嫌疑であって、クレメンスは最大限の抵抗をみせた。

フィリップの意をうけたパリの異端審問官が、つぎつぎに団員を火刑台上に送りこむ。血なまぐさい風の吹きつけるアヴィニョンの法王庁は、一三一二年、テンプル騎士団は異端ではない。けれども、「その悪評ゆえに」解散され、その財産は聖ヨハネ騎士団に移管されるべしと裁定を下した。クレメンスは、ともかくも筋を通した。その二年後、拷問にやつれた騎士団長ジャック・ド・モレが火刑台上に倒れたとはいえ、それはクレメンスの責任とはいえないのである。

この法王の抵抗を「弱々しい」とみるかどうかはみかたの問題である。一世紀あまりのち、法王に直属するフランス王国宗教裁判官代理の主宰するルーアンの宗教裁判法廷は、ジャンヌ・ダルクを異端と裁定した。ジャンヌはルーアン市当局に引渡され、火刑に処せられた。それから二十年後、フランス王シャルル七世は、ジャンヌに関する大掛かりなアンケート調査を実施し、ローマ法王に対して、暗にルーアンの裁定の撤回を求めた。法王は撤回を認めず、筋を通した。

世俗の国王権力は、十四世紀以降、ローマ法王の汎ヨーロッパ的権威をしだいに蚕食する。けれども、精神指導における法王の卓越性の原理はついに崩れない。そういうみかたもできるのである。

ルートヴィヒ・デア・バイエル

フィリップ四世、クレメンス五世、ともに没した一三一四年、ドイツでは国王選挙が行われたが、これは二重選挙に終わった。ハプスブルク家のフリードリヒとバイエルン侯ルートヴィヒである。これにはスイス連合の動向がからんでいた。

この上シュウァーベンの都市同盟は、ハプスブルク家のルドルフがドイツ王位についたのち、帝国直属の地位を保証されたが、ルドルフののち帝権がハプスブルク家を離れると、ハプスブルク・オーストリア侯家の統制をうるさく感じていた。とくに一二三七年に開通したアルプスのサン・ゴタール峠の管理権をハプスブルク家は狙ったのである。ここに彼らは、ハプスブルクの対立勢力、バイエルン侯の立場に同調し、ハプスブルクの統制から離脱し

ルートヴィヒ・デア・バイエル　現在は存在しないミュンヘンのザンクト・ロレンツ礼拝堂の壁面彫像。同礼拝堂の模型をもつその妻とともに聖母に礼拝する構図の部分

て、帝国直属の立場を再確認しようとはかったのである。

一三一五年、モルガルテンの戦いに、スイス連合はオーストリア侯の軍勢を破り、他方、かくしてオーストリア侯の支援を失ったフリードリヒは、一三二二年、ミュールドルフの戦いでルートヴィヒに破れた。ここにルートヴィヒ・デア・バイエルの王位が確定した。

ミュンヘン——アヴィニョン

ドイツ王は当然皇帝である。ルートヴィヒはそう確信して、ミラノ侯ヴィスコンティ家のものを皇帝のイタリア代官に指名した。ところが、じつはそれ以前、クレメンスを継いだ法王ヨハンネス二十二世は、プロヴァンス伯ロベール（シャルル・ダンジューの息子）と結んで、遠征軍を北イタリアに送っていた。法王庁の財政改革の結果、急速に蓄積されつつあった貨幣収入と、ローヌ渓谷とプロヴァンスの商業金融業との提携が、この法王のイタリア遠征の裏付けにあった。ルートヴィヒの皇帝権がこれに干渉する形となった。ここに、いささか時代錯誤的な法王対皇帝の理念の闘争が再燃したのである。

ヨハンネスはルートヴィヒを破門し、ルートヴィヒは、一三二八年、ローマに入城して対立法王をたてた。だが、ローマをはじめ、イタリア諸都市は、たとえギベリン党ではあっても、心底、皇帝のイタリア支配をのぞんでいるわけではなく、ルートヴィヒは、翌年、むなしく帰国する。他方、法王は、ドイツの聖俗諸侯にルートヴィヒの廃位をせまったが、ドイツ諸領邦は、法王の干渉を越権とうけとめた。領邦君主の利害を尊重する姿勢をみせるかぎり、ルートヴィヒは、ドイツ国王の座を確保しえたのである。

教会会議主義の抬頭

注目すべきはルートヴィヒの理論的装備である。彼のミュンヘンの宮廷には、スコラ学者オッカムのウィリアムとパドゥアのマルシリオがいた。前者は、当時フランチェスコ修道会に形成された改革派、霊的フランシスカンズの指導者のひとりである。聖フランチェスコの初源の精神にたち返るべきだとの立場から教会批判を展開した霊的フランシスカンズの一派は、法王ヨハンネスに異端として断罪され、ルートヴィヒの宮廷に避難所を求めたのである。

後者はアヴェロイストとしてパリ大学を追われた。アヴェロイストとは、十二世紀のすえに死んだイスラムの哲学者アヴェロエスの学説に従うアリストテレス主義者の呼称である。十三世紀のパリ大学は、アリストテレス哲学の受容をめぐってはげしくゆれうごいた。トマス・アクィナスの『神学大全』は、もともとアヴェロエス学説に対して正統のキリスト教哲学を確立しようとする努力の成果なのであった。パリ大学は十三世紀のすえに、その保守的

カール４世　ケルン市庁舎の「ハンザの間」の壁画（1370年ごろ）

な体質を確立した。アヴェロイストの地方流出がはじまった。

　これら論客の主張は、ボニファティウス・ヨハンネスの法王至上主義の逆をゆくものであって、およそ権力の根源は国家にある。教会は国家のなかの信者団体であって、法王の権威は、この信者共同体の同意において賦与されたものにほかならない。したがって、共同体を代表する教会会議こそが、最高の意志決定機関である。

　だいたいこういった論調であって、法王権と世俗の君主権をめぐる古くして新しい問題は、ここに、国家の優位の原則の上に、ひとつの結論を出した。いわゆる教会会議主義の淵源である。ローマ法王権は、国王権力と教会会議と、内外の批判的モメントをかかえて、十四、五世紀のキリスト教圏を泳ぐのである。

レンゼの会議

　他方、だからといって、「皇帝」がドイツにおいて、いわんやヨーロッパにおいて全面的に再浮上したわけではなかった。逆である。一三三八年、レンゼに集合した有力諸侯は、ドイツ諸侯によって選出された国王は、「法王の指名、認可、同意、はたまたその権威を欠いても」適法の国王であり、皇帝であることを宣言した。つづいて同年のフランクフルト会議において、このことが確認された。

これは、法王に対するルートヴィヒの勝利であった。しかし、諸侯に対するそれでは、けっしてなかった。ここに確認されたのは、ドイツの領邦分裂の現実であり、フリードリヒ・バルバロッサ以降のドイツ国王と諸侯との関係の総決算なのであった。

一三四七年に死去したルートヴィヒを継いだルクセンブルク家のドイツ国王カール四世は、一三五六年、黄金印勅書を発布して、レンゼの結論を体制化した。

2　百年戦争の開始

東部国境の確定をめざして

法律顧問官ピエール・フロッテ、ギヨーム・ド・ノガレ等に囲まれて、パリの王宮の会議室に座る修道衣姿のフランス王フィリップ四世は、よくもあしくも、事実上、カペー家の最後の王者であった。

父王フィリップ三世の残した厄介な問題、アラゴン十字軍をアラゴンとの講和に切り替え、さらにカスチラとも同盟して、イギリス領アキテーヌに対する備えとした。こうして南をかため、ピレネーの南に対する領土的野望を切りすてたフィリップ四世の視線は、むしろ東方に向いていた。

十三世紀を通じて、アルトワの取得によって、その東のエノー伯領が、シャンパーニュ伯領の併合によって、その東のロートリンゲンの、とくにトゥール司教領とかヴェルダンが、ブルゴーニュ侯領の東のブルグンド伯領（フランシュ・コンテ）が、ブルゴーニュ侯領の南のマーコン伯領の王領併合とか、アンジュー家のプロヴァンス伯領取得などによって、ローヌ渓谷の諸地方、とくにリヨン司教領が、それぞれあらたな係争地帯をつくった。

フランス王国が辺境領の集合であった時代は、とうにすぎさったかにみえた。王家官僚は、法律顧問官の指導の下に、これら辺境において、商議を行い、領主間の、あるいは都市と領主の紛争を、訴訟の形でパリの国王裁判所にもちこませ、あるいは保護権を設定し、あるいは領有権を買収する。

一世紀あまりのち、ヴァロワ家の王シャルル七世とその子ルイ十一世の顧問官たちが、あらたな辺境と化したブルゴーニュ侯領、ブルゴーニュ侯権の下に入ったアルトワ、フランドル、エノーといった地方に対して展開した戦略である。その意味では、カペー家からヴァロワ家へ、フランス王権の政策展開には持続性がみとめられる。しかし、フィリップ四世以後、フランス王家は大きな谷間を渡らなければならなかった。谷間を渡る危険な橋はフランドルからイギリスへ、フランドルからブルゴーニュへとかかっていた。

フランドル問題

カペー家はフランドルを狙った。すでに南のアルトワを王領に加え、フランドルとその東のエノーの領主貴族層に王の権威を浸透させつつあった。領主層ということは都市民の上層をも意味し、毛織物製造業を中核とする都市中下層は、フランス王権の進出を嫌い、イングランドに好意の眼差しを投げていたという事情については前述した。フランドル伯の立場は、当時、はなはだあいまいなものがあった。

十三世紀後半、フランドルとエノーを併せ領した女伯マルハレータ（マルグリット）の代以降、マルハレータの最初の夫の家系、フランドルのダンピエール家と、二度目の夫の家系、エノーのアヴェーヌ家との対立が、フランドル、エノーそれぞれの内部においてはもちろん、ホラント伯領にもこれが飛び火して、はなはだ錯綜した構図を描いた。

マルハレータの息子ギイ・ド・ダンピエールは、もともと聖王ルイの支持をとりつけて、フランドル伯位を確保したのだったが、一三九〇年代に入るころには、敵対するアヴェーヌ家が、エノー、ホラント両伯位を押さえて、カペー家と結ぶ形勢がみられ、ギイは、反カペーの旗印をかかげていた。

マルハレータ・ファン・コンスタンチノペル　フランドル女伯（在位1244～78，†80）墓碑浮彫りのスケッチ。墓碑そのものは現存しない

フィリップ四世は、いとも直截《ちょくせつ》にギイの困難な立場を解いた。即位早々、フィリップはイングランド王エドワードと事を構えたが、あたかもこれは、フランドル侵入の口実を作るためであったかのようであった。ギイがエドワ

拍車の戦い　同時代に制作された木箱の浮彫り。第２段目の左手に市民軍，右手に騎士隊。第３段目，同業組合の旗が立ち並ぶ。左端と右端に長槍のイメージがみえる

ードとひそかに同盟するや、一二九七年、フランス王軍はフランドルに進出し、全土を占領した。

ブリュージュの朝

五年後、フランドル版「シチリアの晩禱」事件がおこった。織布工親方ペテル・デ・コニンク、肉屋ヨハン・ブレイデルを指導者とするブリュージュ民衆が、一三〇二年五月十九日早朝、蜂起し、フランス人兵士大虐殺を展開したのである。いわゆる「ブリュージュの朝」事件である。これが合図となった。フランドル諸都市は黒獅子《じし》の旗を掲げた。フランドル伯家の章旗である。

フィリップ四世は、アルトワ伯に王軍をあずけた。王軍はクールトレにせまった。ここにフランドル市民軍は、ナミュール伯家ほか、フランドル、フリースラントの領主貴族の来援を得て、一見烏合《うごう》の衆ながら、戦意に燃える大集団をつくって、これを迎え討った。一三〇二年七月十一日、世にいう「拍車の戦い」である。

結果は予想外のものであった。長さ六メートルもあろうかというほどの長槍を武器にした

市民軍が、重装備のフランス騎士隊を負かしたのである。黄金作りの拍車が戦場に散らばって残された。その数、じつに七百という証言もある。この戦いが「拍車の戦い」と呼ばれたゆえんである。

フランス王軍の捲返し、エノー、ホラント伯の介入、セーラントをめぐる攻防、ギイ・ド・ダンピエールの死、その息子の伯領相続と、複雑な事態の展開のうちに、フィリップ四世は死に、その息ルイ十世、それを継いだ弟のフィリップ五世とカペー家の代もかわる。フィリップ五世のとき、一三二〇年、ようやくカペー家はフランドルの併合をあきらめ、南部のリールとドゥーエをふくむ地域の取得だけで満足することにした。だが、ほんとうにフランドルの危機は去ったのだろうか。その後の事態の経過は、けっしてそうではなかったことを示している。

西部諸侯領のローカリズム

フランドルの「地方の立場《ローカリズム》」が、フィリップ四世をはねつけた。他方、イングランド王家のアキテーヌにおける戦いがあった。アキテーヌもまた、王権の一円的支配を拒む「諸侯領」である。ブルターニュ侯領はもとより、王領に入ったノルマンディーにおいてもまた、その自生的領主層、あるいは都市ないし村が慣習的諸特権をいいたてて、王家官僚の統制に抵抗する。フランドルからアキテーヌまで、フランスの西部諸侯領は、王権支配を拒む壁を立てる。けれども王家の役人たちは、その壁を越える技術を身につけている。

フランドルにおいてもそうだった。アキテーヌにおいてもまた、王権は裁定者、調停者として、じわじわと浸透する。事実上、イングランド王家の統制下には、ボルドーとその周辺部しか残されていない。

ブルターニュにおいては、やがて一三四〇年代、侯家相続の争いがおこり、フランス王家はこれに介入し、一方の侯位請求者を代理して、同じくこれに干渉したイングランド王家と戦い、この機会を利用して、勢力拠点を各所に扶植してゆく。

エドワード三世の立場

フランドルとアキテーヌと、この両地域における勢力の捲返しをはかる、これが、大陸フランスに対して全面的な軍事介入にふみきったイングランド王エドワード三世の思惑であった。ひとつには、これは、プランタジネット王家の始祖の権利の回復を意識したものであり、ひとつには、また、イングランド王家の財政にからむ必然の政策展開であった。

コモンウェルスの観念は、これを字義通り訳せば「みんなの財産」であり、その管理機構が議会である。一二九七年の議会は、そのことをエドワード一世に認めさせた。「議会のなかの王」、すなわち財政の手を縛られた王。

議会に両手を縛られた王は、片脚をのばして貨幣をかきあつめようとする。のばした先は港であり、かきあつめる貨幣は、フランスのエキュ金貨であり、イタリアのフローリン金貨であり、ネーデルラントのフロート銀貨である。すなわち、羊毛とぶどう酒の輸出にかける

エドワード３世の「フィリップ・ド・ヴァロワ」あて宣戦布告状と印章　印章はエドワード１世以来同型のものだが，エドワード３世のものだけには左右に百合紋をくわえている。フランス王を兼ねるとの意思表示である

関税収入である。

一二九七年の議会は、羊毛の輸出関税収入が、なんとイングランド全土の総収入の五分の一を越すと苦情を鳴らした。一三一八年の数字では、王家がアキテーヌのぶどう酒輸出から得る利得が、イングランドの王領収入を上廻っている。こういった数字はたしかに表現的であって、エドワード三世の大陸領土確保の熱意をよく説明する。

フランス王家の交替

けれども、プランタジネット王家の権利回復という夢に賭けた青年王エドワードの若々しい情熱もまた、十分な説得力がある。もともと紛争のきっかけは、フランス王家相続の問題にあった。一三二八年、カペー家直系の王位継承者が絶えた。そこで傍系のヴァロワ伯フィリップが王に選ばれたのだが、フィリップ四世の孫にあたるエドワードにも、理論上、十分な権利があったのである。

一三二八年当時、エドワードは、まだ母の後見下におかれた少年で、ロンドン政府もまた、ちょうど王の交替期にあたっていたのである。エドワードは、アキテーヌ侯としてフィリップ六世に臣従礼をたてた。フィリップをフランス王と認めたのである。

一三三〇年以降、エドワードは、母とその情人ロージャ・モーティマーの専横を押さえて親政に入ったが、彼は慎重に構えた。まずフランス王家が肩入れするスコットランドを押さえておかなければならない。さらにネーデルラント、ライン諸侯に根廻しをしておかなければならない。十年はこれで過ぎた。その間、フィリップの方は、十字軍計画に熱中するふりをみせ、法王の特認の下に十分の一税をかきあつめ、艦船を建造した。艦隊はあきらかに、ボルドーとロンドンに向けて舳先《へさき》をそろえていた！

エドワード、ガンに進駐

一三四〇年二月、エドワードはフランドルのガンに進駐して、「議会」を開き、「イングランドとフランスの王」を名乗った。三八年以降、ガンの毛織物商ヤーコプ・ファン・アルテフェルデの指導権が、フランドル諸都市に確立されていた。フランドル伯は、すでにパリに逃げていた。エノー、ホラント、セーラントを併せ領する伯は、エドワードの妻フィリッパの父である。ヘルレ侯も、これは伝統的な親英政策を守った。

ブラバントに対しては、その港町アントウェルペンを羊毛の荷揚港とすることを約束した。ドイツ王ルートヴィヒ・デア・バイエルとの協定もなった。ライン諸侯には、無理して金をばらまいた。イギリス、ネーデルラント、フランドル、ライン諸侯と、北方の環状同盟が、「ヴァロワ家のフィリップ、自称フランス王」に対峙《たいじ》する。

スロイスの海戦　フロワサール『年代記』写本飾絵

フィリップ六世側は、ジェノヴァ、カスチラの助力をうけて、挑戦に応じる。議会との交渉のため一時帰国していたエドワードのフランドル帰来を阻止しようと、二百余隻の艦船をもって、フランドル唯一の海港スロイスを閉鎖する。六月、エドワードの艦隊は、フランドル諸都市の艦船の来援を得て、これをけちらした。スロイスの海戦である。百年戦争がはじまった。

3　経済の不調

ロンバール人

エドワード一世がルッカの商家リッカルディから借りた金は、つもりつもって三九万二〇〇〇ポンドに達した。イングランド王家の恒常収入は三万ポンドほどだったというのに。フィレンツェの商家フランツェージのパリのエージェントは、法王ボニファティウスと争うための資金一万フローリンを、フィリップ四世のために、同郷の商家ペルッツィから借り出してやった。

一二九二年のパリ政府の課税リストは、「ロンバール人」、すなわちパリ在住の北イタリア商人を上位にならべている。当時パリ随一の商人ギルド、セーヌ川水運組合の幹部クラスのマルセル家（のちの商人組合長エチエンヌ・マルセルの家系）さえも、「ロンバール人」には遠く及ばなかったのである。

一二七七年、ジェノヴァのガレー船がスロイスに、翌年にはイングランドの港にはじめて入った。一三一四年ごろには、ジェノヴァ、ヴェネツィアからフランドル、イングランドへの定期便が設定された。十字軍以後、北イタリア商人は、西ヨーロッパ航路を開発したのである。

これに先んじる内陸運輸の展開が、この貨物船による大量輸送を補完する。内陸運輸の展開も、しかし、じつは十三世紀の記念なのである。たとえば、前輪が旋回車軸仕掛けの四輪の荷馬車が普及したのは十三世紀なかばのことであり、貨物輸送に画期的な出来事と評されるアルプスのサン・ゴタール峠の開通は一二三七年、フィレンツェとピサのあいだの泥道が舗装されたのは、つまりフィレンツェの毛織物を港に運ぶ荷車が、ぬかるみに難渋することのなくなったのは、一二八六年に下るのである。

「ロンバール人」は、商業の首都ブリュージュに、ロンドンに、パリに、彼らの街区をつくった。カスチラ王は、一二五一年、はじめてセビリアのジェノヴァ商人に特認状を与え、その後、カディス、コルドバ、カルタヘナと、「ロンバール人」の縄張りが拡がった。シャンパーニュ、ブルゴーニュ、ロートリンゲンに彼らの駐屯所が設けられた。

14世紀のヴェネツィアの波止場　左がサン・マルコ広場。左上隅にはサン・マルコ寺の正面壁の馬の彫刻まできちんと描かれている。『マルコ・ポーロの本』（いわゆる『東方見聞録』）の写本飾絵

中、南部フランスは、彼らの縄張りではなかった。ここはマルセイユとカオールの商人たちの勢力圏だったのである。同様に、彼らはラインを越えず、バルト海には入らなかった。ここはハンザ同盟諸都市とスカンディナヴィアの商人たちの縄張りだったのである。

かつてはイスラム教徒が地中海を支配し、やがてノルマンがバルト海から地中海に出て、東地中海につなげた。いま「ロンバール人」がコンスタンティノープルをブリュージュにつなげ、ハンザ同

盟と接触する。ヨーロッパ商品経済の円環がふたたび回復された。そのことを的確に示すのが金貨である。

金貨

「ロンバール人」の進出にともなって、東ローマやイスラムの金銀貨を排して、フィレンツェのフローリン貨、ヴェネツィアのドゥカート貨などの金貨が、国際的取引の重要な手段となった。金貨の製造は十三世紀にはじまるのである。プランタジネット朝の銀貨デナリウス、ヴェネツィアの銀貨で一一九二年に創始されたグロッソ、一二六六年に聖王ルイが製造せしめたグロ・トゥールノワ貨など、銀貨の歴史は金貨に先んじる。けれども、一二三一年にフリードリヒ二世が南イタリアのブリンディシとメッシナで製造せしめた金貨アウグスタリスにはじまり、一二五二年ジェノヴァで、同年フィレンツェで、一二六六年パリで、一二八四年ヴェネツィアでひき継がれた金貨の系譜は、グロ銀貨を下位の系列に押し下げたのである。

パリの金貨、百合紋のエキュには、それ独自の歴史がある。ヴェネツィアのドゥカート貨もそうである。けれども、この時期、百合花に因んでフローリン（イタリア語でフィオリーノ）と呼ばれたフィレンツェの金貨こそ、やがて十四世紀なかば以降、ドゥカート貨、あるいはフローリンをモデルに作られたネーデルラントの金貨（オランダ語でフルデン）にその座をあけわたすまで、ヨーロッパ国際経済の基準通貨として君臨したのであった。

信用経済の破綻

「ロンバール人」の進出は、十三世紀から十四世紀にかけての西ヨーロッパが、通貨と信用の経済の段階に入ったことを示している。

「ロンバール人」は、商品経済の担い手であると同時に、いやそれ以上に、貸付や為替などの信用業務の実務家であり、各地の王侯領主の家政の相談役であった。一二八九年、一フィレンツェ人が、フランドル伯の出納官になった。つづく数年のうちに、これが流行となった。フィレンツェやシエナの商人が、フランドルの領主貴族の財政の面倒をみるようになったのである。

金貨　〔上〕フリードリヒ２世のアウグスタリス　〔中〕クェンティン・マッシース画「両替商夫婦」部分。アラブ貨にいたるまで様々な種類の金銀貨が描きこまれている　〔下〕フランドルの獅子紋金貨

小は領主貴族から大はフランス王家、イングランド王家にいたるまで、「ロンバール人」がくいこんだ。貸付にともなう利息の期待と、各種の特権、ない

し担保に押さえた土地財産の取得。イングランド王はイングランドを担保に入れたのである。なんの不安があろうか。ところがパニックが訪れた。一三四五年、フィレンツェの大商家バルディ家とペルッツィ家が破産した。

フィレンツェの年代記家ジョヴァンニ・ヴィラーニの証言によれば、バルディは、イギリス王に貸付けた「資本と利息と、約束された贈与、あわせて九〇万フローリン」の債権者だったが、フランス王との戦争のせいで、エドワード三世は支払えなくなった。一三四〇年代、フィレンツェの商家は、つぎつぎと連鎖状に破産した。以後、フィレンツェの経済は縮小する。メディチ家のフィレンツェは、最盛期をすぎたフィレンツェなのである。

いったいこの信用の破綻はなにに起因するのか。たまたま百年戦争が起きた。たまたまペストの流行があった。ペストは、一三四八年から五〇年にかけて、西ヨーロッパに猛威をふるうのである。たまたま、一四一〇年代に、不作の年があいついだ。こういった偶然の契機は、しかし、すべてを語るものではない。これらの偶発事は、時代の一般的文脈のなかにおかれてこそ意味をもつ。

農業経済の不調

ヨーロッパの農業経済は、十四世紀に入って、沈滞を迎えたのではないか。ヨーロッパの社会的活力が衰えたのではないか。ヨーロッパは、世紀単位の周期で訪れる不況の時期に入ったのではないか。そう疑われるのである。

一般的にいうならば、十三世紀も前半の方が、後半よりも、農業生産にとってはきびしい自然条件を示した。厳冬、洪水、旱魃《かんばつ》、極暑といった災害が各地を襲う頻度が高かったのである。しかし、荒蕪地を開墾して、水を通し、村の耕地を拡げてゆく。平野林を切り開いて村を建設する。耕地が拡がるにつれて人口も増え、人口増がまた、村の拡張を促す。そういう生産と人口のつくるプラスのリズムが聞きとれた。それが十三世紀という時代であった。村は、けっして閉鎖的な区画ではなく、社会全階層にわたって活力のみなぎる生活の場であった。

それが、十四世紀に入るころには、どうも調子が狂ってきた。人口に伸び悩みがみられ、耕地の拡大もとまった。エルベ以東の植民活動やスペイン台地のそれも、一応の停止線に達した。旧ガリアの土地も、もはや開墾の余地を残さない。そういう自然の限界が、人口の下降カーヴを結果したのか。それとも、なんらかの理由による人口の伸び悩み（意識的な出産抑制を想定する研究者もいるのだ）による開墾の停止ということだったのか。

それまで開墾の先頭にたっていたベネディクト修道会、シトー派修道会等、古いタイプの修道院の修道士たちが、おもむろにその活動を停止する。それまでの修道士のイメージが、骨格たくましく、やせがたで筋肉質、粗衣をまとって鍬《くわ》をふるうといったタイプであったとすれば、これからの彼らは、太肉《ふとりじし》で色白、ぶどうの木を丹精し、暖衣飽食といったイメージに変わる。修道院銘入りの上酒が売り出されるようになるのも、このころからのことである。

農産物、とくに穀物の価格は、十三世紀を通じて、じわじわと上昇カーヴを描いたが、どうやら十四世紀の一〇年代の農業危機を経過したのち、大幅な値崩れをおこしたらしい。そうでなくとも、これは調査の進んでいない局面なのだが、一般物価の方は、もっと上昇していたのではないか。生活がますます貨幣を喰うようになっていた。貨幣の流れは、農民の零細な家政をさえも洗い、ましてや領主の家政における貨幣需要は相当な量になっていた。

領主の直営地は、十三世紀を通じて、かなりの割合で小作に出されていた。その小作代、貨幣の形での地代は、定額に押さえられていて、これはそうかんたんにはあげることができない。小作する方にしても、とくに問題は農業労働者の賃金の高騰であって、領主の直営地経営と同様、慢性的な人件費の増加に悩まされていた。

むろん、この直営地と小作地との関係にしても、農業労働者の賃金の問題にしても、地域によってかなり事情の差があり、一律に論じることはできない。けれども、ひとつはっきりしていることは、黒死病の大流行、これが、それまで慢性的にくすぶっていた不調をドラスティックに強調し、黒死病以後、どの地域においても、ほぼ同じような状況が現出したということ、これである。

4　死の舞踏

黒死病

およそひとつの文明圏の構成員の三分の一が死んだという、この黙示録的な出来事は、一三四八年という年をその記念とする。
「ロンバール人」の貿易船が黒海からイタリアに運んだペスト桿菌《かんきん》は、一三四八年六月のすえまでに、パリを鋭角の頂点として、ヴェネツィア、ボルドー、コルドバを結ぶ三角地帯に伝播した。その年のうちに、ノルマンディー、イングランド東南部が死の影におおわれた。翌年の夏、フランドルのトゥールネに、はじめての死者が出た。

ペスト桿菌、といってしまっては、アナクロニズムということになるのかもしれない。ペスト菌をのみが運び、そののみの乗物がねずみだという知識は、当時、まったく欠落していたのだから。南風にのる汚染され湿った大気、ミアズマ（瘴癘《しょうれい》）が病気の本体であると、当時の医学は理解し、したがって対策の勧告もその理解にもとづいた。家を北に向けよ、乾燥した香木を焚け……。

病人の出た家は焼きはらった。肉親を生きながら焼く焔《ほのお》をみつめて立ちつくす人々の首もとに、のみがうるさくはいまわらなかったろうか。数日後には、その人もまた、黒ずんだ屍となって横たわるのであった。清浄の色、白衣に身を包んで、街道を逃れ走る人々が、一刻の憩いを求めて修道院の門をたたいても、なんの応答もない。修道士全員、死に絶えていたのであった。

こういったドラマティックな情景を、想像力の赴くがままにつみ重ねてみても、なにかむなしい。むしろ法王庁の役人のザッハリヒな構えこそ好ましい。法王庁の役人は、法王クレメンス六世に、全世界で黒い死の手にとらえられたものの数、四二八三万六四八六、ドイツだけでは、一二四万四四三四であったと報告したという。死体の数をかぞえる。これほど即物的な視線はあるまい。数が細かすぎるって？　この時代の人たちは律義だったのだ。

死の不安と戦う人々

これは神の下したもうた試練である。よし、試練に耐えよう。そう決意した人たちがどこの土地にもいた。世界は、決意した少数の人々によって救われる。トゥールネの町役人たちがそうだった。彼らは強力な統制をしいた。墓所を町の壁の外に作り、泣き女の習俗を禁止した。弔いの鐘を禁止した。死者をして眠らしめよ。死との日常的な接触を断ち切る。ひいては、生を生活そのものから隔離する。それが生を維持するために必要だと、トゥールネの町の人たちは知った。トゥールネは救われた。

フランス王フィリップ六世の顧問官たちがそうだった。中、南部ドイツに鞭打《むちう》ち苦行団が発生し、われとわが身を鞭で打ちさいなむという、おそるべき精神の破産の構図を西に拡げようとした。パリ政府は、彼らの行進をトロワで阻止した。

法王クレメンス六世がそうだった。法王庁役人の三人にひとりが死ぬという恐怖の巷にとどまって、彼は精神指導の首座をよく守りとおした。鞭打ち苦行団を異端と断じ、ライン流域や南フランスに猖獗《しょうけつ》を極めたユダヤ人狩りを禁止し、法王領に逃げこんだユダヤ人を保護している。

死亡率

フィレンツェの人ボッカチオは、フィレンツェの市壁内部の住人一〇万以上が死んだと述べている。現代の人口統計学は、当時の人口を九万余と算定し、死亡率を五〇パーセント台と推定する。イングランドのマンチェスター近郊のブラクウォーター村では、一五〇人の村人のうち、三八人が死んだ。ブルゴーニュのジヴリー村では、一二〇〇ほどの人口に対して六一五人が死んだ。サヴォワのある教区では、一三四七年の一〇八戸が、二年後には五五戸に減ったという。

ブリューゲル画「絞首台の上のかささぎ」　死と民衆。農村を支配するものはだれか。これがこの絵のふたつのテーマである。後期中世の生活のトーンが，この16世紀の画家によってきびしく表現された

ブリューゲル画「死の勝利」　死神の雄叫びを人間は首うなだれて聞いてはならない。わが絵を直視し、生の機縁をさぐれと画家はいう

こういった細かな数字を勘案して、イングランド全島について、災害発生時の人口を四二〇万と推算し、死亡率を三〇パーセント台とみるみかたがある。死者一四〇万といったところか。フランスについては、地域によって八分の一から三分の一という計算もある。三人にひとりが死んだ。これが大づかみなイメージであり、これは、フランスの年代記家フロワサールの証言しているところであるといわれてきたが、筆者はまだフロワサールの文章中にその証言をみつけてはいない。

死の舞踏

司祭の死んだブラクウォーター村にも、やがて黒い死も遠のいたようだと噂がきかれるころ、新任の司祭がやってきた。世帯主のいなくなった家の保有地の相続も片付き、よその村からの移住者も若干受け入れて、二、三年もたつうちには、またもとの暮らしにもどった。ブラクウォーター村はまだいいほうだった。死ぬべきものは死に、生き残ったものは逃げだして、ノーマンズランドに還った村も、すぐ近くにあったのである。

イングランドはまだいいほうであった。フランス王国では、黒死病の直前、戦争がはじまっている。ブルターニュでは侯位継承の争い、アキテーヌでは、イギリス王太子エドワードが劫掠の兵を動かす。一三四六年には、エドワード三世自身が兵を率いてノルマンディーに入り、ピカルディーでフランス王軍と対決した。クレシーの戦いである。

こういうスポラディック（特発的）な会戦それ自体はともかく、そのあとにくる一時の休

死の舞踏　オーヴェルニュのラ・シェーズ・デュー教会堂の未完に終わったフレスコ壁画。死は抽象観念の擬人化ではない。その手をとって踊っている生者それぞれのいずれ明日にでもそうなる姿，死者である

戦、これがむしろ問題であった。職を解かれた傭兵が、給料稼ぎの無頼の騎士の一群が、野盗団と化して村や町の周辺にたむろする。これから一世紀あまりのあいだ、フランス王権は、こういった私兵的徒党の動きを阻止することができない。そういう意味での「戦乱の世」が続くのである。

そこへ「黒い死」の襲来である。神の手と人の手と、両の手が死を料理したというべきか。十五世紀のフランスに、「死の舞踏」という絵のテーマがはじめてあらわれる。このテーマは、もともと民衆の舞踏に出たのではないかとする説がある。一三七〇年代の記録に、それを証言するものがある。

村の広場の泥をはねあげ、町の広場に設けられた仮設舞台の薄板をふみならして、死者に仮装した人たちが、おののきふるえる観衆を、だれかれかまわず、踊りの輪のなかにひきずりこむ。日常的な出来事となった死との交渉の舞踊表現である。いいかえれば死の祭であって、やがて絵と文学がこれを写した。

商人の都合

じわじわとせまる経済不況と人口減、この社会の活力の下降カーヴを一気に押し下げたもの、それが「黒い死」のドラマであった。下地に衰退の気運があり、そこに墨黒々と「死の舞踏」図が描かれたのである。生産と輸送のシステムが崩壊した。穀物市場は閉鎖された。労働力が激減した。領主と村の連繋《れんけい》が断ち切られた。領地経営は不能の状態におちいった。混乱と無秩序は一時のことではあった。シャンパーニュを経由して北西ヨーロッパ都市圏とイタリアを結ぶ古来の通商路に、あるいはライン流域から南ドイツを経てイタリアに入る、あらたに踏みならされた道に、商人の姿が途絶えたのは、ほんの一時期のことであった。都市の商業はしぶとく生き残り、むしろこの大混乱に利をはかったとさえいえる。市場は建て直され、荒廃した村や町に再生の資材を提供する。

おそらくこの災禍は、都市においても農村においても、富めるものと貧しいものとの較差を、いっそう拡げる作用を及ぼしたことであろう。これまた、すでにじわじわと進行していた事態であった。この大災害は、人間と土地に拠ってたつ農業生産、一口にいってものの価値のたよりなさと、金銀貨の形でのかねの価値のたしかさを、しみじみとさとらせる効果をもったのではなかったか。かねをためた商人、上級役人、大借地農、こういった連中が主役の社会が中世後期に現出する。主役の座から下ろされたのは、ものの体系である領地経営にしがみついた領主たちである。

領地経営が不如意になるとき、領主たちは領地経営をまるごとだれかに肩代りしてもらう、いいかえれば経営権を質入れすることによって、一時的にもせよ、地代収入を時価の相場にみあった水準にひきあげようとする。かくて、総小作人あるいは管理人と呼ばれる階層が、村の事実上の支配者となる。この階層が農村部におけるかね持ちであり、それはしばしば都市の商人であり、あるいは商業資本と結託した官職保有者であって、このことこそが事態の核心なのである。

　領地経営の不調が都市の農村支配への道をひらく。それはあくまでも都市の論理に従っての経営であって、ここにこの時代の大きな特徴がある。農業の不調、それは人口と土地の調和の喪失に端を発するものであったが、商人の都合がこの不調の回復をおくらせたということも、十分考えられる。むしろ封建領主層から王にいたるまで、農業経済にその権力の基盤を有していたヨーロッパの領主が、商人の都合にあわせて、農業回復の努力を怠ったというべきであろうか。フランス王が、農民のために土地のことを配慮してやるという政策をようやくにしてとるにいたるのは、ごく大づかみにいって、十五世紀後半のルイ十一世以降のことなのである。

第十一章　王と諸侯

1　王権の持続

ポワチエの戦い

一三五六年、フランス王軍はポワチエ近郊でエドワード黒太子の軍勢と会戦し、また負けた。

たしかに、エドワード一世以来のイングランド王家の軍制は、クレシー、ポワチエ二度の会戦に、いかんなくその威力を発揮した。「フランス戦争」を開始するにあたって、エドワード三世は、装備にかねのかかる騎士隊のかわりに歩兵隊を増設し、これに槍や長弓をもたせることによって、財政上の困難を解決し、あわせて戦術上の優位をも期待しえたのである。

これに対し、フランス王軍は、いぜん騎士隊の寄せ集めである。騎士の出陣にはかねがかかる。だから、常時これを養っているわけにはいかない。したがって、長期的見通しの作戦はたてにくい。どうしても後手後手にまわるわけである。都市の供出する歩兵隊、あるいはジェノヴァ人傭兵の弩《おおゆみ》隊もいたのだが、封建騎士は、歩兵や傭兵との協働を嫌う。指揮系統も統一がとれず、個々の指揮官たちは伝統の戦法、重装騎兵による正面からの突撃に固執した。かくしてフランス騎士は、イギリス槍隊の恰好の餌食となったのである。

フランス王ジャン二世は捕虜となり、いちはやく戦場を離脱した王太子シャルルがパリにたどりついてみれば、そこには、商人組合長エチエンヌ・マルセルの指導する三部会との対決が待っていた。

ある会戦　左方からフランス騎士隊が突進する。右のイギリス方の弓射手がこれを迎えうち，槍隊がその背後にひかえる。いつの会戦かは確定しがたいが，いかにも印象的な絵である

パリの三部会

「三部会」はフランスの等族会議の呼称である。けれども、これはなんら全国的な規模のものでもなく、またいわゆる三身分の代表会議といえる態のものでもなかった。実情はといえば、北フランスなら北フランスの高位聖職者、領主領の実力者、なかんずく都市上層部といった、一口にいって有力諸団体の王権との協議機構であった。したがって、「地方の立場」が一本通っている。

むろんフィリップ四世以降、王権はそ

フランス王シャルル５世の宴会　皇帝カール４世とその息子ヴェンツェルをもてなしている。『フランス大年代記』飾絵（1380年ごろ）

こにナショナルなものを仮託し、地方の有力者たちも、まさしく王権のナショナルな志向に対抗しうる全体的展望を欠いたが故に、けっきょくはこれに身を添わせてゆくことを強いられた。下方から「コモンウェルス」の志向が出てきて、それが王権を縛ったイングランドのばあいと逆である。じつのところ、フランスにはコモンウェルスの発想が欠落していたが故に、王権はつねに優位に立ったのである。

この逆説は、エチエンヌ・マルセルの三部会において、みごとに実証された。シャルルは、父王の名代として、三万の軍勢を養うに足る援助金の合力を要請した。顧問会議への三部会代表の参加と通貨の安定、これが三部会の要求であった。王太子は、一三五七年三月、ふつう「大勅令」と呼ばれる布告を発して、この要求をすべて呑んだ。顧問会議に三部会の代表が参加することになったが、その人数は顧問会議のメンバーの三分の一という枠をはめられた。王太子は通貨の安定を約束したが、しかし、通貨は王権に属するという建前そのものは譲らなかった。けっきょく三部会は王政の改善を要求したのであって、改革をはかったのではなかった。さて、王太子は援助金を要求する。これは当然の権利である。

市民上層は、しだいに王家官僚のタクティクスにまきこまれ、理想主義者マルセルは、共和主義的な民衆の動きにひきずられる。北フランス諸都市のあいだにも、ようやく足並みの乱れがみられる。三部会でパリ市がイニシアティヴを握ること、パリ市が援助金を管理すること、パリ市が王家財政を管理すること、これを呑めと王太子にせまるまで、マルセル一派は急進化する。北フランス諸都市は、王太子の名をもってサンリスにあらたに召集された三部会に同調し、パリ市は孤立する。

ラ・ジャクリー

この段階で、意外な事態が発生した。ラ・ジャクリー、農民の一揆である。五月のすえから六月中旬にかけて二週間、ピカルディーとフランス、さらにシャンパーニュにかけて、ギヨーム・カルないしカルルという名の指導者のもとに、武装した農民集団が動いた。その数六〇〇〇と年代記は伝えている。

黒死病後のこの時期、領主は経営困難におちいった直営地をまとめて小作に出し、あるいは、総小作の引受け人の期待できない、ということは都市から離れた土地の領主は、短期契

パリのミリティア（市民兵）　右は，王太子側近の高官の殺害場面。『フランス大年代記』飾絵

約による農民保有地にこれを細分化して、この難局をきりぬけようとした。総体的にみて保有地農民の数が増えたわけで、これがラ・ジャクリーの中核をつくったと考えられる。

ラ・ジャクリーのきっかけは、パリ北方のエルムノンヴィルの修道院に宿営していた騎士の一団を農民たちが襲ったことにあったが、この騎士の一団とは、ポワチエの敗戦後、野盗団と化したフランス王軍の残党の一部ではなかったかと思われる。村を荒らす敗残の騎士に対する保有地農民の自衛権の発動。そういう図式化も、あるいは許されよう。

都市はこれに否定的な反応を示した。パリのマルセル一派は、軍勢を出して、これとの接触をはかったが、けっきょく連繫《れんけい》はならなかった。王家の一族、系譜を辿ればカペー王家の血脈に立つナヴァール（ナバラ）王シャルル（あだなをル・モーヴェ〔悪人〕）の軍勢が、ギヨーム・カルの軍勢を崩壊せしめた。農民側の犠牲は二万と、年代記は伝えている。

その直後、王太子軍に攻囲されたパリでは、マルセル与党の結束がくずれ、七月の末日、マルセルは、毛織物業者ジャン・マイヤールとそのなかまに、サン・タントワーヌ門において殺害された。「パリの三部会」は、ここに幕を下ろした。

一三八二年の騒擾

パリ三部会の反抗は、なおしばらくはくすぶった。一三六四年に即位したシャルル五世が一三八〇年に急死した直後、「北の王領の三部会」は、フィリップ四世以来設定されていた「戦争遂行のための」臨時税（エード）ほか、すべての臨時税を廃止するという王令をひきだした上で、あらためて、向こう一年間について「四〇〇〇の軍兵と二〇〇〇の弩射手」をまかなうに足るだけの臨時税賦課を認めた。以後、臨時税は、すべて三部会の承認を必要とすることになった。王権は後退したのだろうか。

一三八二年、北フランス諸都市は、臨時税賦課の要求を認めず、武装蜂起した。パリのそれをマイヨタンの乱と呼ぶ。しかし、王政府には計画があった。当時、フランドル伯ルイ・ド・マールに対し、ガンが叛乱を組織していた。王政府は、フランドル伯支援の王軍を動かし、ガンの叛乱を鎮圧した。ローゼベクの戦いであり、かつてのガンの指導者ヤーコプ・ファン・アルテフェルデの息フィリップは、この戦いに死んだ。

かえす刀で、王軍は、パリを軍事占領下においた。パリの諸特権は廃棄され、商人組合長職が、王のパリ代官職に吸収された。都市パリは、王政府の首都としての歴史の第一歩をふみだしたのである。北フランスの騒擾《そうじょう》は終わった。

パリの王宮　現在のパレ・ド・ジュスティス（高等裁判所）。14世紀の時点を想定した復元図。シテ島のセーヌ下流部の区画にあり、上流部にノートルダム聖堂。この図は下流から上流の方角を見ている。左手の橋（大橋あるいは両替橋）を渡れば右岸の街区「ラ・ヴィル」

なお、商人組合長職は、一三八八年に「預」として復活した。「預」とは王から預かるということで、パリ市の自治が大きく後退した事態に変わりはない。

王家財政

ポワチエの敗戦から一三八二年まで、王政府のタクティクスはみごとであった。これをすべてシャルル五世の功績とし、彼に「ル・サージュ（賢王）」のあだなを呈する慣行がある。たしかに彼は有能であった。その有能さは、しかし、一にかかって人事の統制にあったのである。シャルル五世の顧問官団の系譜は、その後、数世代にわたってひとつの人脈を形作り、王権の持続を支える。

すでに王政は大きくふくらんでいた。カペー王家以来の王家家政の単細胞的な諸掛りが、それぞれ専門の部局に独立し、統治府の機構が、様々な慣行のなかから整備されてくる。とくに注目すべきは、財政の局面で、それまでどんぶり勘定であった王家財政から、戦争会計を切り離して戦争財務官をおき、臨時税の一部をあらかじめ一般会計から切り離す。あるいはまた、王の判断において臨機に支出しうる会計として、「王の金庫」を創設する。臨時税の収納役をおく。

フィリップ六世の晩年、王家財政は、どんづまりの状態にあった。王領収入は固定化され、ほとんど頼るべき財源ではない。フィリップ六世の財政顧問官たちは、ほとんどいきあたりばったりのやりかたで財源を探し求めた。塩の専売収入（ガベル）。「ロンバール人」課税（これが過ぎて、フィレンツェの商人たちは、続々とフランスを逃げだした）、関税収入、王国の諸団体にかける直接課税（タイユ）の工夫。そして臨時税（エード）。

なによりにもまして、しかし、フィリップ六世の王政府が頼ったのは、貨幣発行による収入であった。じつに二十年間に五〇回の発行をかぞえ、一三四九年下半期の収入七八万リーヴルのうち、五二万がなんとこの収入であった……。

これは異常事態であった。パリの三部会の要求はもっともだったのである。シャルル五世はその約束を守った。守ることができたのである。フィリップ六世時代の苦しまぎれの諸方策がようやく軌道に乗り、のちの絶対王政の財政三本柱、タイユ、ガベル、エードの収受の方式が、まがりなりにもこの時代に確立されたのであった。

王家官僚

すでにフィリップ六世の晩年、ヴァロワ王家の財政は、一〇〇万リーヴルの大台を越えていた。十五世紀にはいれば二〇〇万をかぞえる。この時代、他のヨーロッパ諸勢力の構えた財政規模は、数十万の単位でかぞえられるにすぎなかったのである。十五世紀に隆盛をみる一大勢力ブルゴーニュ侯家の最盛期の財政でさえ、五、六十万リーヴルていどのものでしかなかった。

この財政ゆたかなヴァロワ王家の官僚機構に人間が集まる。領主は領地の経営を他人に委譲し、パリに住んで官職につくことをのぞむ。商人出自の王家役人が幅をきかす。官職取得は致富につながり、蓄積されたかねが土地に投資されて、致富者は領主貴族になりあがる。この時代、領地の管理人は、商人そのものからというよりは、その商人出自の王家役人層から多く出ていると、最近の調査は教えてくれる。絶対王政下のいわゆる「官職貴族」の系譜は、ここに発するのである。

2 党派の対立

王族諸侯

肥った牝牛の乳房にしがみついたのは、王家官僚だけではなかった。それ以上に、諸侯が、この時代、王家に寄生したのである。

一三八〇年、シャルル五世が急死し、幼王シャルル六世がたった。後見にたった王族諸侯、アンジュー、ベリー、ブルゴーニュ、ブルボンの四侯は、シャルル五世の顧問官たちをしりぞけて、王政を私した。前三者はシャルル六世の叔父であり、ブルボン侯ルイ二世は、母方の伯父にあたる。前三者は、いずれも父王ジャン二世によって創始された親王領（アパナージュ）であり、ほどなくこれに王弟ルイが、ヴァロワ伯領とオルレアン侯領を下賜されて、いわゆるヴァロワ家系親王領が出そろう。

彼ら王族諸侯は、一三八八年、シャルル六世が親政に入り、父王の顧問官たちが復活した折、いったんひき下がりはしたが、やがて九二年、シャルルが精神的に不安定な状態をみせるようになると、またぞろ前面に出た。とりわけブルゴーニュ侯フィリップは、王の顧問会議の筆頭の地位を占め、王政を自家の利害に沿う方向へもってゆく。これが、しかし、大局的には王権にとってのぞましい方向であった。というのは、たとえば、前述したパリの叛乱の鎮圧は、ブルゴーニュ侯のイニシアティヴの下に実現したことであったのだから。

フィリップ・ド・ブルゴーニュ（豪気もの）　もとディジョンのシャルトルーズ派修道院にあった（現存しない）14世紀の一画家の作の模写

ブルゴーニュ侯家

しかも、イギリスとの関係において、ブルゴーニュ侯の指導は、一貫して和平の方向をめざした。これは理由のあることであった。ブルゴーニュ侯の本領は、もともと東部フランスのソーヌ川流域だが、フィリップはフランドル伯女と結婚し、フランドル伯領とアルトワ伯領、さらにブルグンド伯領の相続権を手に入れたのである。ここにフィリップの関心は、フランドルから北方にのび、ブルゴーニュ侯家は、以後、ネーデルラント、ライン流域諸地方へと、その家領政策展開の方向を定めた。

フィリップはシャルル六世に、ドイツのバイエルン侯女イザベラとの結婚を斡旋《あっせん》し、自分の子女にもバイエルン侯家出身の配偶者を配したが、これは、当時ネーデルラントのエノー、ホラント、セーラントを併せ領していたバイエルン家との連繫《れんけい》をはかり、ネーデルラントに有利な地歩を占めようとの配慮に出るものであった。

フランス王女イザベルとイングランド王リチャード二世との婚姻政策もまた、フィリップの推進したところであった。これもまた、ネーデルラントに対して潜在的関心をもつ、また自領フランドルをめぐってたがいに利害関係をもつイングランド王家との和合をはかり、かくてバイエルン侯家、イングランド王家両者のネーデルラント方面に対する関心を中和せしめようとするブルゴーニュ侯家の家領政策から帰結するところであった。

アルマニャック派対ブルゴーニュ派

イングランド王家とのあいだには、一三八九年、休戦協定がなっていた。ところが、後述のように、イングランド王家にも内紛があり、一三九九年、リチャード二世は廃位せしめられて、ランカスター王朝が成立した。この王家もまた、ヘンリー四世の代には対仏和親の政策を持したが、次代ヘンリー五世の代、イングランド王家は、ふたたび対仏強硬策に転ずる。この動きは、しかし、多分にパリ政府内部の党派争いに触発されたの観がある。

すなわちブルゴーニュ党派対オルレアン党派の対立であって、後者は、やがてルイ・ドルレアンの子シャルルの岳父アルマニャック伯の旗の下に集合したことからアルマニャック党と呼ばれる。

一四〇四年ブルゴーニュ侯フィリップの死と、ルイ・ドルレアンの専権掌握。一四〇七年、フィリップの息ジャン（おそれ知らずのジャン）によるルイ・ドルレアン謀殺。一四一三年、ブルゴーニュ侯ジャンの失権とアルマニャック党のパリ制圧。一四一五年、アルマニャック党の軍勢、アザンクールにおいてイングランド王軍に惨敗。一四一八年、ブルゴーニュ侯ジャン、パリを回復。一四一九年、王太子シャルルを擁立するアルマニャック党派、モントローでジャンを謀殺。一四二〇年、第三代ブルゴーニュ侯フィリップ（お人よしのフィリップ）、シャルル六世とイングランド王ヘンリー五世とのトロワ協定を斡旋。以上一連の出来事を経て、一四二〇年代、パリはイギリス軍の制圧下におかれ、ノルマンディー、アキテーヌをイギリス軍が、ロワール川以南を王太子シャルルが、ネーデルラントからシャンパーニュ方面をブルゴーニュ侯権が押さえるという、いわば三すくみの構図が、フランスの王土に描かれるのである。

ブルゴーニュ侯家の立場

伝統のフランス史学は、ブルゴーニュ侯家の立場に対する理解にとぼしく、アルマニャック即王党派、ということはフランス国家の防衛者、ブルゴーニュ派即裏切者という図式を好む。

けれども、このみかたは、ふたつの点で、おのずから破綻する。第一は、ブルゴーニュ、オルレアン両家とも、王権に寄生する諸侯であるという点では、ひとつ穴のむじなであり、ということは、ブルゴーニュ侯には、フランス王家を裏切ろうという気などすこしもなかったということになる。だれが、いったい、その乳をのむ肥った牝牛を殺そうとするであろうか。

ブルゴーニュ侯の要求は、顧問会議筆頭の地位と、ネーデルラント方面への家領政策展開についてのフリーハンド、この二点につきる。一四一五年、大陸進攻を前にして、イングランド王ヘンリー五世は、ブルゴーニュ侯の協力を期待した。その期待は裏切られた。イングランド王こそ、ブルゴーニュ侯を裏切者呼ばわりする資格があったのである。

第二の点は、当時の国際関係にかかわる。フランスとかイギリスとかいうが、そのフランスとはなにか、イギリスとはなんであったか。ここにみだりに近代国家の枠組みを想定されては困るのである。ブルゴーニュ「国家」はネーデルラント方面に展開した。一四二〇年代、お人よしのフィリップの時代のことであるが、ネーデルラントのホラント、セーラント、エノーの三伯領、さらにブラバント侯領、ナミュール伯領もまた、完全に侯家の統制下に入る。

そういった侯家の、いわゆる北方領国は、むしろフランス王家に対するフィリップの忠誠をとがめだてるのである。「お人よし」のあだなは、ここに出た。手もなくフランス王家の顧問官団にひねられたフィリップに対する痛烈なあてこすりである。この辺のことについては、なお節を改めて展望しよう。

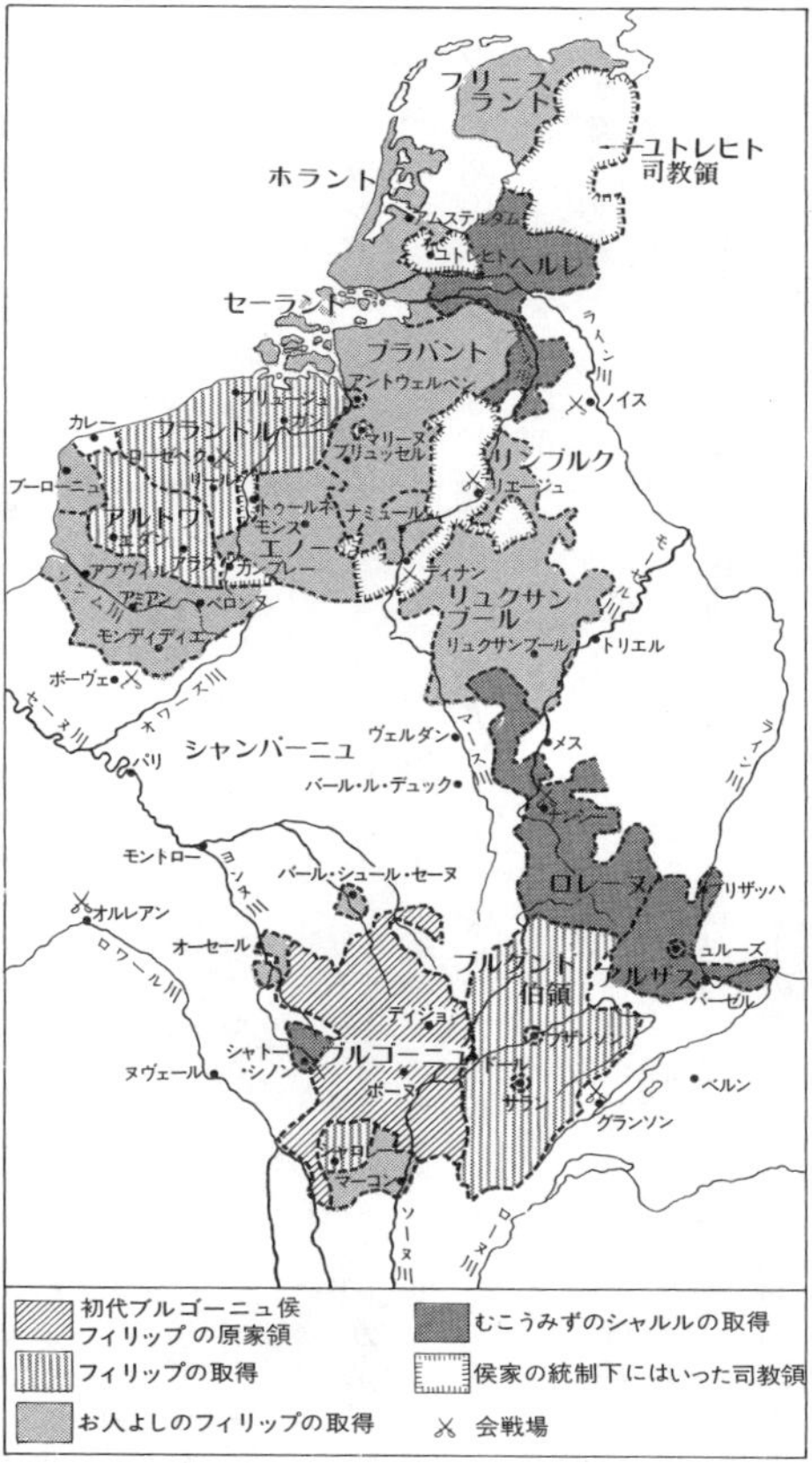

ブルゴーニュ侯国

終末のプランタジネット王家

ポワチエの勝利ののち、一三六〇年のブレチニー・カレー条約で、旧アキテーヌ侯領とカレーの領有を約束されたイギリス王権ではあったが、そののち、旧アキテーヌ侯領の受取りは、サボタージュにあって遅々として進まなかった。そうこうするうちに、態勢をたて直したシャルル五世は、休戦条約を破棄し、下級貴族出身のベルトラン・デュ・ゲクランを王軍司令官に起用して、失地回復にのりだした。

イングランド議会は、もともと王家の大陸経営には反対票を投ずる傾向があり、とりわけ、十四世紀後半に入れば、イングランドにおける毛織物産業もかなり展開し、フランドルとの経済関係も、それほどイギリス人にアピールしなくなったという事情もある。

くわえて、一三八一年前後、イングランドもまた、農民一揆に悩まされる。ワット・タイラーの乱である。

イングランドにおいてもまた、先にかんたんにふれた領主経済の破綻が、全般的に土地保有の既存の関係をつきくずし、保有地農民の層が、しだいに分厚く展開しはじめていた。むしろイングランドにおいてこそ、このいわゆる「マナーの崩壊」現象が典型的にあらわれたとする主張もきかれるのである。領主貴族は、あらたな身分秩序を模索しはじめる。ワット・タイラーの乱以後、プランタジネット朝末期からランカスター朝を経て、テューダー朝の成立するまで、イングランドは不安の時代を迎えるのである。

ランカスター王家

一三八九年、ヴァロワ王家とのあいだに休戦協定がなり、プランタジネット朝最後の王リチャード二世は、強引に対仏和親の方向にロンドン政府をひきずった。この強引さが、リチャードのいとこにあたるランカスター家のヘンリーを中心とする反対党派の結成を促し、リチャードは廃位へと追いこまれ、一三九九年、ランカスター朝が成立した。

ヘンリーを支持する議会（1399年９月）　大司教アランデル（禿頭の人物）がヘンリー・ボリングブロクの王位請求権の正当性を諸侯に説いている

正統の家系からはずれ、議会の支持によって成立した王朝であったから、ランカスター朝は、当初、議会に対して腰が低かった。この弱い王権が、議会内部の党派の形成をいっそう促進させたであろうとは、容易に推測されるところである。

新封建制

この党派形成の問題は、フランスのばあいと同様、いやむしろそれ以上に、十五世紀のイングランド史を特徴づけるものであって、これを別の言葉でいえば、新封建制の問題という。これは、かんたんにいえば、封建制の根幹をなす土地給付にもとづく主従契約という原則がくずれ、臣従儀礼も省略され、土地以外のもの、すなわち衣料等の現物給与、貨幣の定期給与を介する主従の関係が、私的な慣行として成立したことをいう。

軍役代納金の制度によって、騎士が所領経営に専心する在地領主化した。その所領経営が危機にさらされるとき、ここにもまた、優者劣者の区分が強調される。有力貴族は、その所領の防衛と管理のために、領地を質にとられた中小の騎士を、戦士として、また管理の役人として抱えこむ。彼らは、家臣団として給養され、かたわら国王の行政官僚、下院（コモンズ）の議員として、彼らの「主君」の立場を国政において代弁する。

おそらくそういうことであったのではないか。ついには、こういった党派集団が、国王のポストそのものまでをも争うようになる。ランカスター朝の成立事情に、すでにそのきざしはみえた。その後、百年戦争の終了とともに、大陸に対する関心を終局的に放棄したイングランドは、王座を狙う党派対立の血みどろの構図を、一見はなやかに描く。ばら戦争である。

3　教会会議

教会の分裂

アヴィニョン法王のローマ帰還は、枢機卿会議の派閥闘争を誘い出し、一三七八年、ふたたびアヴィニョンにクレメンス七世が選出されるにいたって、ローマとアヴィニョンに二法王が並立するという変則的な事態を迎えることになった。これを教会の分裂（シスマ）という。

一世紀前ならば、これは神聖ローマ帝国皇帝の干渉を正当化する事態である。ところがカール四世のあとを襲った同じくルクセンブルク家のヴェンツェルにその器量なく、一四〇〇年にヴェンツェルが王座を追われたあとに選出されたプファルツ伯ループレヒトもまた無能であり、事態は空転して、両法王座とも代を重ねるという失態をみたのである。

この間、両法王座の枢機卿団、パリ大学、アルマニャック党派のパリ政府等々、様々な干渉があったが、一四〇九年、ピサに開かれた公会議（普通公会議とはみとめられていない）は、現に対立する両法王、ローマのグレゴリウス十二世とアヴィニョンのベネディクトゥス十三世を廃位せしめ、あらたに法王アレクサンデル五世を選出する決議を行った。結果は、両法王とも退位を承知せず、三法王並立という、いっそう変則的な事態となったが、けっきょくこれが、一四一四年、コンスタンツ公会議を導き出すきっかけとなった。教会分裂の問題は教会会議の場で決着がつけられるべきであるという、いわゆる教会会議主義の原則が確認されたのである。

コンスタンツ公会議

一四一四年十一月、コンスタンツの町は、参会者数千で埋まった。イタリア、ドイツ、フ

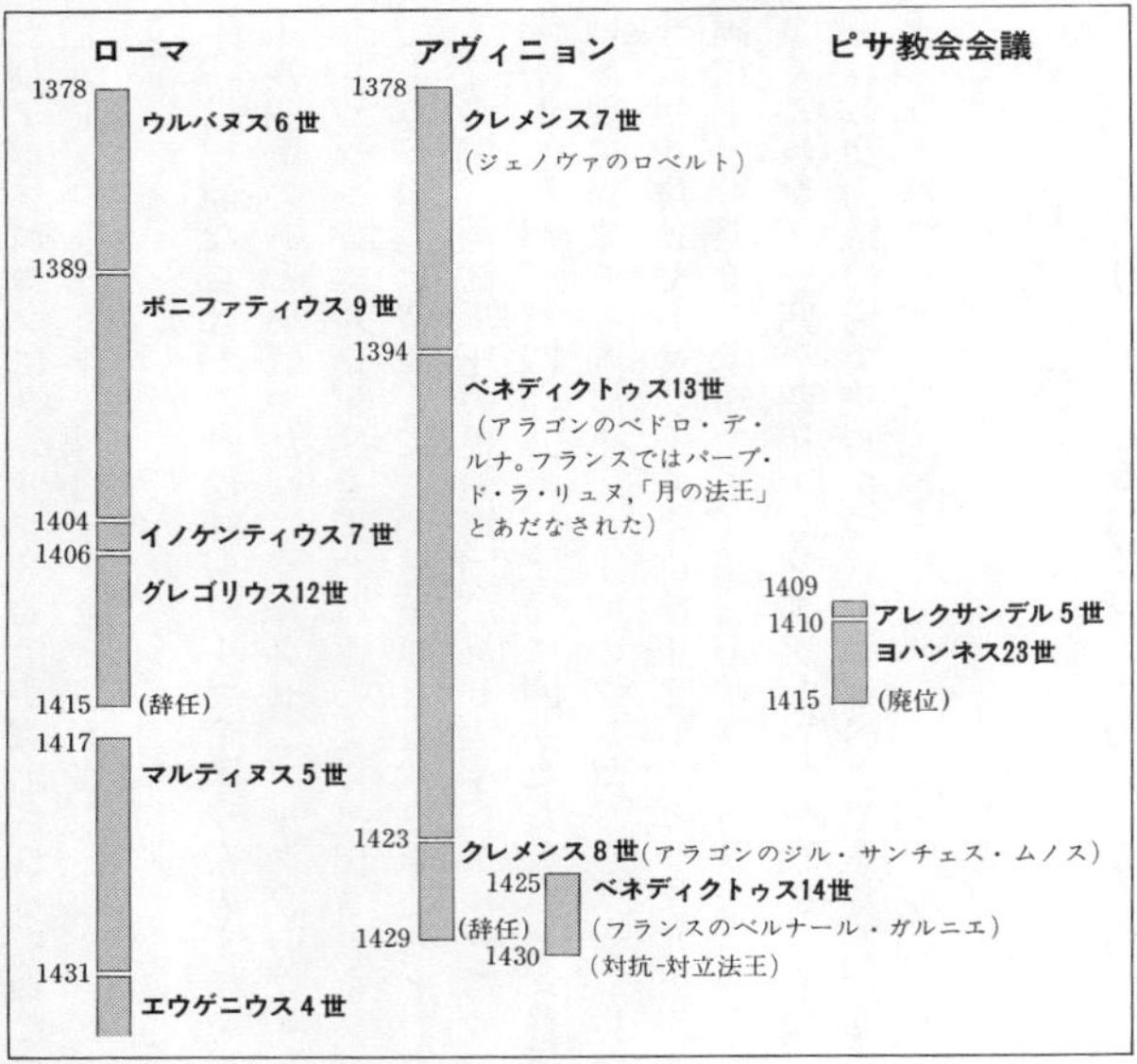

「教会分裂」法王在位表

ランス、スペイン、イギリスの司教以上の高位聖職者、三百数十名。神学、教会法の博士、教区付司祭、大学の代表、世俗王侯の代表使節団。

会議の主催者は、名義上、一四一〇年にアレクサンデル五世を継いだ会議派の法王ヨハンネス二十三世であったが、ループレヒトに代わって一四一一年以降ドイツ王位にあった、ヴェンツェルの弟のハンガリー王ジギスムントがドイツ司教団を束ね、パリ大学を代表するジャン・ジェルソンが、同僚の神学者ピエール・ダイイらの急進的な教会会議主義的論調を押さえて、法王権と教会会議との調和のとれた教会像を描きだす。

一四一八年四月まで、三年半の長期会議になったが、その大半は、教会改革を実行すべきか、法王をまず選任すべきかの論争に費やされた。けっきょく、これは法王至上主義と教会会議主義の立場の対立である。一四一七年十一月に法王選挙が行われ、あらたに選出される法王に教会改革のことが委託されるというあいまいな形となった。

しかも、この法王選挙は、枢機卿団に、前述の区分の五国籍からそれぞれ六名の選挙人が加わるという変則的なものとなった。教会会議の代表による法王選挙は、ローマ法王庁史上、あとにもさきにもこのときだけのことである。

ところが、選出されたマルティヌス五世は、ローマの旧家コロンナ家の出で、反教会会議派の立場にたつ候補者であった。彼は、一方的に会議の打ち切りを宣言し、さらに、法王権の教会会議に対する優越を宣言する教書を発して、幕を下ろしてしまった。コンスタンツ公会議は、けっきょく結論を出さなかった。しかし、それでは、それにひきつづくバーゼル公会議は、教会と国家についての、教会の構造についての結論を出したといえるのであろうか。

フス派異端

コンスタンツ公会議は、皇帝ジギスムントにとってつまずきの石となった。ジギスムントが会議に委嘱した「フス派異端」の問題についての会議の決定が、ルクセンブルク家領ボヘミアにおける内乱、フス戦争をひきおこすきっかけとなったのである。

フスは、プラハ大学の教授で、オックスフォード大学のジョン・ウィクリフの教説の支持者であった。ウィクリフは、系譜をたどれば、パドゥアのマルシリオやウィリアム・オッカムにつながり、組織としての教会を認めず、聖書に信仰のあかしを求めようとした点において、宗教改革の先がけとされる。

ボヘミアは、カール四世の父の代からルクセンブルク家領で、カールの代、首都プラハは東ヨーロッパの経済文化の中心拠点となった。カールの宮廷サークル、またカールの創設したプラハ大学と、イングランドの思潮とのふれあいは、カールがその娘をリチャード二世にとつがせたことをきっかけとするとされる。

オックスフォードになくてプラハにあったもの、それがチェック民族主義であった。カールのののち、ヴェンツェルは、ボヘミアのチェック民族主義を押さえきれず、プラハ大学は、しだいにチェック人教師の優勢を占めるところとなった。その指導的立場にあったのがヨーハン・フスであって、かくて、ウィクリフの思想は、チェック民族主義と結合することによって、これを抑圧しようとした皇帝ジギスムントと法王—教会会議とに対する叛乱のイデオロギーとなったのである。

フス戦争

コンスタンツ公会議は、いとも無造作に、フスを異端と裁定し、火刑に処すべしと断を下した。一四一五年、みずからコンスタンツに赴いたフスは、火刑台上に倒れた。

一四一九年、ヴェンツェルの死後、ボヘミアを相続した皇帝ジギスムントに対して、チェック人は武器をとった。とくに、タボリートと呼ばれる急進派は、ローマ教会との妥協を一切拒否し、聖書主義に立脚する信者集団を、都市と農村の一般民衆のあいだに確立して、徹底的抗戦の構えに出た。

当時、ジギスムントはハンガリーにまで進出したトルコに対する対応に追われており、フス派異端に対する戦いは、法王マルティヌスが唱導し、ドイツの領主貴族の参加した対フス十字軍がこれにあたった。けれども、プラハ郊外に城砦タボリートを築いた急進派は、ドイツ人十字軍を右に左に走らせ、かえってボヘミアに接するドイツに進出するほどの勢いをみせた。

フスの火刑　下図は，骨と灰を散布して捨てるために集めている。ウルリヒ・ライヘンタールの公会議記録の彩色木版画（1482年出版）

一四三一年に開会されたバーゼル公会議は、まずこのフス戦争の問題をとりあげ、同年マルティヌスに代わった法王エウゲニウスの意に反して、チェック人との妥協を決定した。ウトラキストと呼ばれる穏健派の思想を是認することによって、フス派の分裂を策したのである。

プラハ大学、都市上層、領主からなるウトラキストが、かくてドイツ人十字軍とともに、タボリート殲滅《せんめつ》に動いた。一四三四年、タボリートは潰滅し、三六年、ジギスムントはめでたくプラハに入城した。

バーゼル公会議の破産

ウトラキストは、聖職者、俗人の区別なく、パンとぶどう酒をもって聖餐礼を行うことを主張したところから、この名が出た。訳して、二様聖餐礼論者という。福音の自由な伝道、聖職者の使徒的生活への回帰、教会の俗権否定といった彼らの主張は、たしかに後年のルター派につながる。これを容認したということは、カトリック教会の原則の否認であり、バーゼル公会議は、その意味で、法王権と教会会議主義との分裂を示したのである。

公会議は、これを法王権に対する勝利と錯覚した。いまこそ一挙に教会改革を実行すべきときだと判断した。会議は、コンスタンツ会議のときのように国籍別のグループごとに問題を検討するという方式をとらず、各種委員会を設けて、改革のプランをねることにした。これが裏目に出た。委員会は、しだいに急進化して、浮きあがり、司教たちは、代理を残してそれぞれの国へひきあげた。

法王エウゲニウスも公会議に見切りをつけ、諸君主との協定によって法王権の持続をはかるという現実主義的路線に転じた。この路線上に出てきたのが、一四三八年、フランス王シャルル七世の発したブールジュ勅令であり、一四四八年、ドイツ諸領邦と結んだウィーン協約である。いわゆる国家教会主義（ガリカニズム）の発現であり、これを許した法王権は、すでに中世の法王権ではないのである。

4　ブルゴーニュ問題

アラスの会議

一四三五年夏、バーゼル公会議を代表してキプロス枢機卿がアルトワのアラスに赴いた。ランカスター、ヴァロワ、ブルゴーニュ三者の和平会談に、調停者としてのぞむためである。東にフス戦争をかたづけた直後、公会議は、「神の平和」の声をアラスにひびかせようとする。

枢機卿アルベルガティ　法王代理の調停者。ヤン・ファン・アイク画

法王エウゲニウスも枢機卿アルベルガティを派遣した。およそみずからその存在を主張し、また他に認められるかぎりの、ありとあらゆるヨーロッパ諸勢力の代表使節団が、この夏、アラスに集合した。その人数、五〇〇〇を越したという。評者はこれを十五世紀のウィーン会議という。そして、たしかに「会議は踊った」。踊らせたのはだ

れであったか。

踊らせたのは、バーゼルの代表ではなかった。フランス王シャルル七世の顧問官団であり、踊ったのは、お人よしのフィリップであった。

フィリップののぞんだのは、ヴァロワ、ランカスター、ブルゴーニュ三者対等の和議であり、ブルゴーニュ北方領国もそれを切にのぞんだのだが、フランス王権がそれを阻止した。ヴァロワ家は、ランカスター家との和議を抵当に入れて、ブルゴーニュ家との和解を買った。文字通り買ったのであって、ブルゴーニュ侯家の顧問官たちを大掛りに買収したという事実も、最近、明らかにされている。

モントローの謀殺について、王家はフィリップに謝罪する。フィリップ一代かぎり、臣従の義務を免除する。係争地帯であったソンム川流域諸都市をフィリップの統制にゆだねる。これが協定の骨子であり、王家側の全面的譲歩と、一見みえる。

これほどの譲歩をあえてしてまで、ヴァロワ王家が侯家との和解を求めたのはなぜであったか。しかも、なぜこれが、ランカスター・ヴァロワの和解と同列におかれてはならなかったか。フランス王国における統一王権の理念と現実が、ここに賭けられていたからである。諸侯中の諸侯、ブルゴーニュ侯をしてヴァロワ家を王家と認めさせること、これがアラスの和議をリードした王家顧問官団の大目標であった。

一四二〇年代

ロワール以南にしりぞいた王太子シャルルは、一四二二年、パリの父王シャルル六世の死後、潜在的王権の保持者となった。ブルゴーニュ侯フィリップは、パリをイングランド王のフランス摂政ベドフォードの支配するがままにまかせて、ネーデルラント問題に専念する。そのばあい、本領ブルゴーニュの保全が問題となり、ロワール川をへだててあい対峙する王太子シャルルの臨時政府そのものを中立化せしめようとする策動が、ブルゴーニュ侯家の与党ブルターニュ侯を中心に展開された。かくして、王太子とりまきのアルマニャック党派の人材は、王太子政府からしりぞけられたのである。

ここにアルマニャック党派色をぬぐいすてた王太子政府は、第一にブルゴーニュ侯との和解を、ついでランカスター王家との対決を、という基本戦略をたてた。ロワール川の防衛線を破り、ノルマンディーとアキテーヌの連繫をはかろうとするイギリス軍の動きを、一四二九年、オルレアンで阻止した戦いも、この戦略の上に立つものであった。

シャルル７世　ジャン・フーケ画

だからこそ、オルレアンの勝利ののち、王太子勢は、イギリス軍の根拠地ノルマンディーをめざさず、パリもまためざさず、シャンパーニュに北上して、ブルゴーニュ侯家との対話を求めたのである。

このとき、一四二九年の夏、王太子の顧問官団とブルゴーニュ侯の使節団とのあいだに、王太子がランスの大聖堂でフランス王として国王塗油の秘蹟をうけているあいだにも続けられた一連の商議が、けっきょく、アラス協定の予備作業となった。ネーデルラントのエノー、ホラント、セーラント三伯領の相続問題にからむ、いわゆるネーデルラント継承戦争にほぼ片をつけ、ネーデルラント統制をかためたブルゴーニュ侯フィリップは、ようやくその視線をフランス王国に向けた。アラス会談は、このタイミングに合わせて企画されたのであった。

アラス以後

アラス以後、ヨーロッパはあらたな秩序を見出したとはいえない。むしろ混沌の様相が、さらにいっそう深化したとさえいえる。フランス王権の大いなる意志が、ランカスター家の軍勢を海峡に追い落とした。一四五〇年代のことである。ノルマンディーとアキテーヌの問題は片づいた。けれども、カレーはイギリス王家の橋頭堡《きょうとうほ》として残り、フランドル問題は、ブルゴーニュ侯家との陰湿な確執のうちに、あらたなる事態の展開をみる。

他方、ボヘミアの反乱を鎮圧したジギスムントが、一四三七年に死んだのち、ドイツ王権は、ふたたびハプスブルク家の手中に入るが、一四四〇年に登位したフリードリヒ三世は、本領オーストリアの統制と、チロル、上シュウァーベン（スイス方面）、アルザス方面への勢力扶植に大童《おおわらわ》である。これまた、ブルゴーニュ侯国との摩擦をひきおこし、アルザス、ロートリンゲン、スイス方面が、あらたなる辺境、諸勢力の競合地帯をつくる。

むこうみずのシャルル

アラスの和において、フィリップがフランス王家との断絶を宣言しえなかったそのわけは、けっきょくはブルゴーニュ侯はフランス王の臣下であることを認めて、北方領国の怒りをかったそのわけは、フィリップ個人の「お人よし」さかげんにのみ帰せられるべきものではない。ブルゴーニュ「国家」の、国家としての未熟さが、フィリップの決断をにぶらせたとみるべきであろう。

フィリップの息シャルルが、そのことに気づかなかったわけではない。気がつきながらも、彼には、あえてフランス王国を捨て、フランスとドイツのあいだに、独立の「国家」を建てることに賭ける「むこうみず」なところがあった。フランス王シャルル七世とルイ十一世二代の正史を書いたリジュー司教トマ・バザンには、それがわかっていた。だから彼は、「豪胆者」とか「働き者」といった当時世人の口にしたシャルルのあだなを捨てて、「ル・テメレール」、すなわち「むこうみず」と彼を呼んだのである。

お人よしのフィリップとむこうみずのシャルル父子　アラスに伝えられた一無名画家のデッサン

一四六七年に父侯フィリップの死を迎える以前、すでに彼はブルゴーニュ侯権を指導し、一四六一年に交替したフランス王ルイ十一世を向こうにまわして、フランス諸侯の連合「公益同盟」を率いて、その「むこうみず」ぶりを発揮した。その後の彼の行動の軌跡は、まさしく、「最後の中世騎士」の評にふさわしいものがあった。

北方領国とブルゴーニュ本領とを結合すべく、ロートリンゲン（ロレーヌ）の領有を狙い、ライン諸侯と事を構えて、皇帝フリードリヒに王号を要求する。アルザス、上シュウァーベン諸都市とハプスブルク家との紛争に介入して、この方面への進出をはかる。ヨーク家のエドワード四世と同盟して、ルイ十一世挟撃《きょうげき》の策をねる。

そのうちのひとつでも成功すれば、計りしれないほど大きな効果を生む大勝負の連続であった。ヴァロワ王家は、西の諸侯領の脅威を除いた直後、東にあらたに諸侯領問題を抱えこんだのである。

ブルゴーニュ侯国の解体

フランドル、ロレーヌ、ブルゴーニュ、アルザス、上シュウァーベン、この南北縦貫「国家」の形成は、フランス王の悪夢であった。父王シャルルは「お人よし」のフィリップを封じこめたが、ルイはどうか。一四七七年、シャルルが、ロレーヌの首都ナンシー攻囲陣に、スイスの軍勢と戦い、敗死したとき、ロワール中流トゥール近郊の城館に滞在中のルイ十一世には、祝盃をあげるべき理由が十分にあったのである。

じつのところ、ルイには計算があった。アラスの和以後、アルトワ、ブルゴーニュ、ロレーヌといったところに、伝統の王権政策が深く静かに浸透しつつあった。他方、ルイ王独特の外交術数は、イングランド、ハプスブルク、ロレーヌ侯家、スイス諸邦に対して、貨幣でかたく結ばれた同盟関係をつくりだしていった。ブルゴーニュ「国家」を内側から腐蝕せしめ、かたわら同盟政策を展開してシャルルの疲れを誘う。この王権のタクティクスの前に、シャルルは自滅したのである。

ブルゴーニュ侯国は、未然のうちに瓦解《がかい》した。ブルゴーニュ侯領はフランス王国に併合された。アルトワとフランドルの南部は、フランス王軍の占領下に入った。けれども、侯国の北方領国顧問会議は、シャルルの一女マリーをたてて、フランス王軍の進攻を各所にブロックし、領土を保全した。

マリーの決断が、北方領国をハプスブルク家に接合せしめた。フリードリヒの息マキシミリアンを配偶者に選んだのである。ネーデルラント・フランドルの歴史は、ここにあらたな局面を迎える。一世紀ののち、ヨーロッパは、ネーデルラント連邦共和国の誕生に、ブルゴーニュ国家の夢の残滓《ざんし》をみるであろう。

おわりに

封建制度はすたれたか

アラスの和に、ヴァロワ王家のシャルルがブルゴーニュ家のフィリップに臣従免除の特認を与えたということのもつ意味は大きい。ここにブルゴーニュ侯国の独立が承認されたのだから、といった意味ではない。むしろ真相はその逆であって、ヴァロワ王家は、ブルゴーニュ侯家の王国からの脱出を阻止したのである。そのための手段として、臣従という封関係が逆に利用されたのであって、臣従と封の理念の体系は、いぜん生きている。身分関係を律する原理としてそれが生きているというお互いの了解があってはじめて、一代限りの特免ということが、譲歩の条件となる。

すこし下って、一四六一年、ロワール中流トゥールの館のフランス王ルイ十一世のもとへ、ブルターニュ侯フランソワ二世がやってきた。この年、父王を継いだ新王ルイに対して臣従礼を呈するためである。ところで、従来、カペー・ヴァロワ王家とブルターニュ侯家とのあいだには、臣従礼をめぐる抗争があった。王家側は「オマージュ・リージュ（専属臣従礼）」を要求し、侯家はこれを拒否してきたのである。

さて、会見の間に入ったブルターニュ侯のところへ、王の顧問官が歩みよって、耳もとにささやいていうには、王は平和をのぞむ、王は「オマージュ・リージュ」を要求しない、王はのぞまれる、今後、このめんどうな語句については、なんらの言及もなされぬことを、と。

ここでもまた、臣従礼は生きている。ブルターニュ侯は、ヴァロワ家の王に臣従礼を立てたのである。ただ、ルイ十一世の実利的精神が、「めんどうな」議論の結び目を切った。その後、ルイは、ブルターニュ侯を平気で「臣下」あつかいにして、苛々《いらいら》させる。たとえばイングランド王との和平協定において、ブルターニュ侯を「臣下」の一員としてコミにあつかう。とくに海上に関するとりきめにおいては、ブルターニュ侯家は、伝統的に、フランス王家、イングランド王家と対等の立場に立っていた。それを無視してしまうのである。けっきょく、ブルターニュ侯は、イングランド王と独自の協定を結ぶが、しか

聖ミカエル騎士団の会合　中央が同騎士団の設立者であり団長のルイ11世。ルイ王もまた騎士団という理念に忠実であった。(1470年ごろの写稿飾絵)

し、その協定も、英仏協定の補助協定的扱いをうけるのである。

ブルゴーニュ侯家との交渉においても、王権の意図は明瞭にあらわれる。とくに、王領に接する侯家の所領に対して、「その立地とテリトリウムのゆえに」の論理をもってせまる王家官僚には、じっさい、お人よしのフィリップも苛々したことであろう。

「テリトリウム」という言葉の適訳が思いうかばないので、そのまま書くが、これは、封土と王領という封建的論理になじむ語彙《ごい》ではない。近代国家の「領土」に近い概念である。立地からみて、ここは当然王国の領土なのだから、よこせ、という言い分である。王国の諸侯はすべて「臣下」であるという発想とあい通ずる。

理念の体系と現実の事態

それでは、臣従と封の体系は崩壊したのだろうか。その判定はむつかしい。すくなくとも、ルイ十一世は、そう意識はしていなかった。彼にとっては、それはどうでもよいことであった。既成の理念体系として、まだ十分使えた。「臣下」とか「テリトリウム」とかの語句は、いわば偶発的に出てきたのであって、既成の理念体系では処理しきれない現実事態が出てきたときに使っただけのことである。

いったい、十二、三世紀の王権が「家臣」とか「封」とかの言葉を使うとき、そこには「臣下」とか「テリトリウム」とかの意味がまったくふくまれてはいなかったといえるのだろうか。

たとえば、騎士たるものの「寛大」という観念があった。騎士たるものの中心の徳目「剛勇」の両の翼、「礼節」と「寛大」と十三世紀の詩人は歌っている。十五世紀ともなれば、この「寛大」の徳の実際的効用が意識されだす。中世盛期の「七つの大罪」のひとつ「傲《ごう》慢《まん》」が、中世後期には「貪欲《どんよく》」にその座をゆずったという事態と、これは同調する。さて、それでは、十三世紀の「寛大」の徳の実修は、なんら実際的効果を期待しない、純粋無欲のものであったのだろうか。とんでもない。そんなことは考えられない。

「臣従」とか「封」とか、あるいは「寛大」とか、つまりは騎士道的な理念の体系が、十三世紀には、なお現実事態を、人間の行動を包括的に説明しきれる力をもっていたということであろう。

十五世紀に入れば、その力が弱まる。あるいは、現実事態の方が肥大してしまって、それに理念の体系、既成の言葉をかぶせていくことができなくなる。そういうことであったのではないだろうか。

だから、既成の言葉では説明しきれないと感じたとき、人は、その場その場の臨機の判断で、現実を処理してゆく。理念の体系そのものは、そのまま残されていても一向にかまわない。むしろ残しておきたいのである。説明のシステムをもたない生とは、なんと不安な生ではないか。やがて数世紀ののち、既成の理念の体系をそっくり作りかえて、新しい現実説明のシステムが生まれる。それが、おそらく近代といわれる思考の世界なのである。

ジャンヌ火刑場跡　ルーアンのヴィュー・マルシェ広場。右手前の方形の囲いが処刑の場所。左手の市場の建物の側面にジャンヌ立像

ジャンヌ・ダルク、異端の少女

前章にジャンヌ・ダルクの名前が出てこなかったことに奇異の念をおもちの向きもあるかと思う。出せなかったというのが真相である。この時代の政治史との関連においてジャンヌの名を出すには、さらに一章分の文章を必要とする。ここにジャンヌをとりあげるのは、この時代の宗教的メンタリティとの関連においてである。

ジャンヌは、一四二九年のオルレアンの戦いにはじめて登場し、王太子とともに北フランスへ赴いたのち、その年の冬をロワール河畔ですごし、翌一四三〇年春、おそらくは王太子に無断で、単身、小人数をひきいて、ふたたび北上した。当時、ようやくフランスの政局へ関心の視線を向けたブルゴーニュ侯が、ベドフォード侯への義理を果たすため、北フランスへ兵を入れ、その配下の軍勢が、王太子側の拠点のひとつ、コンピエーニュを攻囲していた。そこへジャンヌは赴き、コンピエーニュ前面で、ブルゴーニュ侯の与党、サン・ポール伯ジャン・ド・リュクサンブールの手勢に捕らえられ

オルレアン眺望　ロワール川の対岸、ジャンヌ・ダルクの時代に橋がかかっていた地点から旧市街をみる。左が川下。このすぐ左手、川下のところに現在の橋がかかっている。正面にみえる教会堂はサント・クロワ聖堂

たのである。

ジャンヌの身代金はイングランド王家が支払った。ベドフォード侯は、ボーヴェ司教ピエール・コーションにジャンヌの身柄を預けた。彼女はボーヴェ司教管区で捕らえられたのであって、教会は、彼女の審問を要求したのである。フランス王国宗教裁判官代理、ドミニコ教団修道士ジャン・ル・メートルとピエール・コーションの主宰する宗教裁判法廷が、一四三一年二月からルーアンで開かれた。

こうして、おそらくこのとき十九歳のジャンヌは、五月三十日、異端女として、イングランド王のルーアン代官によって火刑に処せられたのである。カトリック教会は、このルーアン宗教裁判法廷の審決を、いまだに撤回してはいない。前述のように、一四五〇年代、シャルル七世はジャンヌの名誉回復のた

天秤をもつ大天使ミカエル　ロヒール・ファン・デル・ウァイデン「最後の審判」（部分）。ボーヌのオテル・ディユー（施療院）の礼拝堂の祭壇画

めに大掛かりなアンケート調査を実施したが（じっさいこれはラテン語で「インクェスタ」、アンケートと呼ばれたのである）、ローマ法王庁は、フランス王のいいなりにはならなかった。ジャンヌは、一九二〇年に、聖女に列せられたが、それは「ジャンヌ生前の徳行のゆえに」であって、法王庁は、ルーアンの法廷の審決については、なんら言及しなかった。

教会の立場

それでは、ジャンヌが異端とされた理由はなんであったか。ジャンヌが、教会の聖職者を介さずに、自分自身の目で大天使、聖女らをみた、自分自身の耳でその声をきいたと主張したこと、この一点にほとんどつきる。それがなぜ異端かと反論するまえに、考えていただきたい。中世のカトリック教会は、客観的制度としての教会であって、聖職者が神と信者を仲立ちするという原則の上にたっていた。内面の信仰という原理を正面に押し出して、カトリックの客観主義を否認してゆくという動きが、近代プロテスタント教会の運動であるといえるであろうか。いずれにせよ、そのことは、この小著の枠の外に出る。

すべて中世の主観主義的純粋派が異端とされたように、ジャンヌが異端と断じられたのは、むしろジャンヌの名誉でこそあれ、恥ではない。むしろ注目すべきは、そのジャンヌをもあえて救いとろうとしたかにみえるピエール・コーションらの態度である。すなわち、法廷の記録によれば、法廷はジャンヌの神信心を「聖者崇敬」のひとつのケースとして理解しようと努め、異端の一歩手前の「信仰の迷い」の過誤として、教会の牢獄に身柄を拘束するという審決を、事実、いったんは下したのであった。

当時、聖者は、一般の服装、なじみの恰好《かっこう》で街中を歩きまわっていた、とはホイジンガの言だが、数多くの聖者が、民衆次元の神信心において、いわば神の代理人としての扱いをうけ、それどころか、神に代わる救済者、罰令者としておそれられ、親しまれていたのである。これは一種の偶像崇拝だが、そこまでも異端として断罪していたのでは、それこそ火刑台がいくつあっても足りはしない。

この、ホイジンガのいう「信仰の氾濫」に対する教会の寛容の度合こそ、むしろ注目すべきであろう。中世のカトリック教会は客観主義と原則の制度であったが、その原則の運用に関しては、わたしたち近代人の想像を越える幅広さをしばしばみせたのである。

おまえのみたという大天使ミカエルは天秤をもっていたか。

ジャンヌに問いかけたコーションのこの質問に、すべてが凝集している。当時、大天使ミカエルは、魂の重さを計量すべく、天秤をもつ絵姿に描かれていたのである。ジャンヌは、知りませんと答えた。彼女のみたという聖女らの容姿髪かたちを執拗に問う裁判官たちに対して、少女は、かたくなに返答を拒否した。できなかったというのが真相であろう。彼女はみてはいなかったのだから。嘘でもいい、絵姿通りに答えろ。そうコーションは念じていた。けれども少女の純な信心が、その願いをはばんだ。

原則の変更が問われていたのであろうか。聖者崇敬にせよ、魔女信仰にせよ、あるいはまた、十四世紀ドイツのマイスター・エックハルトにはじまり、ネーデルラントの都市的環境に深く浸透した信心の運動「新しい信仰」にせよ、神秘主義にせよ、ひろくこの時代の信仰の調子は、ローマ・カトリック教会に、その客観主義と原則の放棄をせまるものであったのであろうか。

だが、ともかくも教会は、これら「信仰の氾濫」現象に対して、運用の精神をもってのぞんだのである。コンスタンツ公会議に托鉢修道会を代表して出席した、あるドミニコ教団修道士が、ネーデルラントに設立された「共同生活信徒会」の「新しい信仰」運動を告発したとき、パリ大学神学部を代表するジャン・ジェルソンは、「新しい信仰」の弁護人として立ったのである。

この教会分裂の時代に、とジェルソンはいう、分別（ディスクレティオ）ほどみうしなわれている徳目はない。ジェルソンにとって、正統か否かの境界は、もはや教義の体系にはなかった。むしろ個々のケースについての心理学的判断にあったというのがホイジンガの意見である。それでは、ジェルソンの判断感覚の健全さは、なにに保証されるのか。中世末期の思想界は、みうしなわれた分別を探し求めて苦悩する。人文主義者が、やがてこの戦いに参加するであろう。

中世、このたしかな構築物

フランボワイアン・ゴシックは、礼拝のあとの、いつ終わるともしれぬオルガン演奏に似ている、とホイジンガは批評する。この後奏の譬《たとえ》はじつに適切であって、たまたまこれは後期ゴシックの建築様式についての言だが、この時代の精神の表現の、どの分野についてもこれがいえるというのがホイジンガの真意である。

フランボワイアン・ゴシックは、窓のガラス枠のデザインが、「火焔《フラン》がたちのぼる《ボワイエ》」ような波状曲線の組み合わせを基調としたところからつけられた呼称である。構造はロマネスク・ゴシック様式に忠実に、その基本の構造を装飾がおおいかくす。注目すべきは、この装飾に、ロマネスクの動植物紋様の再生がみとめられることである。中世末期のロマネスクの復活と、美術史家は批評する。

後奏の譬は、いわゆる「プリミティヴ」ネーデルラント画派に適合する。十五世紀の一群のネーデルラントの画工たちの総称だが、そのひとり、ブルゴーニュ侯家お抱え絵師ヤン・ファン・アイクとその兄フーベルトの描いた「ガンの祭壇画」、ガンのシント・バフォン教

「小羊の礼拝」全図〔上〕と左上隅の部分〔下〕(1432年)

会にある祭壇画を例にとろう。その主画面「小羊の礼拝」図をごらんねがいたい。画面は中央の小羊に収斂する。人物のひとりひとり、樹木の葉の一枚一枚に感じとれるのは加算のリズムである。画面の外からも、限りなく附加が続く。オルガンの後奏である。

比較のために、フランスの哲学者ミッシェル・フーコーも引例している十七世紀のスペインの画家ヴェラスケスの「侍女たち」の画面をごらんねがいたい。この画面の中心点は、じつは画面の外にある。画家の眼である。だから、この画面には構図、近代絵画でいう構図がある。これこそが近代の視線なのである。

さらに注目すべきことに、部分画をごらんねがいたい。「小羊の礼拝」図背景の建物群は、想像のエルサレムの都と批評されているが、ロマネスクの建物群なのである。そしてまた、人物を描くタッチと葉の一枚一枚を描くタッチとが、同質のものを感じさせるということに気がつけば、ロマネスクにおける自然と人間の理解ということについて、なにかいいたくなるというものだ。

後奏における加算のリズムは、世界全体をかぞえあげずにはおかない精神の構えをわたしたちに感知せしめる。そして、この時代の記述を読めば、記述の分野にもまた、このリズムをわたしたちは感じとるのである。

「侍女たち」　画中の画家が描いている絵のモデルは背面の壁の鏡に映る国王夫妻である。その国王夫妻の視線はこの絵を描いた画家の視線でもある（1656年）

「ドニを読むものは、すべてを読む」と後代に評されたシャルトルーズ修道会のドニ、この中世神学の総まとめ役に感じとれる構えであり、神の本質に無限の接近を試みる「新しい信仰」派の神秘主義者たちの文章のみせる境位である。それは、また、年代記、覚書の記述に感じとれる文章の調子であり、無名人の日記がわたしたちにかいまみせてくれる精神のくせ

ボッティチェルリ画「春」（1478年）

である。

中世という信仰と理念の一大体系があって、それはまだたしかな構造のものとしてあって、それにせまろうとする、それを説明しようとする言葉の羅列、果てしない形態の加算なのであろうか。いったい、この精神の調子が別種のものへと転換してゆく、そのダイナミックな変化の現象は、いつ、どこにきざすのであろうか。

転相を予感して

その変化の現象のきざすときが「ルネサンス」だという。言葉づかいには注意しなければなるまい。「ルネサンス」とは「再生」を意味する。なにが「再生」したのか。言葉本来の用例では、古典ラテン語と古典古代の美術様式が、である。

十五世紀のイタリアの人文学者は、ダンテもペトラルカもだめだ、ラテン語でものを書かなかったから、と批評している。これが、いわば本音であって、事情は「アルプスの北の」人文学者たちにとっても同様であって、彼らの神経質なまでの気の使いようは、ホイジンガが『中世の秋』最終章に紹介しているところである。

だからこそ、十六世紀中葉の人文学者ジャック・アミヨは、古典語研究の機関「コレージュ・ド・フランス」を創設したフランソワ一世を称揚し、プルタルコスの『対比列伝』フランス語訳本のアンリ二世あて献呈文に、「学芸が再生（ルネートル）したのは、殿のお父上の時代のことでした」と述べているのである。

ちょうどそのころ、イタリア人美術研究者ジョルジオ・ヴァザーリは、古典古代の美術様式の模倣を時代の造形の特徴としてとらえ、これに「ルネサンス」の評言を与えた。十五世紀中葉のフィレンツェのフィレンツェの「僭主」メディチ家の老コシモ、大ロレンツォ二代の肝煎《きもい》りによるフィレンツェの古代風建物群、フィレンツェ派と総称される一群の画家たちの仕事をはじめ、カトロチェント、チンクチェント（十五、六世紀）のイタリア美術は、たしかにヴァザーリの評言に適合する。そして、ヴァザーリのいう「ルネサンス」の含意はそれにつきるのである。

後代の歴史学が「ルネサンス」を時代区分としてとらえ、十九世紀中葉、スイスのギリシア史家ヤーコプ・ブルクハルトが、時代としての概念に内包を与え、「人間、自然、世界の再生」と言葉の含意をひろげた。

これが混乱のもとであった。ブルクハルトとその祖述者たちの拡大解釈は、中世という時代についての無知を背景としていたのであって、無知が啓蒙されれば、言葉もおのずからもとの鞘《さや》におさまる。ホイジンガが『中世の秋』のなかで、ルネサンスという言葉を、その原意において使おうと提案しているのは、まことにもっともな話である。古典ラテン語と造形美術の分野以外にも、人間精神の表現の分野はひろがる。さらに広域の概念として「生活」がある。生活と文化の諸形態を貫く調子が変化のきざしをみせるかどうか、問題はつねにこの形で設定されなければならない。きざしはたしかに感じとれた。そういってもよいであろう。そのことについて記述するのは、すでにこの小著の枠を出る。ここに結語をしるすことにしよう。

後期中世の人々は、転相の予感をいだいて中世の持続を生きていた。

あとがき――学術文庫版刊行に寄せて

堀米庸三先生が逝って三十年、『ヨーロッパ世界の成立』（講談社刊「世界の歴史」8）が学術文庫に入って、感慨の深いものがある。

この本は、はじめ堀米先生と共著の予定であった。それが先生が病を得られて、その願いはかなわなくなった。先生はあっけなく逝かれた。その前後の記憶はいたずらにあやしく、さて、どうこの本の仕事を進めたのか、思い出しようもない。

師を失った弟子は、師ならばこうも章節をお立てになられたことであろうか、こうお書きになられたことでもあろうかと、暗中模索のうちに、ようやく書き終えた。どうぞ共著を名乗らせてくださいと、編集の先生方にお願いした。わたしは本を師の墓前に供えて、先生、これが先生とわたしの本ですと拳で眼を拭った。

堀米庸三亡き後、ヨーロッパはさらに統合の動きを加速した。一九九一年、マーストリヒトの協議は、すでに形作られていたECヨーロッパ共同体をEUヨーロッパ連合へと、統合の度合いを深めることを決めた。

この本の第二章「フランクの平和」はアーヘンにあったカール大帝の王宮を話題にとり、

一九六五年、アーヘン市参事会に「ヨーロッパ評議会」がおかれ、「ヨーロッパ平和の礎石」が市庁舎の一隅に据えられたことを紹介し、「近代国家主義の時代を経て、ヨーロッパ大戦後、このような形でカールの帝国が想起されたということもまたおもしろい。ヨーロッパ共同体は、その原形をカールの帝国に求めようとする。これもひとつのルネサンスではある」と書いている。

なんと、「ヨーロッパ共同体」と言葉を使っている。それが、続く第三章「冬の時代」の書き出しに、フランク王国の分割協定であるヴェルダンとメルセン両条約の説明をしながら、メルセンがマーストリヒトのすぐ北の土地の名であることに言及していない。挿入した地図を見ても、アーヘン、メルセン、リエージュの名は見てとれても、マーストリヒトの名は見えない。

これはあくまで憶測だが、ECの首脳陣は、メルセンの記憶を拠り所にマーストリヒトに集まったのではなかろうか。フランク王国が解体し、諸国家が群れ立つヨーロッパがはじまったメルセンから一千年、ヨーロッパはメルセンの呪縛を解こうとこころみる。

しかし、メルセンはあくまで象徴の名に過ぎない。メルセン以後、なおしばらくのあいだ、ヨーロッパはひとつであり得た。「中世ヨーロッパ」と呼ばれるひとつの歴史空間が、ひとつのヨーロッパを映している。

『中世の秋』の著者ヨーハン・ホイジンガは、ナチス党がオランダにも進出したころ、ブリュッセルで講演し、講演録をまとめて一本として出版した。『朝の影のなかに』である。ホイジンガはナチズムの悪を特発的なものと考えず、深くヨーロッパ近代社会に病根を持つと見る。ヨーロッパは「精神のクリアリング」を必要としている。

「クリアリング」は、そうホイジンガは英語で書いていて、イタリック体にして強調していて、なにか特別の使い方があるのか、調べてみた記憶はあるが、とりたててそれはなさそうで、掃除とか伐採とか、経済用語で手形交換とかをいう。「精神の掃除」が必要だと、ホイジンガは「わたしたちの時代の精神の病の診断」の見立てを示す。これがこの本のサブタイトルである。

『朝の影のなかに』は一九三五年の出版だが、四年後、戦争の前夜に、フランス語訳がパリで出版された。訳者のJ・ループルックは訳書のタイトルを「アンセルティテュード」とつている。この本が作られたタイミングを思えば、ループルックの思量は理解できる。彼は複数形でこの語を使っていて、これは「予測しがたい事態」を意味する。

この本に、哲学者ガブリエル・マルセルが「序文」を寄せている。マルセルは、ナチズムを育てたヨーロッパが、いま、予測しがたい事態に直面していることをホイジンガとともに認め、こう書く。

「もしもこのクレティアンテ（この一語で、マルセルは、キリスト教徒の集合としてのヨーロッパ社会を言い表わしている）が、いまは考えもおよばぬ様々な種別のヨーロッパ像のうち、ひとつを甦らせることがないならば、ヨーロッパは永遠に失われることになるであろう。ヨーロッパとともに、生にその意味と、その内容と、その完全性を与えることのできるところのもののすべてが」
「そのひとつのヨーロッパ像の甦りは」と、マルセルは言葉を継ぐ、「わたしたちはこれを、わたしたちの記憶と想像力の構造からして、中世を範型にとって、思い描かずにはいられないのである」。

中世にはなかったものを近代は育ててきた。国家がそうである。自然科学がそうである。資本主義的生産と消費のシステムがそうである。そういう近代の取得をすべて拒否するものではない。ただ、近代の取得が、あるいは欺瞞であり、あるいは偽善であることはないか。ヨーロッパは反省するべきである。そのときが来ている。
「この世界の危機は、これはおそらく、いったい人間はおのれ自身の征服行の頂にいるのか、それとも、人間のうちには、なにか打ち勝ちがたいものがあって、それがあるかぎり、人間には、おのれの歴史と存在の動物的境域へと、混乱のうちに立ちもどる道しか残されていないということなのか、そこのところの決着を、言葉によってではなく、行為によって、はっきりとつけるよう人間に強いる至高の試練である」

『朝の影のなかに』は、わたしの訳本が、一九七一年に、中央公論社から出版された。四年後、中公文庫にも収めた。出版にあたって、わたしは、原著者の「序文」ならびに堀米庸三先生にお書きいただいた「序」の文章に並べて、このマルセルの文章を、わたしの訳本の

「序文」のひとつにもらった。そうすることをわたしに強いるほどの深い印象を、わたしはこのマルセルの文章から受けたのである。

いま、この「あとがき」を書くにあたって、わたしは卒然と『朝の影のなかに』のヨーハン・ホイジンガを思い起こした。「序文」のガブリエル・マルセルを思い起こした。EUヨーロッパ連合は、ホイジンガの、また、マルセルの嘱望に応え得るであろうか。預言は成就するであろうか。わたしが知りたいと思うのは、そのことである。

二〇〇六年三月六日

堀越孝一

参考文献

この本に記述された時代空間は、ほぼ通説にいうヨーロッパ中世にあたる。そのことを念頭において、以下いくつかの邦語文献を紹介しよう。

1 全体にかかわるもの

(1)『中世ヨーロッパ』 堀米庸三・木村尚三郎 世界の歴史3 中央公論社 一九六一

(2)『中世の光と影』 堀米庸三 大世界史7 文藝春秋社 一九六七

この二著は、故堀米庸三がその学識と史的感覚を傾注して叙述した通史である。いずれも大きなヴィジョンの上に立つ中世世界の展望であるが、後期中世についての叙述は十分ではない。同氏の

(3)『西洋中世世界の崩壊』 岩波全書 一九五八 はこれを補うものであり、同時に

(4)『西洋中世世界の成立』 増田四郎 岩波全書 一九五〇

と対をなして、ヨーロッパ中世の成立と崩壊がこの二書によって考察されているといえる。その意味では、盛期中世についての同種の記述の刊行が望まれるところであり、いってみればこの幻の三部作の完成はいつのことであろうか。

その他、いわゆる「世界の歴史」ものには

(5)『ヨーロッパ中世』 鯖田豊之 世界の歴史9 河出書房新社 一九六九

(6)『中世ヨーロッパ』 堀越孝一 世界の歴史5 社会思想社 一九七四

の二書がある。後者は、しかし、必ずしも通史として書かれたものではなく、章ごとに独立した構成をとっている。

(7)『西欧文明の原像』 木村尚三郎 人類文化史5 講談社 一九七四

(8)『中世の森の中で』　堀米庸三編　木村・渡辺・堀越著　生活の世界歴史6　河出書房新社　一九七五

(9)『戦争と人間の風土』　鯖田豊之　新潮選書　一九六七

は、あえて通史の形をとらず、中世世界の全体像をとらえようとする試みである。

テーマ別の講座ものとしては

(10)『ヨーロッパ封建社会』　筑摩書房編集部編　世界の歴史8　筑摩書房　一九六八

がある。すでに十数年前のものだが、なお新鮮さを失わない好論文集である。

(11)『岩波講座世界歴史7、10、11』　堀米庸三編　岩波書店　一九六九、七〇

は、各分野の研究者を集め、総合的に「節目のある通史」を狙ったものだが、実情は論文集に近い。『7』はノルマンの侵入にいたるいわゆる前期に、『10』は十二、三世紀に、『11』が十四、五世紀に照明をあてている。

外国文献の翻訳としては、なによりもまず

(12)『封建社会』　マルク・ブロック　新村猛監訳　みすず書房　全二巻　一九七三、七七

をあげなくてはならない。堀米庸三監訳のものも、近々に岩波書店から刊行される予定である。さらに最近、ベルギーの歴史家レオポール・ジェニコの

(13)『中世の世界』　森本芳樹訳　創文社　一九七六

の刊行をみた。前者は中世を全体像としてとらえようとする志向が強く、後者は通史的であり文明論的関心の上に立っている。

(14)『中世の刻印』　J・モラル　城戸毅訳　岩波新書　一九七二

(15)『中世ヨーロッパの生活』　G・ドークール　大島誠訳　文庫クセジュ　白水社　一九七五

からは中世人の生活風土についての案内が得られる。

(16)『ヨーロッパとは何か』　増田四郎　岩波新

書　一九六七

は、小冊子ながら中世世界の核心にせまる著述として一読にあたいする。

2　いわゆる前期に関するもの

ローマン・ガリアからヨーロッパ世界の成立にいたるまでの時期にとくに焦点をあわせたものとしては、前掲増田四郎の著作と岩波講座世界歴史7をはじめ、以下の書物がある。

(17)『ヨーロッパの形成』ヘルベルト・ヘルビック　石川武・成瀬治訳　岩波書店　一九七

○

これは著者の北海道大学での講義録であり、日本の西洋中世史研究者ならびに一般読者に対する、ドイツ中世史学の第一人者たる著者の発言である。

(18)『フランス人の歴史』P・ガクソット　下野義朗他訳　みすず書房　全三巻　一九七二～七五

中世全期にわたり、フランス史を軸にした概説だが、ケルト社会およびローマン・ガリアについての記述は、邦語文献として貴重なものである。

ローマン・ガリアからフランク国家への推移については、最近

(19)『ヨーロッパの暗黒時代』兼岩正夫　河出書房新社　一九七六

が刊行された。

(20)『文学にあらわれたゲルマン大侵入』P・クルセル　尚樹啓太郎訳　東海大学出版会　一九七四

とともに紹介にあたいする。

フランク王国については

(21)『シャルルマーニュの時代』J・ブウサール　井上泰男訳　世界大学選書　平凡社　一九七三

がまとまっている。イスラムの進出とヨーロッパの内陸への収斂については

(22)『ヨーロッパ世界の誕生――マホメットとシャルルマーニュ』　アンリ・ピレンヌ　中村宏・佐々木克巳訳　創文社　一九六〇
の名著がある。
個々のテーマについては
(23)『西洋封建社会成立期の研究』　増田四郎　岩波書店　一九五九
(24)『西洋中世社会史研究』　増田四郎　岩波書店　一九七四
にあたるべきである。キリスト教会の展開については今野国雄の著述にあたるべきである。
(25)『修道院』　近藤出版社　一九七一
(26)『西欧中世の社会と教会』　岩波書店　一九七三
今野の著述は次代への展望も含む。

3　盛期中世に関するもの

(27)『西欧精神の探究』　堀米庸三編　日本放送出版協会　一九七六
(28)『西洋中世世界の展開』　堀米庸三編　東京大学出版会　一九七三
前者はシンポジウムをまとめたものであり、後者は論文集だが、寄稿者たちの問題意識は鮮明であり、現在ヨーロッパ中世世界を考えるばあい、なにが問題かについて示唆に富む発言がきかれる。
(29)『転換期の歴史』　G・バラクラフ　前川貞次郎・兼岩正夫訳　社会思想社　一九六四
は骨格のはっきりしたヨーロッパ成立論である。

封建社会の構造については、堀米庸三の古典的著述『中世国家の構造』(日本評論社　一九四九)が欠かせない。これは、最近、同氏の論文集
(30)『ヨーロッパ中世世界の構造』　岩波書店　一九七六
に収録された。

(31)『封建制度』 F・L・ガンスホフ も翻訳がある（森岡敬一郎訳 慶応通信 一九七一）

農村・都市については

(32)『フランス農村史の基本性格』 マルク・ブロック 河野健二・飯沼二郎訳 創文社 一九五九

(33)『西ヨーロッパ農業発達史』 スリッヘル・ファン・バート 速水融訳 日本評論社 一九六九

(34)『中世都市』 H・ピレンヌ 佐々木克巳訳 創文社 一九七〇

(35)『イタリアの都市国家』 D・ウェーリー 森田鉄郎訳 平凡社 一九七一

などがよい。

(36)『西欧社会と市民の起源』 井上泰男 近藤出版社 一九七六

も意欲的な著述である。

教会史関係では、前掲今野のものと

(37)『正統と異端』 堀米庸三 中公新書 一九六四

が必読の文献である。異端については、邦訳の

(38)『中世異端史』 ヘルベルト・グルントマン 今野国雄訳 創文社 一九七四

が基本である。

(39)『異端者の群れ』 渡辺昌美 新人物往来社 一九六九

もおもしろい。

十字軍については、

(40)『十字軍』 橋口倫介 岩波新書 一九七四

がある。邦訳には

(41)『十字軍』 ルネ・グルッセ 橋口倫介訳 文庫クセジュ 白水社 一九五四

がある。

大学と思想については、邦訳に

(42)『中世哲学史』 F・コプルストン 箕輪秀二・柏木英彦訳 創文社 一九七〇

(43)『大学の起源』ヘースティング・ラシュドール　横尾壮英訳　東洋館出版社　全三巻一九六八〜七〇がある。
(44)『中世の春』柏木英彦　創文社　一九七六は、十二世紀の知的風土の散策である。文学・美術についていては
(45)『トゥルバドゥール』H・ダヴァンソン　新倉俊一訳　筑摩書房　一九七二
(46)『ロマネスク彫刻』H・フォシヨン　辻佐保子訳　中央公論社　一九七五をあげておく。
(47)『紀元千年のヨーロッパ』L・グロデッキも邦訳が出た（吉川逸治・柳宗玄訳　新潮社一九七六）
十二世紀という時代を考えるばあい欠かせない文献である、ホイジンガの論文「アベラール」、「前ゴシックの精神、ジョン・オブ・ソールズベリ」は
(48)『文化史の課題』ヨーハン・ホイジンガ　里見元一郎訳　東海大学出版会　一九六五に翻訳されている。

4　後期中世について

後期中世に照明をあてた著述は意外に少ない。
(49)『中世の秋』ヨーハン・ホイジンガ　堀越孝一訳　中央公論社　一九六七　その後中公文庫に収録は、後期中世世界をさぐって中世的精神風土を記述した名著であり、これに欠ける通史的骨格は、前掲の堀米『西洋中世世界の崩壊』が補う。
(50)『イタリア・ルネサンスの文化』ヤーコプ・ブルクハルト　柴田治三郎訳　世界の名著45　中央公論社　一九六六は、後期中世のイタリア社会についての古典的名著である。

(51)『ルネサンス』　ポール・フォール　赤井彰訳　文庫クセジュ　白水社　一九六八
も、タイトルに似つかわず、十四世紀から十六世紀にかけてのヨーロッパ社会の展望であり、文章の基調はホイジンガに通ずる。

個々のテーマについては、前掲『岩波講座世界歴史11』所収の各論文を参照すべきである。
(52)(53)『死の舞踏』『幻想の天国』　木間瀬精三　中公新書　一九七四、七五
の二書は、中世末期・ルネサンスの感性の風土について発言している。
(54)『ジャンヌ・ダルク』　堀越孝一　清水書院　一九七五
は、ブルゴーニュ問題に照明をあて、十五世紀ヨーロッパの国際関係について記述している。

参考文献補遺

三十年後、この本の再版にあたって、以上の参考文献リストに加えて、その後出版され、いささかご参考となるであろうはずの文献をご紹介しよう。はじめに、以上の参考文献リストに、出版予定として言及されていたものを言及順に。次に、その後、文庫などで再版されたものを、リストの順に。最後に、筆者自身の著述を中心に、最近のものから選んでリストアップする。

(55)『西洋中世世界の発展』　今野国雄　岩波全書　一九七九
これは(3)(4)と三幅対をなすはずの著述と期待したところであった。
(56)『封建社会』　マルク・ブロック　堀米庸三監訳　岩波書店　一九九五
これは(12)に「近々に」ということで予告した

本である。おくれにおくれ、しかも訳者の分担についても明示されていないという本になった。筆者の担当訳文は第一巻第一部「環境」第二篇「生活条件と心的状況」である。

(57)『中世の光と影』　堀米庸三　講談社学術文庫（上・下）一九七八

「はじめに」と「解説」を筆者が書いている。

(58)『中世の森の中で』　堀米庸三編　河出文庫　一九九一

筆者の担当分は「知（アルス）の王国」「抒情の発見」「エピローグ　パリ一市民の日記」である。

(59)『西欧精神の探究　革新の十二世紀』　堀米庸三・木村尚三郎編　NHKライブラリー（上・下）二〇〇一

これの元本(27)は、「一九七六年度毎日出版文化賞」を受賞した。これはNHKTVの放送番組「放送大学実験講座」を本に起こしたものであって、筆者の出演および記事の担当分は最終回「中世と現代　革新の世紀の終末と再生」である。

(60)『中世の秋』　ヨーハン・ホイジンガ　堀越孝一訳　中公クラシックス（Ⅰ・Ⅱ）二〇〇一

中央公論新社があらたに「中公クラシックス」双書を起こすにあたって、西洋編第一号（W1）に選んだのがこれである。ちなみに日本編第一号（J1）は柳田聖山校注『一休宗純　狂雲集』である。「解説」を改め、「『中世の秋』を書くホイジンガ」と題して、『往復書簡集』など、ホイジンガの生涯と業績を考える上で基本の資料が最近ようやく刊行されつつあることを背景に、『中世の秋』を批判的に読むということについて考えた。また、「訳注」を充実させた。

(61)『ジャンヌ・ダルク』　堀越孝一　朝日文庫　一九九一

以下、原本刊行以後の筆者堀越孝一の著訳書を紹介する。はじめに著書を原則として年代順にあげる。

(62)『回想のヨーロッパ中世』　三省堂「人間の世界歴史6」一九八一

十二世紀の泡立ち騒ぐ春のロワール川のほとりから話は入る。なぜか十五世紀の「ヴィヨン遺言詩」に行き着くが、それは「むかしの女たちのバラッド」に、アンジュー伯妃アランブルジの噂を聞くためのことにすぎない。

(63)『画家たちの祝祭　十五世紀ネーデルラント』　小沢書店　一九八一

ファン・アイク兄弟にはじまる十五世紀ネーデルラント画派十一人の画論に終章「絵の空間」を付し、表象文化の位相において「中世の秋」の時代を考えた。ホイジンガの『中世の秋』の作業の再演と自覚している。

(64)『いま、中世の秋』　小沢書店　一九八二

「ガンの祭壇画」への旅からはじまる歴史紀行エッセイ集。

(65)『遊ぶ文化　中世の持続』　小沢書店　一九八二

遊ぶ中世からマニエリスムへ。このエッセイ集は十六世紀の精神を主題にとっている。

(66)『日記のなかのパリ　パンと葡萄酒の中世』　サントリー博物館文庫11　一九八五

「パリの住人の日記（パリ一市民の日記）」に「中世の秋」の生活の雰囲気を感じとる。

(67)『騎士道の夢・死の日常　中世の秋を読む』　人文書院　一九八七

NHKラジオの講義録。ただしホイジンガの最晩年のことを書いた「デ・ステークの遺書」ほか二章はあとで書き足したもの。

(68)『青春のヨーロッパ中世』　三省堂「歴史のなかの若者たち2」　一九八七

皮肉なことに、この本を書いていたら、「若い天才詩人フランソワ・ヴィヨン」がいなくなった。

(69)『中世の精神』　小沢書店　一九九〇
論文集。堀米庸三先生に提出した修士論文をまとめた「中世ナチュラリズムの問題」から、渡辺一夫先生にお答えした「『日記』の読みかたについて」まで、八本を収めている。
(70)『軍旗はブラシュの花印』　小沢書店　一九九一
「さんざしの女主人アリエノール」をはじめ、花や木のある歴史の風景を描いたエッセイ集。
(71)『わがヴィヨン』　小沢書店　一九九五
アベラールの向こうを張って、わが半生の記。もっとも、中世のパリがいまのパリの街並みに見える。そこが参考文献にあげる所以。
(72)『ブルゴーニュ家　中世の秋の時代史』　講談社現代新書　一九九六
ブルゴーニュ・ヴァロワ・ランカスター三家の相互関係について、わたしはリチャード・ヴォーンに欠けている視点を提供している。
(73)『教養としての歴史学』　講談社現代新書　一九九七
中世人の奇妙な（と近代人には見える）予表論的世界観歴史観についてこれだけ書いた本は他にはない。
(74)『形見分けの歌』「ヴィヨン遺言詩注釈Ｉ」　小沢書店　一九九七
(75)『遺言の歌』上・中巻「ヴィヨン遺言詩注釈Ⅱ・Ⅲ」　小沢書店　一九九九、二〇〇〇
(76)『遺言の歌』下巻「ヴィヨン遺言詩注釈Ⅳ」　小沢書店新社準備室　二〇〇二
(77)『ヴィヨン遺言詩注釈総索引』「ヴィヨン遺言詩注釈別巻」　図書新聞　二〇〇六
「ヴィヨン遺言詩」の作者は十五世紀のはじめごろブルゴーニュ地方で生を享け、パリ大学で学び、パリで司祭職について生涯を送った人物である。「ヴィヨン遺言詩」は「中世

の秋」の「生活と思考の諸形態」(『中世の秋』はこの文言をふくめてサブタイトルを作っている)を知る上に第一級の歴史史料である。

次に、訳書をあげる。

(78)『朝の影のなかに』ヨーハン・ホイジンガ 中央公論社 一九七一

一九三五年に出版されたこの本で、ホイジンガは、ナチズムの悪を特発的なものと考えず、ヨーロッパ近代社会の病根に出る病と見ている。一九三九年にフランス語訳が出たが、これに寄せられたガブリエル・マルセルの「序文」がすばらしい。筆者の日本語訳本は、一九七五年に中公文庫に収められたが、その文庫版にマルセルの「序文」をもらった。(「あとがき――学術文庫再版に寄せて」を参照)

(79)『オランダ共和国』チャールズ・ウィルスン 平凡社 一九七一

ウィルスンは俗にいう「オランダ共和国」を、中世ネーデルラントの持続である「ネーデルラント連邦共和国」と見ている。

次に筆者が関係した共著・共訳書・事典から、いくつか紹介する。

(80)『ドイツ・ハンドブック』早川東三他と共著 三省堂 一九八四

「歴史」と「ドイツ史小事典」を執筆した。

(81)『世界の歴史』猿谷要他と共著 日本放送出版協会 一九八七～九四

NHKTVの放送番組のテキスト 一九九〇年度以降タイトルを「歴史で見る世界」に変更した。古代地中海世界とヨーロッパ史を担当・執筆した。

(82)『フランス史I』柴田三千雄他編世界歴史大系 山川出版社 一九九五

「百年戦争時代」を執筆した。エドワード三世はなぜコタンタン半島に上陸するという愚を犯したか。セーヌ南岸を進むことになる。

セーヌの橋はヴァロワ家側が押さえている。答えは最初のセクションのタイトル「王の帰還」が示している。

(83)『歴史を読む』堀越孝一先生還暦記念論集編集委員会編　東洋書林　一九九八

「ヴィヨン遺言詩注釈『遺言の歌』一五一節から一七四節まで」を寄稿した。これは、後日、大幅に修訂した上で「ヴィヨン遺言詩注釈Ⅳ『遺言の歌』下」に組み込んだ。

(84)『新書ヨーロッパ史中世篇』河原温他と共著　講談社現代新書　二〇〇三

「地域の中世史」とサブタイトルを置いて、「概説　ヨーロッパの成立」を執筆した。

(85)『図説　世界の歴史3　ヨーロッパ世界の形成』　ミラノのリツォーリ社企画の国際的出版物の日本語版　平城照介・永井三明他と共同監訳　学習研究社　一九七九

(86)『図説　中世の世界』コリン・プラット　山口修と共訳　朝日新聞社　一九八三

(87)『西洋騎士道事典』グラント・オーデン　監訳　原書房　一九九一・二〇〇二

原著にはない「注記」「解説」を付した。原著にならい、英文字アルファベット順の項目立てにしたが、二〇〇二年に改定新版を起こし、和字表記五十音順に改めた。

(88)『平凡社大百科事典』平凡社　一九八四〜八五

「百年戦争」「ブルゴーニュ公国」「ジャンヌ・ダルク」など。

(89)『小学館日本大百科事典』小学館　一九八四〜八九

編集委員。「中世社会（ヨーロッパ）」「ルネサンス」「百年戦争」など。

(90)『ブリタニカ国際大百科事典』ＴＢＳブリタニカ

「オランダの歴史」「オランダ文学」など。

(91)『日本歴史大事典』小学館　二〇〇〇〜二〇〇一

「上原専禄」をはじめ「堀米庸三」「村川堅太郎」など、明治時代以降の日本人の西洋史研究者の項目。「リース」を含む。以下、アトランダムに一九七八年以降の中世ヨーロッパ史関係で、「全体史」的骨格を持ち、しかも単著のをいくつか紹介する。

(92)『ヨーロッパ中世史』モーリス・キーン　橋本八男訳　芸立出版　一九七八

(93)『中世の形成』リチャード・サザーン　森岡敬一郎・池上忠弘訳　みすず書房　一九七八

(94)『ヴェネツィア』ウィリアム・マクニール　清水廣一郎訳　岩波書店　一九七九

(95)『ヨーロッパの中世　芸術と社会』ジョルジュ・デュビィ　池田健二・杉崎泰一郎訳　藤原書店　一九九五

(96)『王の奇跡』マルク・ブロック　井上泰男・渡邊昌美訳　刀水書房　一九九八　原題は「魔法使いの王たち」

年表

西暦	ヨーロッパ
四七六	西ローマ帝国、滅亡
四八六	ソワソンの戦い。フランク族、北ガリアを支配
四九八	クローヴィスの受洗。メロヴィング王権、全ガリアにおよぶ
五二九	モンテ・カッシーノ修道院、創立
五五五	東ローマ軍、イタリアを制圧
五六八	北イタリアにランゴバルド王国、建国
五九〇	グレゴリウス、ローマ司教（法王）に就任
六二三	ピピン一世、宮宰職につく（カロリング家の祖）
六八七	ピピン二世、全王国の実権をにぎる
七一一	西ゴート王国滅亡。スペイン、イスラム領に確定
七一四	カール・マルテル、宮宰職につく
七三二	トゥール・ポワチエの戦い。イスラムの北進をくいとめる
七五一	宮宰ピピン、フランク王になる。カロリング王家成立
七五四	ピピンの寄進。ローマ法王領の成立
七六八	カール、フランク王位につく

東ローマ・イスラム・ロシア・東欧他
五三五　ユスティニアヌスの再征服
五九三　聖徳太子、摂政となる
六一〇　東ローマ帝国ヘラクリウス朝成立
六二二　イッソスの戦い。マホメットの聖遷
六六一　サラセン帝国ウマイヤ朝成立
六七三　イスラム、コンスタンティノープルを攻囲
六九七　カルタゴ陥落、イスラムの西進
七一〇　平城京（奈良）に遷都
七五六　コルドバ回教国後ウマイヤ朝成立

七九三 ノルマン、イングランド東海岸を荒らす
八〇〇 カール、ローマ皇帝に戴冠
八一二 東ローマ皇帝、カールの帝権を認証
八三四 ノルマン、ドゥールステーデを襲撃。「ノルマンの禍」の始まり
八四三 ヴェルダン条約。王国三分割
八五〇 ノルマン、ロワール河口域に定住
八七七 キエルジーの勅令、官職の世襲保有の法制化
八七八 エサンダンの戦い。アルフレッド王、ノルマンの攻勢からウエセックスを防衛
八八五 ノルマン、パリを攻囲。パリ伯ユード、パリを防衛
八八八 西フランク諸侯、ユードを王に推戴
九一〇 クリューニー修道院創建
九一一 ノルマンディー侯領成立。東フランク王家断絶
九一九 ドイツにザクセン王家オットー朝成立
九二五 ロートリンゲン（ロレーヌ）、ドイツ王権の統制下に入る
九五一 オットー一世、第一次イタリア遠征、イタリア王位を確保
九五五 レヒフェルトの戦い。マジャールをパンノニアに封じこめる
九六二 オットー一、ローマで戴冠。「ドイツ人のローマ帝国」成立
九八七 西フランク王家断絶。ユーグ・カペー、王に推戴される

七九四 平安京（京都）に遷都
八二六 イスラム、クレタ島占領
八四三 イスラム、シチリアのメッシナ、南イタリアのタレントゥムを占領
八九五 マジャール（ハンガリー）人、ドナウ平原（パンノニア）に定住
九〇七 キエフのルース、コンスタンティノープル攻撃
九一一 キエフ・東ローマ通商協定
九二六 コルドバ・西カリフ国成立
九六九 東ローマ、アンティオキア奪回。ファーティマ朝、エジプト支配
九六八 キエフのウラディミル、東ローマ

九九二	ヴェネツィア・東ローマ通商協定
九九九	ジェルベール・ドーリヤック、法王になる（シルウェステル二世）
一〇一六	デンマーク王クヌート、イングランドを支配
一〇二四	ドイツにサリ（ザリエル）朝成立
一〇三五	クヌート没、アングロ・サクソン王家再興
一〇五四	ローマ・カトリック教会、東ローマ教会と分離
一〇五九	ロベール・ギスカール、シチリア、南イタリアに封じられる
一〇六六	ノーマン・コンクェスト
一〇七三	グレゴリウス七世、法王座につく
一〇七七	カノッサの屈辱
一〇八五	カスチラ王、トレド奪回
一〇八六	「ドゥームズデイ・ブック」作成
一〇九五	クレルモン公会議。法王ウルバヌス、十字軍を唱導
一〇九六	パレスチナ方面十字軍（第一回）進発
一一二二	ウォルムス協約。聖職叙任権闘争終わる
一一三〇	ロジェ二世、パレルモで戴冠。両シチリア王国創建
一一三七	カペー家のルイ七世とアキテーヌ女侯アリエノールの結婚
一一三八	ホーエンシュタウヘン王家成立

帝妹と結婚。「ルース」（ロシア人）、ギリシア正教に帰依

一〇〇〇　ハンガリー王国成立

一〇三一　西カリフ国後ウマイヤ朝滅亡

一〇五五　オスマン・トルコ族、バグダッドを征服

一〇五七　東ローマ帝国コムネヌス朝成立

一〇七一　マンツィケルトの戦い。オスマン・トルコ、小アジアに進出

一〇八七　北アフリカにアル・ムラビド朝おこり、スペインに入って北進開始

一〇九九　エルサレム王国成立

一一四七 「聖ベルナールの十字軍」(第二回) 発向
一一四九 カタロニア、キリスト教徒の土地に確定
一一五二 フリードリヒ・バルバロッサ、ドイツ王位につく
アリエノール、ルイ七世と離婚。アンジュー伯アンリと再婚
一一五四 アンジュー伯アンリ、イングランド王位につく(ヘンリー二世)
アンジュー王国(プランタジネット王国)の成立
一一七六 レニャーノの戦い。ロンバルディア都市同盟、フリードリヒ・バルバロッサを破る
一一八〇 フィリップ尊厳王、フランス王位につく
一一八九 ヘンリー二世没、リチャード獅子心王即位
一一九〇 フリードリヒ・バルバロッサ没。フィリップ尊厳王・リチャード獅子心王の十字軍(第三回)
一一九四 ドイツ王ハインリヒ六世、シチリア王位につく
一一九七 ハインリヒ六世没、遺児フリードリヒ二世、父の権利を継承
一一九八 イノケンティウス三世、法王座につく
一一九九 リチャード獅子心王没、ジョン王即位
一二〇三 第四回十字軍、コンスタンティノープルを占領
一二〇四 ジョン王、フランスのアンジュー王家領を喪失

一一四六 北アフリカにアル・ムワヒド朝おこり、スペインに進出開始
一一六七 平清盛、太政大臣となる
一一七一 ファーティマ朝滅亡。サラディン、スルタンを称す
一一七四 サラディン、ダマスクスを占領
一一八七 サラディン、エルサレムを占領
一一九二 源頼朝、鎌倉に幕府をひらく
一二〇四 第四回十字軍、ラテン帝国を創建。東ローマ帝室、ニケアに遷都

一二〇八　イノケンティウス三世、アルビジョワ十字軍を提唱
一二一二　ラス・ナバス・デ・トロサの戦い。アンダルシアへの道が開かれる
一二一四　ブーヴィーヌの戦い。フリードリヒ二世の立場の勝利
一二二六　聖王ルイ即位
一二二八　フリードリヒ二世の十字軍
一二二九　パリ条約。トゥールーズ伯領をカペー家領有の約束
一二四八　聖王ルイの十字軍（第六・七回）発向
一二五六　ドイツ王位空位（↓一二七三）
一二五九　パリ条約。イングランド王家、アキテーヌ（地域を限定）を除く大陸領土を放棄
一二六四　シャルル・ダンジュー、シチリア王位につく
一二六五　シモン・ド・モンフォールの議会
一二六八　ホーエンシュタウヘン家断絶
一二七三　ハプスブルク家のルドルフ、ドイツ王位につく
一二八二　シチリアの晩禱
一二九一　十字軍最後の拠点アッコン陥落
一三〇二　フランス王フィリップ四世、三部会を召集。「ブリュージュの朝」事件
一三〇三　アナーニ事件

一二三〇　グラナダ王国ナスル朝おこる
一二四一　モンゴル軍、ドイツに進出。リーグニッツの戦い
一二四三　ロシアにモンゴルのキプチャク汗国成立
一二五八　モンゴル軍、バグダード占領。サラセン帝国アッバース朝滅亡。イル汗国成立
一二六一　ラテン帝国解体。東ローマ帝国パレオロゴス朝成立
一二九九　小アジアにオスマン・トルコ建国

一三〇五 「法王のバビロン捕囚」始まる（法王のアヴィニョン遷居）
一三一二 テンプル騎士団の解散
一三二八 カペー王家断絶。ヴァロワ王家成立
一三三八 レンゼの会議（ドイツ王選挙制度についてのとりきめ）
一三四〇 イングランド王エドワード三世、「イングランドとフランスの王」を名のる（百年戦争の開始）。スロイスの海戦
一三四六 クレシーの戦い
一三四八 黒死病（ペスト）流行
一三五六 ドイツ王カール四世、黄金印勅書を発布（選挙侯を固定）
ポワチエの戦い
一三五八 エチエンヌ・マルセルの乱。ラ・ジャクリーの一揆
一三六〇 ブレチニー・カレー条約
一三六九 英仏間の戦争再開
一三七八 アヴィニョンとローマに法王並立（「教会分裂」の始まり）
フィレンツェでチオンピの乱
一三八九 英仏休戦
一三九九 プランタジネット朝廃され、ランカスター朝おこる
一四〇七 ブルゴーニュ侯ジャン、オルレアン侯ルイを暗殺（フランスの内紛始まる）

一三三四 建武の中興
一三三八 足利尊氏、征夷大将軍となる
一三五三 オスマン・トルコ、バルカン半島の一角に領土を築く
一三六五 オスマン・トルコ、アドリアノープル占領
一三六八 足利義満、将軍となる
一四〇二 チムール、小アジアを制圧
一四〇五 オスマン・トルコ再興

一四〇九	ピサの教会会議。三法王立つ
一四一四	コンスタンツ公会議始まる
一四一五	アザンクールの戦い。ヨーハン・フス火刑
一四一七	「教会分裂」終わる
一四一九	ブルゴーニュ侯ジャン謀殺される。フィリップ・ル・ボン、侯位を継ぐ
一四二〇	トロワ協定
一四二九	オルレアンの戦い。シャルル七世、フランス王冠を確保
一四三一	ジャンヌ・ダルク火刑。バーゼル公会議開始
一四三五	アラスの和約（フランスの内紛終わる）
一四五三	カスチヨンの戦い（英仏百年戦争終わる）
一四五五	イングランドでばら戦争開始
一四六一	フランス王ルイ十一世登位
一四六七	ブルゴーニュ侯シャルル・ル・テメレール登位
一四七七	ブルゴーニュ侯シャルル戦死。侯女マリー、オーストリアのマキシミリアンと結婚
一四八五	ばら戦争終わる。テューダー朝成立
一四九二	グラナダ陥落。「レコンキスタ」終了

一四一〇 タンネンベルクの戦い（ドイツ騎士団、ポーランドに敗退）

一四五三 オスマン・トルコ、コンスタンティノープルを占領。東ローマ帝国滅亡

一四六七 応仁の乱おこる

一四七二 モスクワ大公イヴァン三世、東ローマ帝妹ソフィアと結婚

一四八〇 モスクワ大公国、キプチャク汗国の支配から自立

Ewald, Wilhelm: *Siegelkunde*, München und Berlin, 1914
Falco, Giorgio: *Geist des Mittelalters; Kirche, Kultur, Staat*, Verlag H. Scheffer, 1958
Focillon, Henri: *Art d'Occident*, Paris, 1955
Fowler, Kenneth: *Le Siècle des Plantagenêts et des Valois*, Paris, 1967
Génicot, Léopold: *Le XIIIe Siècle européen*, Paris, 1968
Hay, Denys: *Europe, the Emergence of an Idea*, Edinburgh, 1957
Histoire des France, éd. par M. Reinhard, 2 vols, Paris, 1954
Holmes, George: *The later Middle Ages 1272-1485*, Edinburgh, 1962
Huizinga, Johan: *Verzamelde Werken*, vol. Ⅰ, Haarlem, 1948
Hunt, Noreen: *Cluny under Saint Hugh 1049-1109*, London, 1967
Journal of Medieval History, vol. Ⅰ, no. 4, Dec. 1975, Amsterdam
Kaspers, Heinrich: *Vom Sachsenspiegel zum Code Napoléon*, Köln, 1961
Larousse Encyclopedia of Ancient and Medieval History, edited by Marcel Dunan, N.Y. & Evanston, 1963
Magnien, Emile: *Cluny; Guide historique et touristique*, Mâcon, 1964
Medieval England, vol. Ⅱ, edited by Austin Lane Poole, Oxford, 1958
Payen, Jean Ch.: *Littérature française; Le Moyen Age, I ; des Origines à1300*, Paris, 1970
Pernoud, Régine: *Aliénor d'Aquitaine*, Paris, 1962
Propyläen Weltgeschichte, Bände 5, 6, Berlin-Wien, 1963, 64
Propyläen Weltgeschichte; Bilder und Dokumente zur Weltgeschichte, Berlin-Wien, 1965
Runciman, Steven: *A History of the Crusades*, vol. Ⅰ, Cambridge, 1962
Shennan, J.H.: *The Parlement of Paris,* London, 1968
Smalley, Beryl: *Historians in the Middle Ages*, N.Y.-London, 1974
Suhle, Arthur: *Hohenstaufenzeit im Münzbild*, München, 1963
Tacitus: *Germania*, hrsg. von E. Fehrle, München, 1935
Tessier, Georges: *Le Baptême de Clovis*, Paris, 1964
Vaughan, Richard: *Matthew Paris*, Cambridge, 1958
『人類の美術　ギリシア・ヘレニスティク美術』マルタン，シャルボノー，ヴィラール共著　新潮社　1975

写真提供および図版参考資料

著　者
本社写真資料室

Albaric, Alain: *Aigues-Mortes*, Aigues-Mortes, 1970
Algemene Geschiedenis der Nederlanden, onder redactie van J. A. van Houtte en andere, Delen Ⅰ, Ⅱ, Ⅲ, Utrecht, 1949, 50, 51
Baltrušaitis, Jurgis: *Réveils et Prodiges—Le Gothique fantastique*, Paris, 1960
Bayeux Tapestry, A comprehensive Survey by F. Stenton & others, London, 1957
Bécriaux, Henri: *Avignon; Son Histoire-Ses Monuments*, 1971
Bernet, Daniel: *Bruegel*, Bruges, 1966
Bloch, Marc: *Feudal Society*, vol. Ⅰ, Ⅱ, London, 1961, 62
Brentano, Robert: *Rome before Avignon*, New York, 1974
British Museum Guide and Map, published by the Trustees of the British Museum, 1971
Brondsted, Johannes: *The Vikings*, Penguin Books, 1960
Bullough, Donald: *Le Siècle de Charlemagne*, Paris, 1965
Carmina Burana, hrsg. von A. Hilka und O. Schumann, Band Ⅰ, Heidelberg, 1930
Conant, Kenneth J.: *Carolingian and Romanesque Architecture, 800 to 1200*, London, 1959
Courcelle, P.: *Histoire Littéraire des Grandes Invasions Germaniques*, Paris, 1964
Davenson, Henri: *Les Troubadours*, Paris, 1961
Dierick, Alfons Lieven: *Van Eyck ; L'Agneau Mystique*, Gand, 1971
Doering, Oscar: *Deutschlands mittelalterliche Kunstdenkmäler als Geschichtsquelle*, Leipzig, 1910
Durliat, Marcel: *Art Catalan*, Paris, 1963
Entretiens sur La Renaissance du 12e Siècle, sous la direction de Maurice De Gandillac et Édouard Jeauneau, Paris, 1968

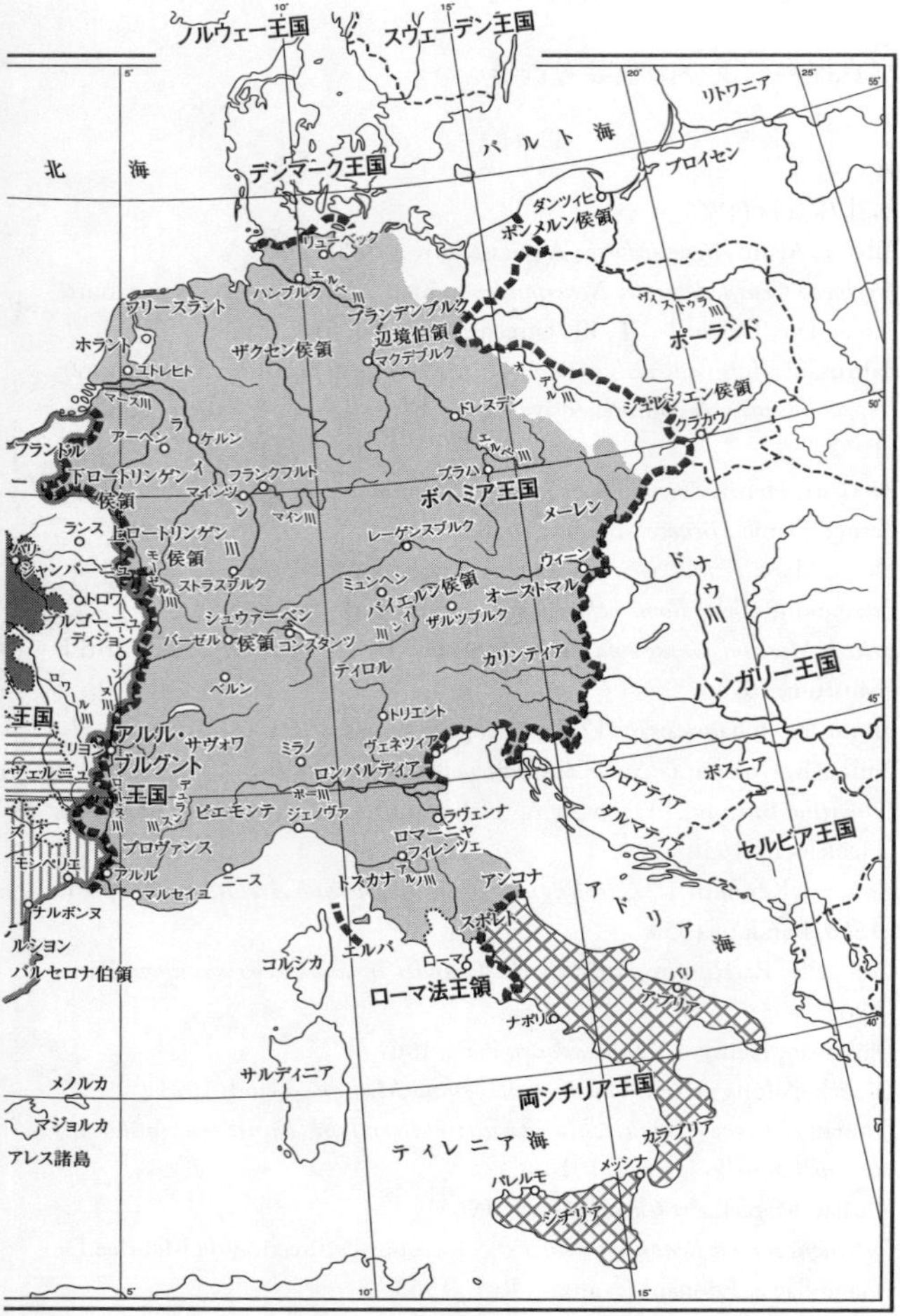

ノルウェー王国
スウェーデン王国
リトワニア
バルト海
北海
デンマーク王国
プロイセン
ダンツィヒ
ポンメルン侯領
リューベック
エルベ川
ハンブルク
フリースラント
ブランデンブルク辺境伯領
ヴィストゥラ川
ポーランド
ホラント
ザクセン侯領
マクデブルク
ユトレヒト
オーデル川
シュレジエン侯領
マース川
ドレスデン
クラカウ
アーヘン
ライン川
ケルン
フランドル
プラハ
下ロートリンゲン侯領
フランクフルト
マインツ
ボヘミア王国
メーレン
ランス
上ロートリンゲン侯領
マイン川
レーゲンスブルク
パリ
シャンパーニュ
モーゼル川
ストラスブルク
ウィーン
ミュンヘン
バイエルン侯領
オーストマルク
ドナウ川
トロワ
ブルゴーニュ
シュウァーベン侯領
ザルツブルク
イン川
ディジョン
バーゼル
コンスタンツ
ティロル
カリンティア
ロワール川
ソーヌ川
ベルン
ハンガリー王国
王国
トリエント
アルル・ブルグント王国
サヴォワ
ミラノ
ヴェネツィア
リヨン
ヴェルニュ
ロンバルディア
ボスニア
クロアティア
ローヌ川
デュランス川
ポー川
ピエモンテ
ジェノヴァ
ラヴェンナ
ダルマティア
セルビア王国
ロマーニャ
プロヴァンス
モンペリエ
フィレンツェ
アルル
ニース
トスカナ
アルノ川
アンコナ
アドリア海
マルセイユ
ナルボンヌ
スポレト
ルシヨン
エルバ
コルシカ
ローマ
バルセロナ伯領
ローマ法王領
バリ
アプリア
ナポリ
サルディニア
両シチリア王国
メノルカ
マジョルカ
アレス諸島
カラブリア
ティレニア海
メッシナ
パレルモ
シチリア

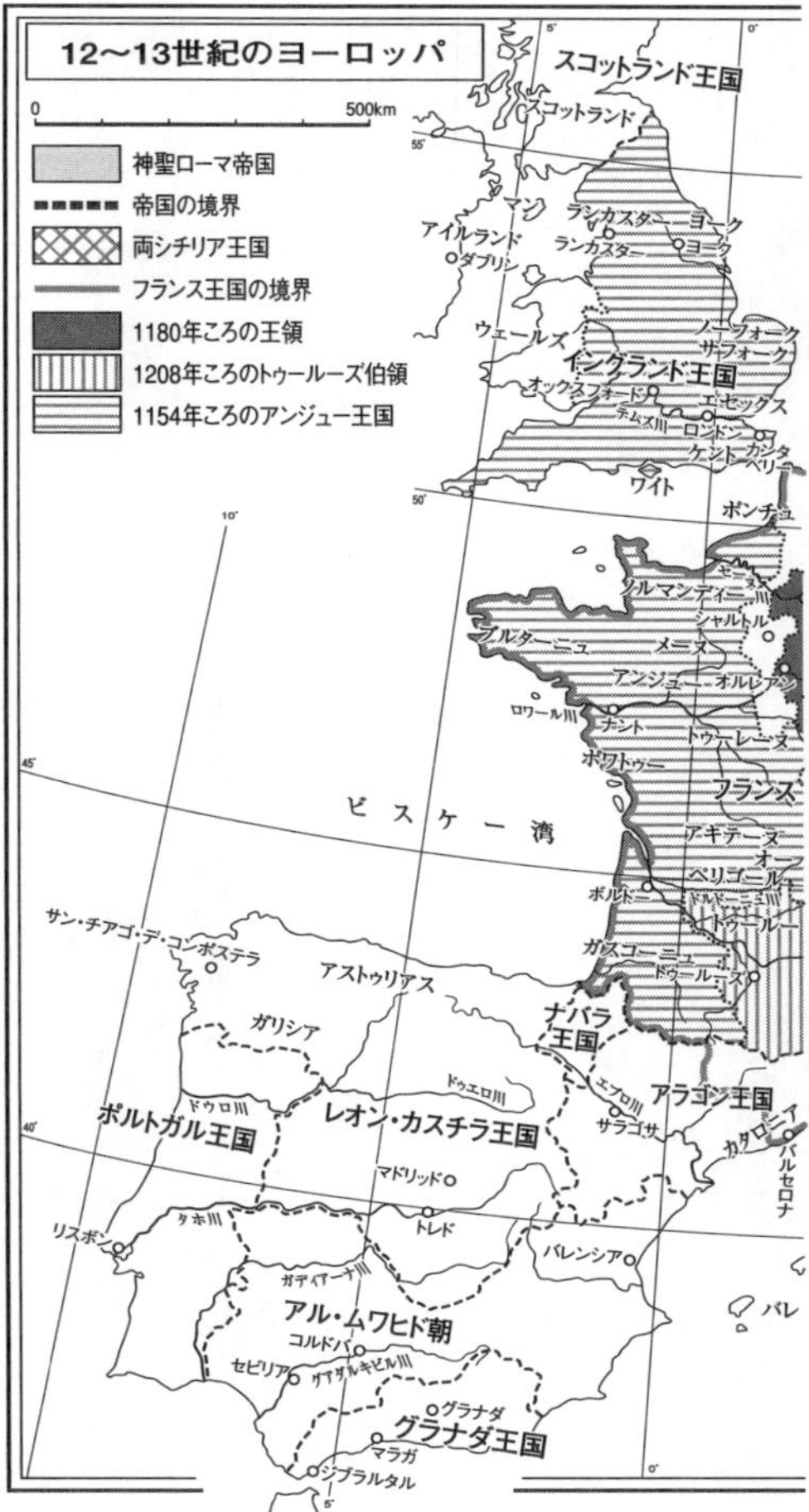
12～13世紀のヨーロッパ
0
500km
神聖ローマ帝国
帝国の境界
両シチリア王国
フランス王国の境界
1180年ころの王領
1208年ころのトゥールーズ伯領
1154年ころのアンジュー王国
スコットランド王国
スコットランド
マン
アイルランド
ダブリン
ランカスター
ヨーク
ウェールズ
ノーフォーク
サフォーク
イングランド王国
オックスフォード
エセックス
テムズ川
ロンドン
ケント
カンタベリー
ワイト
ノルマンディー
セーヌ川
シャルトル
ブルターニュ
メーヌ
アンジュー
オルレアン
ロワール川
ナント
トゥーレーヌ
ポワトゥー
フランス
ビスケー湾
アキテーヌ
ペリゴール
ボルドー
ドルドーニュ川
ガスコーニュ
トゥールーズ
サン・チアゴ・デ・コンポステラ
アストゥリアス
ガリシア
ナバラ王国
ドゥエロ川
エブロ川
アラゴン王国
ドウロ川
ポルトガル王国
レオン・カスチラ王国
サラゴサ
カタロニア
バルセロナ
マドリッド
タホ川
リスボン
トレド
バレンシア
ガディアーナ川
アル・ムワヒド朝
コルドバ
セビリア
グアダルキビル川
グラナダ
グラナダ王国
マラガ
ジブラルタル

本書は、小社刊「世界の歴史」シリーズ第8巻『ヨーロッパ世界の成立』（一九七七年刊）を底本としました。

堀越孝一（ほりこし　こういち）

1933年，東京生まれ。東京大学文学部卒業，同大学院人文科学研究科博士課程修了。学習院大学名誉教授。専攻は西洋史。訳書にホイジンガ著『中世の秋』『朝の影のなかに』，著書に『ジャンヌ・ダルク』『画家たちの祝祭』『中世の精神』『ブルゴーニュ家』「ヴィヨン遺言詩注釈『形見分けの歌』『遺言の歌』３巻『総索引・書目一覧』」などがある。2018年没。

講談社学術文庫

定価はカバーに表示してあります。

中世《ちゅうせい》ヨーロッパの歴史《れきし》

堀越孝一《ほりこしこういち》

2006年５月10日　第１刷発行
2024年６月７日　第19刷発行

発行者　森田浩章
発行所　株式会社講談社
東京都文京区音羽 2-12-21 〒112-8001
電話　編集（03）5395-3512
販売（03）5395-5817
業務（03）5395-3615

装　幀　蟹江征治
印　刷　株式会社ＫＰＳプロダクツ
製　本　株式会社国宝社
本文データ制作　講談社デジタル製作

ISBN4-06-159763-9

「講談社学術文庫」の刊行に当たって

これは、学術をポケットに入れることをモットーとして生まれた文庫である。学術は少年の心を養い、成年の心を満たす。その学術がポケットにはいる形で、万人のものになることは、生涯教育をうたう現代の理想である。

こうした考え方は、学術を巨大な城のように見る世間の常識に反するかもしれない。また、一部の人たちからは、学術の権威をおとすものと非難されるかもしれない。しかし、それはいずれも学術の新しい在り方を解しないものといわざるをえない。

学術は、まず魔術への挑戦から始まった。やがて、いわゆる常識をつぎつぎに改めていった。学術の権威は、幾百年、幾千年にわたる、苦しい戦いの成果である。こうしてきずきあげられた城が、一見して近づきがたいものにうつるのは、そのためである。しかし、学術の権威を、その形の上だけで判断してはならない。その生成のあとをかえりみれば、その根は常に人々の生活の中にあった。学術が大きな力たりうるのはそのためであって、生活をはなれた学術は、どこにもない。

開かれた社会といわれる現代にとって、これはまったく自明である。生活と学術との間に、もし距離があるとすれば、何をおいてもこれを埋めねばならない。もしこの距離が形の上の迷信からきているとすれば、その迷信をうち破らねばならぬ。

学術文庫は、内外の迷信を打破し、学術のために新しい天地をひらく意図をもって生まれた。文庫という小さい形と、学術という壮大な城とが、完全に両立するためには、なおいくらかの時を必要とするであろう。しかし、学術をポケットにした社会が、人間の生活にとってより豊かな社会であることは、たしかである。そうした社会の実現のために、文庫の世界に新しいジャンルを加えることができれば幸いである。

一九七六年六月

野間省一